● 本书获中国社会科学院出版基金资助

西夏新译佛经陀罗尼的对音研究

RESEARCHES ON THE NEWLY TRANSCRIBED DHARANIS IN XIXIA

孙伯君　著

中国社会科学出版社

图书在版编目(CIP)数据

西夏新译佛经陀罗尼的对音研究/孙伯君著.—北京：中国社会科学出版社，2010.5

ISBN 978-7-5004-8890-3

Ⅰ.①西…　Ⅱ.①孙…　Ⅲ.①西夏语—语音—研究　Ⅳ.①H211.71

中国版本图书馆 CIP 数据核字(2010)第 125516 号

责任编辑　田　文
特约编辑　华祖根
责任校对　高　婷
封面设计　孙元明
技术编辑　李　建

出版发行　中国社会科学出版社
社　　址　北京鼓楼西大街甲 158 号　　邮　编　100720
电　　话　010—84029450(邮购)
网　　址　http://www.csspw.cn
经　　销　新华书店
印刷装订　北京一二零一印刷厂
版　　次　2010 年 5 月第 1 版　　印　次　2010 年 5 月第 1 次印刷
开　　本　710×1000　1/16
印　　张　12.5
字　　数　210 千字
定　　价　26.00 元

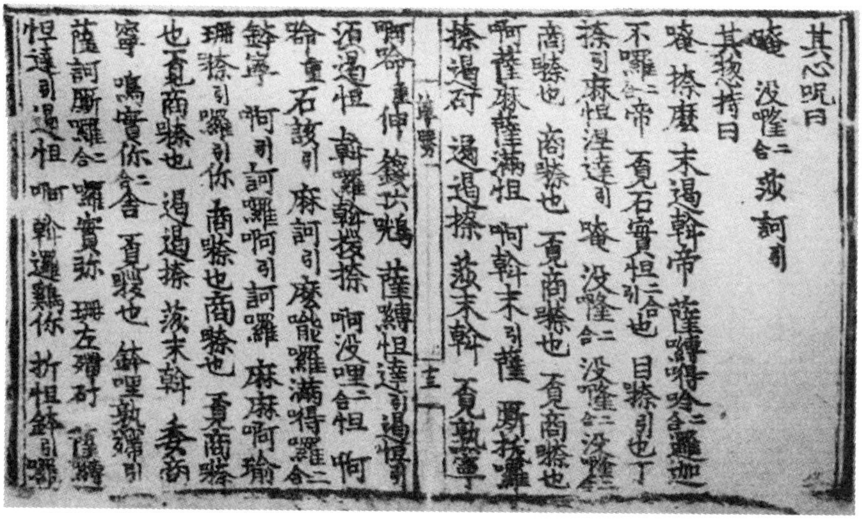

圣彼得堡藏汉文《胜相顶尊总持功能依经录》(TK. 164)

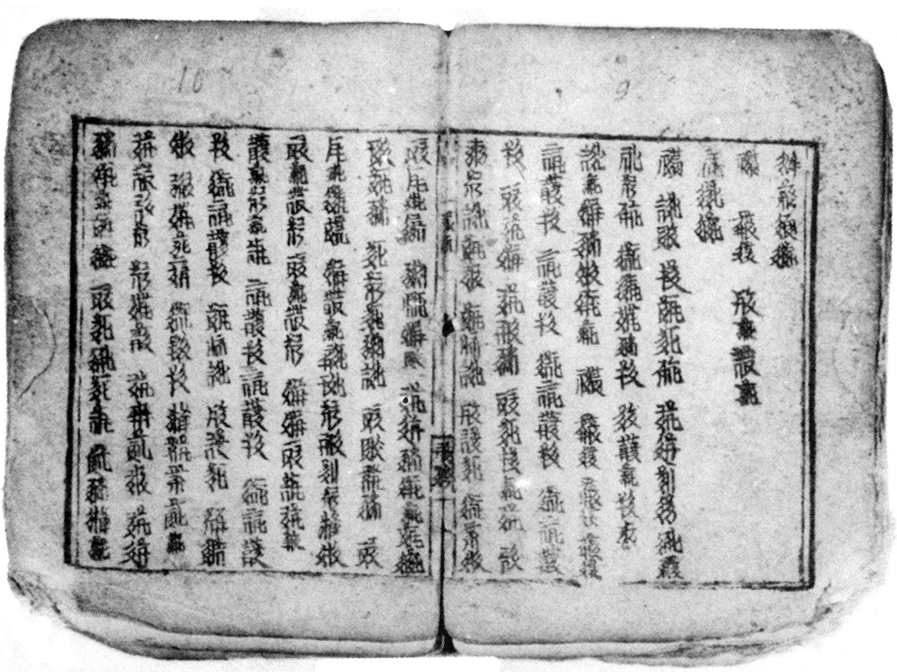

圣彼得堡藏西夏文本《胜相顶尊总持功能依经录》(No. 6796)

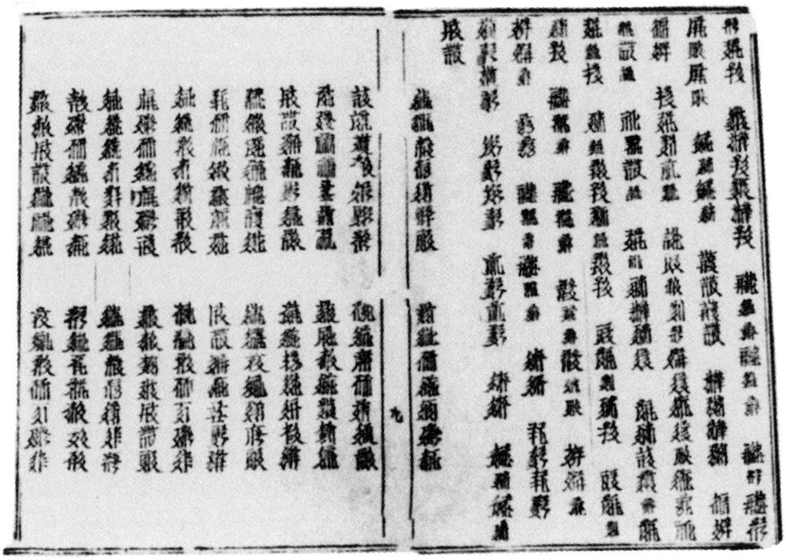

西夏文《吉祥遍至口合本续》卷四第九叶

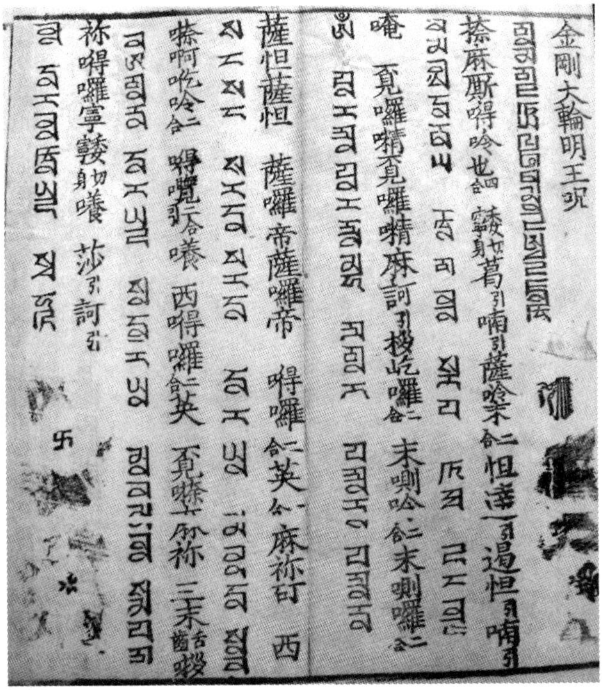

《永乐南藏》本八思巴文《密咒圆因往生集》

内容简介

最近二十几年，随着西夏文献的刊布、解读和西夏语研究等取得诸多进展，人们逐渐认识到，要搞清西夏语的语音系统，必须首先明确当时的汉语河西方音。此前利用夏汉对音资料所做的相关研究存在着一个致命缺陷，即西夏文也是表意文字，用西夏字来确定汉字的音值往往容易陷入循环论证，因此，人们急切期待着在大量西夏遗存的佛教文献中找到一些能够反映汉语或西夏语的表音材料。而包含丰富的梵汉对音和梵夏对音的佛经咒语可以极大限度地满足这种期待，从而帮助我们系统地重建宋代河西方言和12世纪西夏语的音值。

我们知道，20世纪初发现于敦煌的“守温字母”残卷和多种《切韵》残卷展示了隋唐五代的韵书发展史，目前对中国音韵学萌芽时期的认识大多来自这些资料。而同时期的梵汉、藏汉对音资料又对这些韵书多有补充和证明。同样，借助西夏时期遗存的韵书和《番汉合时掌中珠》，我们可以建立汉字和西夏字音的对应关系，而同时的梵汉对音资料无疑为我们提供了了解汉字音值的直接材料，两方面材料互相参证，不仅可以帮助我们建构西夏语音系统，而且可以帮助我们了解12世纪前后西夏地区流行的汉语河西方音，从而使我们接续隋唐五代西北方音发展史的设想成为可能。

本书广搜西夏时期新译的梵汉、梵夏对音资料，首先对这些材料加以文本考察，然后运用译音对勘法，通过汉文、西夏文佛经咒语与相应梵文咒语的对比，归纳对音规律，然后推知汉字的河西方音的读音和西夏字的读音。

Abstract

Along with the developments of the publication and decipherment of Tangut materials and studies on the Tangut language, it is gradually realized in the recent decades that the Chinese Hexi dialect should be recognized firstly before the definition of the Tangut phonological system. There is a fatal defect in the relevant works on Tangut-Chinese transcriptions that it would be called "begging the question" if we reconstruct the phonetic value of Chinese ideograms according to the Tangut characters with the same feature, people are looking forward, therefore, to finding some phonetic materials on Chinese or Tangut in the abundance of Buddhist works preserved nowadays. The *dharanis* with Sanskrit-Chinese transcriptions and Tangut-Chinese transcriptions will be greatly satisfied with our expectation, and help us to reconstruct the phonological system of Chinese Hexi dialect and Tangut language in the 12th century.

It is well known that our recognition of the early Chinese phonology comes from the fragmentary manuscripts of *Shouwen Zimu* and *Qieyun* excavated in Dunhuang in the beginning of the 20th century, which show us the development of Chinese rhyme books in the Sui, Tang and Five-dynasty period. These materials were supplemented and supported by those of the Chinese-Tibetan transliteration from Dunhuang and the Sanskrit-Chinese transcription from the Buddhist Canon at that time. By the help of some Tangut rhyme books and the dictionary *Fanhan Heshi Zhangzhongzhu*, the phonological correspondence between Chinese and Tangut may be established, undoubtedly, the Sanskrit-Chinese transcription provide us some visual materials to comprehend the phonetic value of Chinese at that time. Referring to these two sorts of materials, it is necessary for us not only to reconstruct the Tangut phonological system, but also to comprehend the Chinese dialect spread in the Gansu Corridor of the 12th century, and make it possible for our tentative idea to integrate with the history of Hexi dialect in the 7—11th century.

The present work collects the Sanskrit-Chinese and Sanskrit-Tangut transcription materials in Xixia period with a textual research, and compares the Chinese and Tangut *dharanis* with their Sanskrit correspondings by means of philology, concluding the Sanskrit-Chinese transcription laws, and then deduces the pronunciations of Tangut and Chinese characters in Hexi dialect.

目　次

导　论

翻开历史地理图册，放眼丝绸古道，透过黄沙古堡对读历史，我们仿佛看到了一个色彩缤纷的舞台。有史以来，欧亚各个民族在这个舞台上扮演着各种角色。他们或手拿刀枪剑戟，或跨马驰骋，互相争斗。1036 年，李元昊粉墨登场，攻陷瓜、沙、肃三州，取代了回鹘，成为河西的主宰者。[①]1038 年，李元昊又进一步称帝，建立了以党项为主体民族的政权——白高大夏国，中原史书一般称之为“西夏”。西夏在历史上存在了 190 年，历经十代皇帝，到 1227 年被蒙古灭亡。西夏全盛时期的统治地域以今宁夏回族自治区为中心，兼及内蒙古、陕西、青海和甘肃的部分地区，所谓“东尽黄河，西界玉门，南接萧关，北控大漠，地方万余里”[②]。由于西夏时期尽有河西之地，所以元代径称西夏为“河西”。

西夏都城设在今宁夏银川市，最初叫做兴庆府，后来改称中兴府。西夏的主体民族自称“番”，汉语称之为“党项”，蒙古语称之为“唐兀”，藏语称之为“弥药”。除党项外，西夏境内还有汉族、吐蕃、回鹘、鲜卑和契丹人。

党项人有自己的语言，但是，直到 11 世纪初，他们还没有本民族的文字，其上层集团和中原王朝的往来公文一律使用汉文。关于西夏文字的创制时间和创制者，史书上历来存在几种不同的说法，人们一般认为发起创制文字的是西夏景宗李元昊，之后由野利仁荣演绎推广，其根据是《宋

① （宋）李焘：《续资治通鉴长编》卷一一九：“［景佑三年十二月辛未，元昊］再举兵攻回鹘，陷瓜、沙、肃三州，尽有河西旧地。”（中华书局 1979 年点校本）

② （清）吴广成：《西夏书事》卷一二，1935 年北平文奎堂影印道光五年（1825）小岘山房刻本。

史·夏国传》中的一段记载：[①]

> 元昊自制蕃书，命野利仁荣演绎之，成十二卷，字形体方整类八分，而画颇重复。教国人纪事用蕃书，而译《孝经》、《尔雅》、《四言杂字》为蕃语。

《宋史》记载的这件事发生在李元昊攻陷瓜、沙、肃三州的同一年——1036年。尽管党项人创制本民族文字的目的无非是要为自己正式建国做一些舆论准备，所谓“制小蕃文字，改大汉衣冠”[②]，但这种总数共六千个左右的文字，却为我们记录了卷帙浩繁的文献，使我们借之了解了许许多多古代历史和文化的断面。

西夏遗存文献中的绝大多数都是从汉文、藏文书籍翻译过来的，此外还有一些模仿汉文、藏文书籍的作品，真正由西夏人写的本民族著作很少。

20世纪以前，世人所知的西夏文献仅有两件石刻，一件是1345年刻于北京居庸关云台券洞石壁上的“佛顶尊胜陀罗尼”；另一件是1094年刻于甘肃武威的“凉州重修护国寺感通塔碑”。进入20世纪以后，始有大量的西夏文献在中国相继被发现，其中最具价值的有三项：

（一）1900年，法国的毛利瑟等三人在北京北海白塔下的一堆废纸和旧书里找到了六卷磁青纸泥金书的《妙法莲华经》。毛利瑟在1904年发表了对其中三卷的初步研究，首开西夏文献解读的先河。这六卷佛经后来分藏法国吉美博物馆和德国柏林图书馆。

（二）1909年，科兹洛夫率领的俄国皇家蒙古四川地理考察队来到内蒙古额济纳旗的黑水城遗址，发掘了一座塔墓，其中贮藏了大量西夏晚期的文献，现存俄罗斯科学院东方文献研究所。这批文献的确切数目至今无法统计，有人估计有十余万叶，占全世界所藏西夏文献总数的 90%以上。20世纪的西夏学就是在整理和研究这批文献的基础上建立起来的。

（三）1917年，宁夏灵武县修城墙时发现了五个瓦坛，里面装满了西夏文的佛经。这批佛经的主要部分后来入藏北平图书馆，即现在的国家图

① 《宋史》卷四八五《夏国传上》，中华书局1977年点校本，第13995页。

② 同上。

书馆；散失的经卷落入国内收藏家之手，其中有些被倒卖到了日本，现在日本几个图书馆收藏的西夏文献主要来自这里。这批佛经曾经奠定了中国和日本西夏学研究的基础。

除去上述三项之外，后来在黑水城、甘肃武威亥母洞、西夏王陵、贺兰山拜寺沟方塔、敦煌莫高窟等处都还有小规模的西夏文献出土，但是无论就数量还是就学术价值而言，这些发现都远远不能和科兹洛夫所获的黑水城文献相比。

西夏进占沙州，敦煌藏经洞封闭，却并没有终止佛教的传播，而是为佛教在西夏又开辟了另外一片生长的天地。上述西夏遗存文献中，佛经占了大部分，从一个侧面向人们展示了佛教在西夏的空前繁荣。

史载西夏1038年建国后即着手组织佛经翻译工作。西夏建国以前，佛教在其实际控制区已经颇为流行，据李焘《续资治通鉴长编》卷一〇九记载，李德明曾于宋仁宗天圣八年（1030）向北宋请求颁赐藏经，[①] 这是宋朝向西夏颁赐佛经的开始。建国后，西夏又先后几次向宋朝乞赐佛经。[②] 与此同时，西夏皇帝下令把一些汉文经典翻译成西夏文。最初西夏延请或任命很多回鹘高僧主持翻译，[③] 其后历经景宗、毅宗、惠宗、崇宗四朝皇帝，历时五十三年，译出佛经凡八百二十部，三千五百七十九卷。这批佛经中有的在仁宗皇帝时期又经过了校理。12世纪中叶以后，仁宗皇帝又下令从梵文、藏文佛经中选取一批藏传密教

① （宋）李焘：《续资治通鉴长编》卷一〇九仁宗天圣八年丁未条："丁未，定难节度使西平王赵德明遣使来献马七十匹，乞赐佛经一藏，从之。"

② 史载，西夏建国后，宋朝又先后五次向西夏颁赐佛经，即宋景祐元年（西夏广运元年，1034）、至和二年（西夏福圣承道三年，1055）、嘉祐四年（西夏谅祚䴙都三年，1059）、嘉祐七年（西夏谅祚䴙都六年，1062）、熙宁六年（西夏惠宗天赐礼盛国庆三年，1073），参考罗福苌《西夏赎经记》（《国立北平图书馆馆刊》"西夏文专号"）、史金波《西夏佛教史略》第61—63页。

③ 国家图书馆藏西夏文《现在贤劫千佛名经》前面有一幅木刻版译经图，图的正中间有一高僧像，像上西夏文款识义为"都译勾管作者安全国师白智光"，据考证此人即回鹘人（参考史金波《西夏佛教史略》，宁夏人民出版社1988年版，第78页）。另据吴广成《西夏书事》卷一九："没藏氏好佛，因中国赐大藏经，役兵民数万，相兴庆府西偏起大寺，贮经其中，赐额'承天'，延回鹘僧登座演经，没藏氏与谅祚时临听焉。"《辽史》卷二二《道宗本纪二》："[咸雍三年]冬十一月壬辰，夏国遣使进回鹘僧、金佛、梵觉经。"（中华书局1974年点校本，第267页）

著作译成西夏文和汉文。

概言之，西夏时期遗存的佛经大致可分为两个系统，一类是汉传的，包括西夏向中原王朝求赐的汉文佛经以及据这些佛经翻译的西夏文佛经；另一类是西夏时期根据梵文或藏文新译的，这类佛经也存在汉文和西夏文两种。随着西夏遗存佛经的刊布和解读的不断深入，人们越来越认识到，夏译佛经不仅极大地丰富了现存汉文大藏经的内容，而且为藏传密教各个流派保存了很多重要经典。两类佛经不仅因所据原典不同而在内容上颇有出入，而且翻译风格也有明显的差异，其集中表现可概括为两点：一是某些佛教术语的翻译前者多用音译，而后者多用意译；二是密咒的对音汉字前者反映的是唐宋时期的中原汉语或长安话，而后者则反映的是西夏地区流行的汉语西北方音。

西夏的大量汉文佛经是从宋朝赎取的，由西夏僧侣自己翻译的不多。目前存世的已考定为西夏新译的汉文佛经有几种，大部分出土于内蒙古额济纳旗的黑水城遗址，俄国汉学家孟列夫在1984年曾详加著录，① 部分经文的照片已由上海古籍出版社于十年前陆续刊布。这些新译佛经多题为德慧和宝源译，嘐也阿难捺传。其中有宝源译《圣观自在大悲心总持功能依经录》、《胜相顶尊总持功能依经录》，德慧译《佛说圣佛母般若波罗蜜多心经》、《持诵圣佛母般若多心经要门》、②《佛说圣大乘三归依经》、③《圣大乘胜意菩萨经》，④ 失译《佛说金轮佛顶大威德炽盛光如来陀罗尼经》，⑤ 以及西夏兰

① ［俄］孟列夫著，王克孝译：《黑城出土汉文遗书叙录》，宁夏人民出版社1994年版，第152—161页。

② 《佛说圣佛母般若波罗蜜多心经》、《持诵圣佛母般若多心经要门》俄藏编号TK. 128，全文照片刊布在《俄藏黑水城文献》第3册，上海古籍出版社1996年版，第73—77页。参考聂鸿音《西夏译本〈持诵圣佛母般若多心经要门〉述略》，《宁夏社会科学》2005年第2期和《黑水城所出〈般若心经〉德慧译本述略》，甘肃省藏学研究所编《安多研究》第一辑，中国藏学出版社2005年版。

③ 《佛说圣大乘三归依经》共有两个印本，俄藏编号分别为TK. 121和TK. 122。全文照片刊布于《俄藏黑水城文献》第3册，上海古籍出版社1996年版，第49—56页。

④ 《圣大乘胜意菩萨经》俄藏编号为TK. 145。全文照片刊布于《俄藏黑水城文献》第3册，上海古籍出版社1996年版，第235—237页。卷首题记已残，孟列夫曾根据“兰山智昭国师沙门”等字样猜测此经也出自德慧。

⑤ 《佛说金轮佛顶大威德炽盛光如来陀罗尼经》俄藏编号为TK. 129。全文照片刊布于《俄藏黑水城文献》第3册，上海古籍出版社1996年版，第77—79页。

山通圆国师智冥集，夏仁宗皇帝御校的《四分律行事集要显用记》。[①]

通过这些经文中所保存的发愿文，我们可知道或推想它们大多都是西夏仁宗时期（1140—1193）刊刻的，如《圣观自在大悲心总持功能依经录》和《胜相顶尊总持功能依经录》刊刻于天盛元年（1149）前后，[②]《佛说圣佛母般若波罗蜜多心经》和《持诵圣佛母般若多心经要门》刊于天盛十九年（1167）。

众所周知，密教特别强调对经典陀罗尼的翻译和诵读，上述西夏新译经典对陀罗尼部分都做了细致、精确的汉译，不仅某音对某字非常严格，而且标示也非常明确，如为来母汉字加上“口”旁以比况汉语里没有的梵文颤舌辅音 r 或颤舌元音 ṛ，加上“口”旁的“罗”（la）代表梵文的 ra，加上“口”旁的“冷”（li）代表梵文的 ry，加上“口”旁的“里”（li）代表梵文的 ṛ（ > ri）；为影母汉字加上“口” 旁以比况汉语里没有的梵文长元音或鼻化元音。例如加上“口”旁的“阿”（a）代表梵文的 ā，加上“口”旁的“奄”（am）代表梵文的 oṃ；为塞音和擦音汉字加上“口” 旁以比况梵文有-r-复辅音的第一个音素。例如加上“口”旁的“得”（ti）代表梵文的 t (r) -，加上“口”旁的“纥”（hi）代表梵文的 h(ṛ)-（传统上把梵文的 hṛ 读作 hri）；为古鼻声母字加上“口”旁以比况梵文同部位的送气浊塞音。例如以加“口”旁的“捺”代表梵文的 dha，以加“口”旁的“命”代表梵文的 bhi，等等。

上述事实无疑使我们能够在考知这些佛经原本的基础上，明确陀罗尼中的梵语对音规律，进而获得对音汉字的音值，从而全面系统地研究河西地区流行的汉语西北方音。

最近二十几年，随着西夏文献的刊布、解读和西夏语研究等取得诸多进展，人们逐渐认识到，要搞清西夏语的语音系统，必须首先明确当时的汉语河西方音，于是开始注意借助西夏时期遗存的文献进行这方面的研究，并且取得了具有相当价值的研究成果。龚煌城的系列论文、[③] 李

① 俄藏编号为 TK. 150，写本册叶装，存卷四。是经为“四分律”的注释，不见以往著录。原件照片刊布于俄罗斯科学院东方研究所圣彼得堡分所、中国社会科学院民族研究所、上海古籍出版社《俄藏黑水城文献》第 3 册。参看孟列夫《黑城出土汉文遗书叙录》。

② 两部经的刊布情况和具体考释详见本书第一章。

③ 龚煌城：《西夏语言文字研究论集》，民族出版社 2005 年版。

范文《宋代西北方音》都是这方面的力作。[①] 但毋庸讳言，利用夏汉对音资料研究宋代河西方音有一个致命的缺陷，即西夏文是表意文字，无法直接利用西夏字以确定汉字的音值。不难看出，根据《番汉合时掌中珠》（以下简称《掌中珠》）的夏汉对音来研究汉语河西方音很容易陷入循环论证，而只有首先摸清宋代汉语河西方音的概貌，从而整理出西夏文献中的夏汉对音规律，才能做真正意义上的西夏语音研究。基于上述事实，人们急切期待着在大量西夏遗存的佛教文献中找到一些能够反映汉语或西夏语的表音材料，而包含丰富的梵汉对音和梵夏对音的佛经咒语可以极大限度地满足这种期待，从而帮助我们系统地重建宋代河西方言和西夏语的音值。

梵汉对音研究法是指利用梵语与汉语的音译材料的对勘来研究汉语古音的方法。这种方法始于 19 世纪末，艾约瑟《汉字研究导论》一书从佛典中引用几个对音词，把梵文和汉字加以比照，隐约地看出了汉语果假二摄主元音为 a 的迹象，最早把梵汉对音材料引入古代汉语语音的研究当中，可以说是梵汉对音研究的先声。由此，20 世纪初，钢和泰《音译梵书与中国古音》开始大量利用梵汉对音资料研究汉语语音，[②] 此后又有汪荣宝的《歌戈鱼虞模古读考》，[③] 首开国人应用梵汉对音资料研究中国古音的历史。从此，梵汉对音法丰富了汉语音韵学的思路和方法，使得汉语音韵学从观点、材料、方法到目的都发生了很大变化，有人因此认为此文是传统音韵学向现代音韵学转变的标志。[④]

1920 年，马伯乐（Henri Maspéro）《唐代长安方言考》出版，这部书利用大量的梵汉对音、日译汉音、越南译音、藏汉对音等多种语言与汉语的对音材料系统地研究了唐代长安话。[⑤] 之后，罗常培撰写《知彻澄娘音值考》，进一步利用梵汉对音资料研究中国古音。[⑥] 1933 年，罗常培又发

---

① 李范文：《宋代西北方音》，中国社会科学出版社 1994 年版。

② 钢和泰著，胡适译：《音译梵书与中国古音》，《国学季刊》第一卷第一期，1923 年。

③ 汪荣宝：《歌戈鱼虞模古读考》，《国学季刊》第一卷第二期，1923 年。

④ 杨剑桥：《汉语现代音韵学》，复旦大学出版社 1996 年版，第 8—9 页。

⑤ Henri Maspéro, “Le dialecte de Tch’ang-ngan sous les T’ang”, *Bulletin de l’Ecole française d’Extrême-Orient*, XX, 2, 1920。聂鸿音译：《唐代长安方言考》，中华书局 2005 年版。

⑥ 罗常培：《知彻澄娘音值考》，《中央研究院历史语言研究所集刊》第三本第一分，1931 年。

表《唐五代西北方音》，[①] 利用敦煌发现的五种汉藏、藏汉对音写本研究了唐五代西北方音，成为借助对音材料研究汉语西北方音的里程碑式作品。此后，俞敏发表《后汉三国梵汉对音谱》，用梵汉和藏汉对音资料系统研究汉语古音。[②] 继之，国内有一批学者撰写了多篇文章，如施向东《玄奘译著中的梵汉对音和唐初中原方音》、[③] 刘广和《不空译咒梵汉对音研究》、[④] 聂鸿音《慧琳译音研究》、[⑤] 尉迟治平《论隋唐长安音和洛阳音的声母系统》，[⑥] 通过处理不同时期翻译的佛经中的梵汉对音资料，总结、分析其规律，获得了中古汉语各个时段、各种方言的语音事实。同时，日本高田时雄发表《敦煌资料与汉语史的研究——九、十世纪的河西方言》，[⑦] 甄别和补充了几种敦煌资料，系统研究了唐五代河西方音。此外，储泰松《唐五代关中方音研究》，[⑧]综合利用梵汉对音、音义反切和诗文用韵，研究了以长安话为中心的唐五代关中方音。以上这些成果都通过不同时期、不同译者的对音材料的研究不断丰富着人们对中古汉语北方方言语音的了解。

利用梵汉对音资料研究汉语，无疑还要依托梵文陀罗尼的复原和拉丁转写。目前佛学界对几部著名经典中的陀罗尼已有比较成熟的复原和转写，如“佛顶尊胜陀罗尼”，藤枝晃等在村田治郎编著的《居庸关》一书中对梵文的校定参考了汉、藏、梵、西夏、回鹘、八思巴字六体石刻，颇值采信。[⑨] “大悲心陀罗尼”也有根据唐宋汉译本所做的复原。[⑩] 此外所涉及的梵文

① 罗常培：《唐五代西北方音》，中央研究院历史语言研究所单刊甲种之十二，1933 年。

② 俞敏：《后汉三国梵汉对音谱》，收入《中国语文学论文选》，日本光生馆，1984 年。

③ 施向东：《玄奘译著中的梵汉对音和唐初中原方音》，《语言研究》1983 年第 1 期。

④ 刘广和：《不空译咒梵汉对音研究》，《音韵比较研究》，中国广播电视出版社 2002 年版，第 1—118 页。

⑤ 聂鸿音：《慧琳译音研究》，《中央民族学院学报》1985 年第 1 期。

⑥ 尉迟治平：《论隋唐长安音和洛阳音的声母系统》，《语言研究》1985 年第 2 期。

⑦ 高田时雄：《敦煌资料による中国语史の研究——九、十世纪の河西方言》，东京，创文社，1988 年。

⑧ 储泰松：《唐五代关中方音研究》，安徽大学出版社 2005 年版。

⑨ 村田治郎编著：《居庸关》第一卷，京都大学工学部 1957 年版。

⑩ 互联网上有印度国际大学梵文教授穆克纪博士(Biswadeb Mukherjee)的《大悲咒》梵文、拉丁转写诵读本；马来西亚蔡文端先生据金刚智译《千手千眼观自在菩萨广大圆满无碍大悲心陀罗尼咒本》和彭伟洋先生据伽梵达摩译《千手千眼观世音菩萨广大圆满无碍大悲心陀罗尼经》所做的拉丁转写复原。

咒语，可以参考清代章嘉呼图克图于乾隆三十八年（1773）编著的《御制满汉蒙古西番合璧大藏全咒》① 和日本吉田惠弘著《金胎两部真言解记》，② 而梵文经题我们可以参考日本大谷大学编写的《西藏大藏经甘殊儿勘同目录》进行勘同和复原。③

我们知道，20 世纪初发现于敦煌的“守温字母”残卷和多种《切韵》残卷展示了隋唐五代的韵书发展史，目前对中国音韵学萌芽时期的认识大多来自这些资料。而同时期的梵汉、藏汉对音资料又对这些韵书多有补充和证明。借助这些时代确定的资料，学界对唐五代时期汉语声韵音值有了基本的理解，同时在研读这些文献之后，学者们为我们勾勒了以长安话为代表的唐五代时期的汉语西北方音，马伯乐《唐代长安方言考》、罗常培《唐五代西北方音》、高田时雄《敦煌资料与汉语史的研究——九、十世纪的河西方言》等都是这一领域的经典之作。同样，借助西夏时期遗存的韵书和《掌中珠》，我们可以建立汉字和西夏字音的对应关系，而同时的梵汉对音资料无疑为我们提供了了解汉字音值的直接材料，两方面材料互相参证，不仅可以帮助我们建构西夏语音系统，而且可以帮助我们了解 12 世纪前后西夏地区流行的汉语河西方音，从而使我们接续隋唐五代西北方音发展史的设想成为可能。

西夏人不仅从中原传承了大量的佛教经典，而且同样秉承了受佛经翻译启发而发端的音韵分析。在现存西夏文献中，人们不仅发现了几种汉文音韵学文献，而且还发现了几部模仿中原韵书编定的字典。黑水城发现的两宋时期的汉语音韵学珍本包括宋刻本《广韵》、《平水韵》、韵格簿和等韵门法著作《解释歌义》。其中黑水城出土的《广韵》残本出自北宋仁宗至钦宗时期（1023—1127），为现存《广韵》详注刻本中年代最早的一种。几张无题韵书残叶在编写体例上介乎《礼部韵略》和“平水韵”之间，反映了从《礼部韵略》到“平水韵”的演化中间阶段。韵格簿一般认为来自 14 世纪中叶的某部

① 《御制满汉蒙古西番合璧大藏全咒》的拉丁转写，参考林光明编修《新编大藏全咒》，台北：嘉丰出版社 2001 年版。

② 参考[日]吉田惠弘著，林光明、林胜仪译《金刚界咒语解记》和《胎藏界咒语解记》，台北：嘉丰出版社 2003 年版。

③ 《西藏大藏经甘殊儿勘同目录》，日本大谷大学图书馆，1930—1932 年。

元版书，代表了等韵图较早期的面貌。《解释歌义》为出自宋代《四声等子》中的那句话“关键（门法）之设，肇自智公”做了极好的注脚，首次确切地告诉我们等韵门法的创始人叫智邦，解决了音韵学史上悬而未决的问题。[①]

西夏还有几部模仿中原韵书编定的字典：《文海》，[②] 体例仿汉文《广韵》，分“平声”及“上声”两卷，另附“杂类”，其“平声”分韵97，诸韵收字多寡不等。韵下分组，诸纽首字上有圈发，并于该组首字下标明反切注音及本纽同音字数。每字之下多四字字形说解，似仿《说文解字》，释义多以同义相训。《文海宝韵》，全称“大白高国文海宝韵”，[③] 归韵收字体例与《文海》全同，每字下注释颇为简略，且于常用字多不出注，有人怀疑此即《文海》简编本。《五音切韵》，[④] 西夏语韵图，排列依重唇音、轻唇音、舌头音、舌上音、齿头音、正齿音、牙音、喉音、流音九类为序，只列五音而不标字母清浊。《同音》，又译“音同”，[⑤] 字书，不分卷。据卷首序言知此书为西夏多位学者校集，现存本实为二书，一为正德六年（1132）义长重校本，一为乾祐年间（1170—1194）梁德养重校本。二书收字及训释相仿，唯排列次第大异。共收西夏字五千八百余，以声类为纲，列为“重唇”、“轻唇”、“舌头”、

---

① 参看聂鸿音、孙伯君《黑水城出土音韵学文献研究》，文物出版社 2006 年版。

② 《文海》平上两卷存一卷，附“杂类”，有残。俄藏 инв. № 211，212，213，7297，存“平声”及“杂类”之半。刻本蝴蝶装，版口题西夏文“文海平”及叶码。与西夏文佛经中之音译规律相较，本书分韵似显极其苛细，不似西夏语音实情，颇疑系西夏人直接承袭某汉文韵书而成。原件照片首次刊布及全文解读见克平等《文海》，再次刊布及汉译见史金波等《文海研究》，三次刊布见俄罗斯科学院东方研究所圣彼得堡分所、中国社会科学院民族研究所、上海古籍出版社《俄藏黑水城文献》第 7 册。

③ 《文海宝韵》，平上两卷，附“杂类”，俄藏本，写本蝴蝶装，首尾残。或疑此即《文海》简编本，犹中原《礼部韵略》之于《广韵》。原件照片刊布于俄罗斯科学院东方研究所圣彼得堡分所、中国社会科学院民族研究所、上海古籍出版社《俄藏黑水城文献》第 7 册。参看史金波、中岛干起等编著《电脑处理西夏文〈文海宝韵〉研究》，东京：不二出版株式会社，2000 年。

④ 《五音切韵》，俄藏写本多种。инв. № 620 写于乾祐癸巳年（1173），第 77 面，保存完好。蝴蝶装，有序言 6 行，有软革护封。原件照片刊布于俄罗斯科学院东方研究所圣彼得堡分所、中国社会科学院民族研究所、上海古籍出版社《俄藏黑水城文献》第 7 册。参看西田龙雄《西夏语韵图〈五声切韵〉之研究》，京都大学文学部研究纪要 20、21、22，1981—1983 年。

⑤ 《同音》，俄藏 инв. № 207，2619，2620，2902，4775，4776，7934。又有 20 世纪下半叶中国出土残叶多件。刻本蝴蝶装。全部原件照片刊布于俄罗斯科学院东方研究所圣彼得堡分所、中国社会科学院民族研究所、上海古籍出版社《俄藏黑水城文献》第 7 册。参看李范文《同音研究》，宁夏人民出版社 1986 年版；史金波、黄振华：《西夏文字典音同的版本与校勘》，《民族古籍》1986 年第 1 期。

“舌上”、“牙”、“齿头”、“正齿”、“喉”、“来日”九章，章下分纽，各纽收同音字多寡不等，字下有简略释义。《义同》，[①] 又译“义同一类”。西夏字书，4卷。夏乾祐十九年（1188）梁习宝撰，讹青公茂势写本。此书系“急就章”体字书，以意义相关之字合为一句，每句七言，间有八言者，共用西夏字四千余，无注释，其部类标题含义迄今不可解。《番汉合时掌中珠》，[②] 是西夏编定的西夏文、汉文对译杂字体字书，不分卷，夏乾祐二十一年（1190）骨勒茂才撰。以“天”、“地”、“人”三才分类，每类又分上中下三章，每则词语兼释音义，分为四行，右起依次为汉字注音、西夏词语、汉文释义、汉字的西夏字注音。

在西夏人编定的这几部字典中，《掌中珠》中的注音汉字一向被视为解读西夏语的关键所在，正是依赖对这些注音汉字的分析，人们才大致获得了西夏语的声韵系统。由于西夏语与汉语的语音有很大的区别，为了表示西夏语中那些很难在汉语中找到对当字的音节，《掌中珠》也采用了加注或创制特殊汉字的办法，如在注音汉字前加“口”旁、在注音汉字后加注“重”、“轻”、“合”以及用二合字“尼卒”等，以求所译语音能够原原本本地反映西夏语的原貌。而破解这些特殊标音用字向来被视为解开西夏语语音之谜的先决条件。基于此，学界对这些标音汉字的研究一向很重视，西夏学研究早期，从查赫（E. von Zach）《迄今西夏研究的一个失误》开始，[③] 经

---

① 《义同》，俄藏 инв. № 2539，佚卷首，存 61 面。蝴蝶装，卷尾题西夏文四字，末二字当译“一部”、“一本”，则其书名实当作“义同”，不当作“义同一类”。原件照片刊布于俄罗斯科学院东方研究所圣彼得堡分所、中国社会科学院民族研究所、上海古籍出版社《俄藏黑水城文献》第 10 册。参看西田龙雄《西夏语〈月月乐诗〉之研究》，京都大学文学部研究纪要 25，1986 年；李范文主编《西夏研究》第一辑，中国社会科学出版社 2005 年版。

② 《番汉合时掌中珠》俄藏 инв. № 214，215，216，217，218，685，4777，保存良好。又有 20 世纪下半叶中国出土残叶多件。夏乾祐年间张氏刻本三种，蝴蝶装，每半叶三栏，每栏释 9 至 12 字。首有西夏文、汉文序言各一篇。全文刊布见 L.Kwanten, *The Timely Pearl:A 12th Tangut Chinese Glossary*(Indiana University Uralic and Altaic Series,Vol.142), Research Institute for Inner Asia Studies, Bloomington, 1982；黄振华等整理《番汉合时掌中珠》，宁夏人民出版社 1989 年版；俄罗斯科学院东方研究所圣彼得堡分所、中国社会科学院民族研究所、上海古籍出版社《俄藏黑水城文献》第 10 册。今人编校整理本见西田龙雄《西夏语の研究》Ⅰ，京都大学文学部，1977 年；李范文：《宋代西北方音》，中国社会科学出版社 1994 年版。

③ 译文见孙伯君编《国外早期西夏学论集》（二），民族出版社 2005 年版，第 116—117 页。

过龙果夫《夏汉字典中“尼卒”型的二合字》的进一步阐发，[①] 人们逐渐纠正了伊凤阁（А. И. Иванов）、劳费尔（B. Laufer）等在相关研究中的误读，从而使西夏语音值的拟定走向了正确发展的道路。

此前，西夏学界对于《掌中珠》中特殊标音汉字的讨论已经比较充分，几乎每篇涉及西夏语语音研究的文章都绕不开这个问题，可以说，对于这些汉字所代表的实际语音，人们已经做了比较令人信服的分析。其中西田龙雄、索夫洛诺夫、龚煌城等学者的观点散见于他们西夏语语音研究的相关论著中，而专门就标音符号所代表的实际意义进行阐述的文章有聂鸿音的《〈番汉合时掌中珠〉注音符号研究》、[②] 李范文的《〈番汉合时掌中珠〉复字注音考释之一》和《〈番汉合时掌中珠〉复字注音考释之二》。[③] 聂先生的文章主要对《掌中珠》中的“口”旁和“圈”两种注音符号进行了阐发，认为这两种注音符号如果加在浊声母汉字旁边，一般是改变此字的声母，如果加在清声母汉字旁，一般是改变此字的介音。文章按西夏语的声、韵顺序，几乎对标有注音符号的所有汉字都做了翔实和具体的分析，有些加“口”旁的字还拿来与陀罗尼的梵语对音用字做了比较，确定了它们的实际音值。李先生的文章主要探讨了《掌中珠》中包括所有“尼卒”型二合注音字在内的标音汉字的体例，在全面总结其他学者观点的基础上，进一步阐发了这些特殊注音汉字所代表的西夏语语音。

早在 20 世纪 80 年代，王静如就在《西夏语音系导言》中提醒学界留意西夏资料中的陀罗尼，认为“由于梵咒很少变化，所以可以从那里得到当时西夏文真正的语音，至少是极近似的语音，它比藏文标音字母好得多……梵咒字音虽然为数很少，但大体说来主要音位也都接触到了”[④]。不过无论是王静如本人还是后来的学者，此后都没有认真系统地整理过佛经中的梵夏对音规律，从而为西夏语音研究提供更为直观的音值参考。究其原因，可能是此前人们比较着意于根据《掌中珠》中的夏汉对音和遗存于佛经片断中的藏文标音来拟定西夏语语音，而较少留意梵夏对音，加之人

① 译文见孙伯君编《国外早期西夏学论集》（二），民族出版社 2005 年版，第 127—131 页。

② 聂鸿音：《〈番汉合时掌中珠〉注音符号研究》，《语言研究》1987 年第 2 期。

③ 李范文：《〈番汉合时掌中珠〉复字注音考释之一》，《宁夏社会科学》1989 年第 5 期；李范文：《〈番汉合时掌中珠〉复字注音考释之二》，《宁夏社会科学》1989 年第 6 期。

④ 王静如：《西夏语音系导言》，《民族语文》1982 年第 2 期。

们认为目前刊布的西夏文佛经大都是从汉文本转译的，其中的语音依据必然为汉语而非梵文，而真正译自梵本或藏文转写梵本的西夏文佛经大多没有刊布。

事实上，在没有发现和刊布《掌中珠》之前的西夏研究早期，人们就是利用陀罗尼的梵夏对音来解读西夏字的。英国来华传教士伟烈（A. Wylie）1871 年发表的《华北居庸关古代佛教铭文考》一文可以说是国外解读西夏文字的最早文章，文中根据居庸关云台洞壁所刻梵文咒语《佛顶尊胜陀罗尼》，运用译音对勘法解读过 87 个西夏译音字。① 后来毛利瑟（M. G. Morisse）在其 1904 年发表的《西夏语言文字初探》中，又根据梵文《法华经》与西夏文本的对勘，识别出了 75 个音译词。② 遗憾的是，早期学者整理西夏字和梵文之间的对应关系只是为了解读文字，却没有考虑到利用这些对应关系去论证西夏字的实际读法，从而分析西夏语音。后来克劳森（G. Clauson）在其《西夏研究之前景》一文中注意到，与梵文 ke、te、de、se 等对音的西夏字都在《文海》平声第 36 韵及其前后诸韵中，为西夏学界拟定《文海》第 36 韵的语音提供了非常有益的启示。③ 王静如则在《西夏语音系导言》一文中根据居庸关《佛顶尊胜陀罗尼》和《金光明经》中的梵夏对音，重点论证了西夏语鼻冠音和鼻音韵尾等问题。聂鸿音在《西夏语音商榷》和《西夏语松紧元音假说评议》等文章中，不同程度地参考《金光明经》和《吉祥遍至口合本续》中的梵夏对音，论证了西夏语没有鼻音韵尾和长短元音的对立等学界颇有争议的论题。

目前的西夏语研究大都建立在分析《掌中珠》夏汉对音的基础上，同时参考西夏文佛经残片上的藏文注音和《文海》、《同音》等西夏字典的反切、分韵。毋庸讳言，上述材料对于西夏语音的拟定都有很多缺陷。首先，利用《掌中珠》中的夏汉对音来研究西夏语必须首先明确汉语河西方音，而显然，记载河西方音的汉字本身是非表音的，河西方音的很多语音现象

---

① A. Wylie, "On an Ancient Buddhist Inscription at Keu-yung-kwan, in North China", *Journal of the Royal Asiatic Society*, Vol. V (1871).

② M. G. Morisse, "Contribution préliminaire à l'étude de l'écriture et de la langue Si-hia ", *Mémoires présentés par divers savants à l'Académie des Inscriptions et Belles-Lettres*, 1re Série, tome XI, IIe partie (1904).

③ G. Clauson, "Future of Tangut (Hsi-hsia) Studies", *Asia Major*, new ser.Vol.Ⅵ, pt.1, 1964.

还需进一步利用表音材料去明确。其次，西夏文佛经残片上的藏文注音无疑为语音研究提供了较为可靠的资料，但藏文词语的书面写法和实际的口语读音并不总是统一的，尤其是其中各种各样的前加字母，我们还不能确定它们在八百年前的某个方言里是否发音，也不能确定它们是否引起了词语读音的某些改变。再次，《文海》分韵极其苛细，其编纂体例显然是仿照汉语“切韵系”韵书，并非真正的西夏语声韵分类字典。

现存西夏佛教文献中包含着丰富的梵夏对音资料，这对于西夏语研究而言无疑是极为宝贵的。我们可以运用译音对勘法，把西夏文佛经咒语与相应的梵文咒语进行对比，据以推知西夏字的读音，这项成果可以帮助我们梳理此前关于西夏语研究的部分结论，从而为拟定西夏语音提供参照，进而为系统分析西夏语音体系提供比较直观的音值参考，从这个意义上说，梵夏对音材料的价值当不在藏文标音材料之下。

利用梵汉对音研究汉语河西方音，首先必须搜集大量的陀罗尼材料，而黑水城出土的西夏新译汉文佛经中只有“尊胜陀罗尼”和“大悲心陀罗尼”两种篇幅较长。为了搜集更多的资料，使所得结论建立在更为坚实的基础上，我们开始着手在大藏经中搜寻更多的西夏译汉文佛经。令我们高兴的是，在《大正藏》中，我们找到了西夏天庆七年（1200）编定的《密咒圆因往生集》，款题“西夏甘泉师子峰诱生寺出家承旨沙门智广、北五台山大清凉寺出家提点沙门慧真编集、兰山崇法禅师沙门金刚幢译定”，见收于日本《大正藏》密教部卷四六。这是一部诸经神验密咒的总集，它把“金刚大轮明王咒”等32道密咒汇集在一起，可谓是夏译陀罗尼的总汇。更令我们惊喜的是，在《普宁藏》、《洪武南藏》、《永乐南藏》、《龙藏》诸本中我们还发现了八思巴字标音本《密咒圆因往生集》。黑水城曾经出土过有梵文原文的《密咒圆因往生集》的残抄本，[①] 共存九咒，据此，我们可以确定最初的西夏译本是以汉、梵两种文字雕印的。《密咒圆因往生集》中的八思巴字当是在元至元六年（1269）后加到西夏译本中的，可以帮助当

① 黑水城出土汉文《密咒圆因往生集》残本见《俄藏黑水城文献》第4册，上海古籍出版社1997年版，第359—363页。共残存九咒，顺序是“大宝楼阁随心咒”、“尊胜心咒”、“阿弥佗佛心咒”、“智炬如来心破地狱咒”、“文殊菩萨五字心咒”、“毗卢遮那佛大灌顶光咒”、“七俱胝佛母心大准提咒”、“金刚萨埵百字咒”、“十二因缘咒”等。

时不认识汉字的信众念诵咒语。借助八思巴字，我们基本可以复原这些密咒的梵文原文，从而获知所用对音汉字的读音范围。《密咒圆因往生集》为本书的梵汉对音研究提供了极为丰富的字例。

此外，根据对音用字规律，我们还考知了《圣妙吉祥真实名经》和《佛说大白伞盖总持陀罗尼经》为河西译本，前者款题“元讲经律论习蜜教土番译主聂崖沙门释智译”，收录于《大正藏》“密教部”卷二〇，后者款题“元天竺俊辩大师唧嗦铭得哩连得啰磨宁及译主僧真智等译”，有《中华大藏经》第71册影印宋碛砂藏本，《大正藏》收录于“密教部”卷一九。[①]

传统的梵汉对音中，对于汉语中没有的梵文音节，经师们往往采用注音辅助手段加以比况，最常见的手段是在基字后加注“二合”来表示梵语中的复辅音；在基字后加注“引”表示梵语的长元音；在基字左侧加“口”旁比况梵语中的颤舌、浊塞音等。这些辅助手段被历代译经师沿用下来，逐渐形成了佛典翻译中的一套独有的标音用字规则，当然，西夏译经师也毫不例外地秉承了这些手段。通过对比，我们发现《掌中珠》中特殊标音汉字的使用与西夏新译佛经也是一脉相承的，这一发现不仅可以帮助我们进一步深入研究西夏语语音系统，更重要的是可以通过梵文检验此前学者对《掌中珠》对音汉字的拟音，更为准确地理解每一个特殊汉字所指向的西夏语音节。如：夏译佛经中“嚩”字所代表的梵语是va，如梵文sarva，对音汉字为“萨嚩”。“嚩”本来就是经师为汉译陀罗尼标音而创制的新字，梵文四十九根本字中，善无畏、不空、慧琳等都用“嚩”对译梵文va，反切注音为“无可反”。由此，我们可推知《掌中珠》中“嚩”字所对应的西夏字的读音也应是va。再如：“嘿”字在德慧译《佛说圣佛母般若波罗蜜多心经》的梵文经题中与梵文prajñā（汉字对音“不啰嘿”）中的ñā对音，《掌中珠》也用“嘿”来为当“黑”讲的西夏字注音。与用“嘿”标记的西夏字在《同音》中位于第三品舌头音的音韵地位相印证，我们可推知不仅当“黑”讲的西夏字实际读音应是na，如同藏语nag义为“黑”，而且受此影响，“嘿”字在西北方音中也应读如na。

佛典密咒的对音中，经师们遇到用汉字无法准确对译的梵语音节，经常还会找两个当用汉字拼合成一字，左字表声，右字表韵。由于这些汉字为

---

① 《大正藏》本《大白伞盖总持陀罗尼经》中有些对音汉字是错的，应以宋碛砂藏本为准。

生造字，且其读音是自身两个构件的反切，所以人们一般把这些字称为“切身”字，有的密咒还在这些字后标注“切身”二字以示区别。西夏宝源译密咒中出现了几个“切身”字，有“⿰丁六”、“[illegible]（切身）”、“[illegible]（切身）”等，所对译的梵文分别为 tu、nu、dve。“切身”字“⿰丁六”作为标音字也曾出现在《掌中珠》中，此前的研究往往把“⿰丁六”写成“⿰六丁”，拟音为 riụ，[1] 对照梵文，我们可以把《掌中珠》中“⿰丁六”所对应的西夏字拟定为 tu。

龚煌城通过归纳和分析《掌中珠》中的对音汉字，对汉语河西方音的许多语音现象做了颇为准确的论述，而梵汉对音材料不仅可以对此前的大部分研究结论加以印证，而且还可以补充甚至修正某些结论。如：《掌中珠》中有“嗢”、“乙”、“遏”三个影母字与疑母字一起为西夏字注音。龚先生据之推测这些当时都已丢掉了其声母的影母字和疑母字在实际发音的时候产生了一个非音位性的 ŋ-或ɣ-，因而被用于注西夏语有音位性的/ ŋ /、/ ɣ /，甚至/g/（即以ɣ 注 g 音）。[2] 夏译密咒中影母合口字往往与梵文 v-对音，但影母字“遏”较为特别，与梵文 ga 对音，如 bhagavate，对音为“末遏斡帝”，据此，我们可以确认河西方音的影母字“遏”的读音实际是 ga，与此相应，“遏”字在《掌中珠》中所注西夏字的读音也应是 ga。再如：《掌中珠》中为西夏字注音的汉字没有-m 韵尾字，龚先生的解释是：“我们唯一可能的假设是汉语-m、-n、-ŋ 三个韵尾虽然都已消失，但是在-m、-n 韵尾前却引起元音的鼻音化，而西夏语因为只有纯元音而无鼻化元音，故注西夏字音时不能使用汉语鼻化元音的字（即-m、-n 韵尾字），只有偶然的疏失，才会以汉语像 pã（板）的音来注西夏 pa^1 的音，这样假设便可以了解何以汉语-m、-n 韵尾字不会出现（或很少出现）在西夏字的注音里。”[3] 与《掌中珠》不同，夏译密咒的梵汉对音中却出现了一些臻、山两摄的字，它们与梵文-n、-ñ尾音节对应，说明汉语河西方音中臻、山两摄字没有像宕、梗等摄字一样与阴声韵混并，而是仍然保留了-n 韵尾。

梵夏对音字例，也可以帮助我们检验此前有关西夏语语音的部分结论，

① 李范文：《宋代西北方音》，中国社会科学出版社 1994 年版，第 55 页。

② 龚煌城：《十二世纪末汉语的西北方音（声母部分）》，《西夏语言文字研究论集》，民族出版社 2005 年版，第 503 页。

③ 龚煌城：《十二世纪末汉语的西北方音（韵尾问题）》，《汉藏语研究论文集》，北京大学出版社 2004 年版，第 321 页。

比如：梵文是可以明确区分长短元音的，而在夏译佛经中梵文长元音却用一种特别的方式表示，即在基本西夏字后加注一个略小的“[illegible]”，相当于汉字“引”，这种情况似可说明西夏语没有长短元音的对立；梵夏对音中，梵文中的-n、-ṃ、-ṇ、-ṭ、-r 收尾的音节分别用小字“[illegible]”、“[illegible]”、“[illegible]”、“[illegible]”、“[illegible]”来表示，说明西夏语中没有以-n、-m、-ŋ、-t、-r 收尾的音节；当遇到梵文密咒中的复辅音时，西夏习惯用“大字加小字”的方法来对译，这有些像汉译佛经传统上的“二合”，如梵文 prasanaṃ对音为“[illegible][illegible][illegible][illegible]”，以“[illegible][illegible]”对 pra，而反观《掌中珠》中为西夏字注音的汉字没有采用这种加注“二合”表示复辅音的对音体例，似可推测西夏语中没有此类复辅音声母。此外，根据梵夏对音我们还可以拟测西夏语舌上音娘母字读如ɳ；《同音》中处于齿头音从母地位的西夏字读如 dz；西夏语轻唇音有 v 声母；西夏语中疑母字读为浊音 g-；西夏语中的牙音和舌头音有腭化倾向等。

第一章　几种西夏新译汉文佛经陀罗尼材料

第一节　宝源译《胜相顶尊总持功能依经录》、《圣观自在大悲心总持功能依经录》

一　考述

《胜相顶尊总持功能依经录》与《圣观自在大悲心总持功能依经录》合刻为蝴蝶装一册，卷首有三幅版画，其后经文首题“诠教法师番汉三学院兼偏袒提点嚷卧耶沙门鲜卑宝源奉敕译，天竺大般弥怛五明显密国师在家功德司正嚷乃将沙门嘚也阿难捺传”，末附“御制《圣观自在大悲心总持》并《胜相顶尊总持》后序发愿文”。俄罗斯科学院东方文献研究所共藏有两种印本，俄藏编号分别为 TK. 164 和 TK. 165，其中 TK. 165 除第一叶阙佚外，其他叶面中的文字较 TK. 164 保存完整。两个版本均于 1997 年刊布于《俄藏黑水城文献》第 4 册，第 29—51 页。

《胜相顶尊总持功能依经录》经卷末尾的御制发愿文讲述了经文翻译的缘起。这篇发愿文曾由史金波抄录发表过，[①] 不过当时史先生所见为 TK.164，残缺较为严重，下面是根据 TK.165 与 TK.164 对校而标点的全文：

御制《圣观自在大悲心总持》并《胜相顶尊总持》后序发愿文：

朕伏以神咒威灵，功被恒沙之界；玄言胜妙，力通亿劫之多。惟一听于真筌，可顿消于尘累。其于微密，岂得名言？切谓自在大悲，

① 史金波：《西夏佛教史略》，宁夏人民出版社 1988 年版，第 270 页。

冠法门之密语；顶尊胜相，总佛印之真心。一存救世之至神，一尽利生之幽验。大矣，受持而必应；圣哉，敬信而无违。普周法界之中，细入微尘之内。广资含识，深益有情。闻音者大获胜因，触影者普蒙善利。点海为滴，亦可知其几何；碎刹为尘，亦可量其几许。唯有慈悲之大教，难穷福利之玄功。各有殊能，迥存异感。故大悲心感应云：若有志心诵持大悲咒一遍或七遍者，即能超灭百千亿劫生死之罪，临命终时，十方诸佛皆来授手，随愿往生诸净土中。若入流水或大海中而沐浴者，其水族众生霑浴水者，皆灭重罪，往生佛国。又胜相顶尊感应云：至坚天子诵持章句，能消七趣畜生之厄。若寿终者，见获延寿，遇影霑尘，亦复不堕三恶道中，授菩提记，为佛嫡子。若此之类，功效极多。朕睹兹胜因，倍激诚恳，遂命工镂板雕印番汉一万五千卷，普施国内。臣民志心看转，虔诚顶受。朕亦躬亲而□服，每当竭意而诵持。欲遂良缘，广修众善。闻阐真乘之大教，烧结秘密之坛仪。读经不绝于诵声，披典必全于大藏。应于国内之圣像，悉令恳上于金妆。遍施设供之法筵，及集斋僧之盛会。放施食于殿宇，行法事于尊容。然斯敬信之心，悉竭精诚之恳。今略聊陈于一二，岂可详悉而具言？以兹胜善，伏愿：神考崇宗皇帝，超升三界，乘十地之法云；越度四生，达一真之性海。默助无为之化，潜扶有道之风。之子之孙，益昌益盛。又愿以此善力，基业泰定，迩遐扬和睦之风；国本隆昌，终始保清平之运。延宗社而克永，守历数以无疆。四方期奠枕之安，九有获覆盂之固。祝应□□诚之感，祈臻福善之徵。长遇平□，毕无变乱，普天率土，共享有……所求随心皆遂为祝……神圣。乃为颂曰：

法门广辟理渊微　持读……

大悲神咒玄密语……

奉天显道耀武宣文神谋睿智制义去邪惇睦懿恭皇帝……

经文的刊刻时间阙佚，孟列夫根据序文所列仁宗尊号“奉天显道耀武宣文神谋睿智制义去邪惇睦懿恭皇帝”，猜测刻经时间不早于崇宗去世三周年（1141），不晚于曹皇后去世三周年（1167）。[①] 而从发愿文中所述“以

① ［俄］孟列夫著，王克孝译：《黑城出土汉文遗书叙录》，宁夏人民出版社1994年版，第153页。

兹胜善，伏愿：神考崇宗皇帝，超升三界，乘十地之法云；越度四生，达一真之性海”等字句看，经文的刊刻时间当是崇宗去世（1139）之后，西夏群臣于大庆二年（1141）为仁宗上尊号“制义去邪”后不久。俄藏黑水城出土西夏文佛经中有一部与《胜相顶尊总持功能依经录》同名的经典，编号为No. 6881，克恰诺夫编著的《西夏佛典目录》译名为《顶尊相胜总持功德韵集》。① 此经后面也存有御制发愿文，与宝源汉译本的发愿文的内容大体一致，并署“天盛己巳元年月日”、“奉天显道耀武宣文神谋睿智制义去邪惇睦懿恭皇帝谨施”，由此，我们可推知宝源汉译本《胜相顶尊总持功能依经录》和《圣观自在大悲心总持功能依经录》的刊刻时间在天盛元年（1149）前后。

关于译者宝源的生平资料我们所知不多。在黑水城出土的文献中，有一部西夏文的《贤智集》，署夏乾祐十九年（1188）沙门宝源撰。②《贤智集》的内容，聂历山曾在《西夏文字及其典藏》中较为详细地介绍过，说道：“这本集子的内容包括各类道德说教，如酗酒、淫乱的坏处，关于妇女和俗人的故事等等，同时，散文与劝喻性的诗文交替出现。”③ 《贤智集》前有一篇序言，署“比丘和尚杨慧广谨序，皇城检视司承旨成嵬德进谨撰”，序言赞美宝源“为师与三世诸佛比肩，与十地菩萨不二”，下面是聂鸿音在《西夏文〈贤智集序〉考释》中对序言的汉译，从中似可读到宝源在西夏的地位和影响：④

夫上人敏锐，本性是佛先知；中下愚钝，闻法于人后觉。而已

① Е. И. Кычанов, *Каталог тангутских буддийских памятников*, Киото: Университет Киото, 1999, стр. 580–581.

② 西夏文《贤智集》1909 年出土于内蒙古额济纳旗的黑水城遗址，今藏俄罗斯科学院东方文献研究所，至今还未能整理出版，国内仅有上海古籍出版社 1993 年拍摄的照片。据戈尔巴乔娃和克恰诺夫介绍，《贤智集》原书为蝴蝶装刻本，开本 19.8 厘米×13.5 厘米，版框 15.5 厘米×10 厘米，每半叶 7 行，行 15 字，全书存 43 叶，署夏乾祐十九年（1188）沙门宝源撰。参看 З. И. Горбачева и Е. И. Кычанов, *Тангутские рукописи и ксилографы*，Москва: Издательство восточной литературы，1963, стр. 58。

③ Н. А. Невский, “Тангутская письменность и ее фонды”, *Тангутская филология*, Москва: Издательство восточной литературы,1960, т.1, стр. 74–94. 马忠建译文载孙伯君编《国外早期西夏学论集》（二），民族出版社 2005 年版，第 222—246 页。

④ 聂鸿音：《西夏文〈贤智集序〉考释》，《固原师专学报》2003 年第 5 期。

故鲜卑显法国师者，为师与三世诸佛比肩，与十地菩萨不二。所为劝诫，非直接己意所出；察其意趣，有一切如来之旨。文词和美，他方名师闻之心服；偈诗善巧，本国智士见之拱手。智者阅读，立即能得智剑；愚蒙学习，终究可断愚网。文体疏要，计二十篇，意味广大，满三千界，名曰“劝世修善记”。慧广见如此功德，因夙夜萦怀，乃发愿事：折骨断髓，决心刊印者，非独因自身之微利，欲广为法界之大镜也。何哉？则欲追思先故国师之功业，实成其后有情之利益故也。是以德进亦不避惭怍，略为之序，语俗义乖，智者勿哂。

在西夏刻本《贤智集》的卷首还附有一幅鲜卑国师宝源的说法图，非常生动。此外，俄国收藏的西夏文译本《金刚般若波罗蜜多经》保存有两则关于宝源的题记，[①] 可以汉译如下：

инв. № 3834：大白高国大德坛度民之寺院诠教国师沙门宝源。

инв. № 4099：大度民寺院诠教国师沙门鲜卑宝源。

北京房山云居寺曾保存有一卷明正统十二年（1447）复刊的藏汉文合璧《圣胜慧到彼岸功德宝集偈》，[②]卷首的汉文题记记载了经文的六位译者，有：

诠教法师番汉三学院并偏袒提点嚷美则沙门鲜卑宝源汉译

显密法师功德司副使嚷卧英沙门……[③]

演义法师路赞讹嚷赏则沙门遏啊难捺吃哩底梵译

天竺大钵弥怛五明显密国师讲经律论功德司正嚷乃将沙门𠴨也阿难𠽾亲执梵本证义

贤觉帝师讲经律论功德司正偏袒都大提点嚷卧勒沙门波罗显胜

① 西夏原文见 Е. И. Кычанов, *Каталог тангутских буддийских памятников*, Киото: Университет Киото, 1999, стр. 284, 286。

② 罗炤：《藏汉合璧〈圣胜慧到彼岸功德宝集偈〉考略》，《世界宗教研究》1983 年第 4 期。

③ 此处脱人名，史金波据其官职和封号，认为是甘肃武威天梯山石窟所出西夏佛教文献的译者周慧海。史金波：《西夏佛教史略》，宁夏人民出版社 1988 年版，第 139—140 页。

奉天显道耀武宣文神谋睿智制义去邪惇睦懿恭皇帝再详勘

《圣观自在大悲心总持功能依经录》卷首题记有“诠教法师番汉三学院兼偏袒提点嚷卧耶沙门鲜卑宝源奉敕译”，结合上述佛经题记，我们知道宝源是仁宗时期直接服务于西夏王室的高僧，曾驻锡由西夏皇家敕建的“大德台度民之寺院”（简称“大度民寺”），最初是法师，到翻译《金刚般若波罗蜜多经》的时候，已经被升任国师了。他曾被皇帝授予“番汉三学院兼偏袒提点”，管理当时西夏国内的佛教事务。此外，根据题记，宝源还曾被皇帝授予“嚷美则”与“嚷卧耶”的封号。[①]“嚷美则”比“嚷卧耶”要高一阶，由此我们还可推知明代复刊的藏汉文合璧本《圣胜慧到彼岸功德宝集偈》的翻译时间比《圣观自在大悲心总持功能依经录》略晚。

卷首题记还明确说两部经的传者为㖿也阿难捺，㖿也阿难捺是梵文 Jayānanda 的音译，义为“胜喜”。据题记所言“天竺大钵弥怛五明显密国师讲经律论功德司正嚷乃将沙门㖿也阿难捺传”，此人是天竺人，不过范德康则根据现存的藏文文献认为㖿也阿难捺实际上是克什米尔人，他曾是西藏非常知名的高僧。在西藏时他不仅把几部佛学经典翻译成藏文，同时还撰著了两部作品——《思择槌颂》和《入中观注疏》，另外还把两部书亲自译成了藏文，前者与库敦·朵德拔（Khu-ston mdo-sde-'bar）合译，后者与贡噶扎（Kun-dga'-grags）合译。藏文文献还记载了㖿也阿难捺曾与西藏有名的思想家恰巴·却吉僧格（1109—1169）就中观题目所做的公开大辩论，最后以㖿也阿难捺失败而告终。[②] 或许与此次论法失败有关，大概在西夏仁宗时期（1140—1193），㖿也阿难捺转到西夏传法，并被仁宗授予“功德司正”的官职。现存仁宗时期由他亲自翻译或传授的梵文经典有：

---

① 史金波曾考证“嚷美则”、“嚷卧耶”中的“嚷”意义为“赐”或“授”，“美则”与西夏文《官阶封号表》中第四品第十二列官职的语音相同，该封号义为“覆全”；“卧耶”同“卧英”，与《官阶封号表》中第五品第四列的官职同音，义为“益荣”或“利益”。下文涉及的“乃将”与《官阶封号表》中第四品第九列的官职同音，义为“安仪”；“卧勒”与《官阶封号表》中第一品的官职同音，义为“具足”。参考史金波《西夏佛教史略》，宁夏人民出版社 1988 年版，第 139 页。

② 范德康著，陈小强、乔天碧译：《拶也阿难捺：12 世纪唐古忒的克什米尔国师》，载《国外藏学译文集》第 14 集，第 341—351 页；沈卫荣：《汉藏文版〈圣观自在大悲心总持功能依经录〉之比较研究——以俄藏黑水城汉文 TK.164、TK.165 号、藏文 X67 号文书为中心》，第五届中华国际佛学会议论文，台北，2006 年。

汉译本《胜相顶尊总持功能依经录》、《圣观自在大悲心总持功能依经录》，嘐也阿难捺传，宝源汉译；

藏汉文合璧本《圣胜慧到彼岸功德宝集偈》，嘐也阿难捺传，宝源汉译；

西夏文本《圣观自在大悲心总持功能依经录》和《胜相顶尊总持功能依经录》，黑水城出土，现藏俄罗斯圣彼得堡，俄藏编号为 No. 6881，克恰诺夫等编著的《西夏佛典目录》译名为《圣观自主大悲心总持功德经韵集》，其所署西夏文题记可译为“西天大钵弥怛五明国师功德司正授安仪沙门嘐也阿难捺传，显密法师功德司副授利益沙门周慧海奉敕译”，据御制施经发愿文，翻译时间为仁宗天盛元年（1149）。

西夏文本《圣胜慧到彼岸功德宝集偈》，武威天梯山石窟出土，陈炳应翻译为《圣胜慧到彼岸□颂功德宝集》，题记有“沙门嘐也阿难捺传，显密法师功德司副授利益沙门周慧海奉敕译”字样。[①]

弗鲁格（К. Флуг）在其《汉文书籍的西夏刻本》一文中首先注意到西夏宝源所译《圣观自在大悲心总持功能依经录》和《胜相顶尊总持功能依经录》这些于大藏经未收的经典。认为通过这些新译佛经所载的译经地点，可窥见西夏是否存在培养译经师的学校，还可让人了解回鹘人在西夏占有什么样的地位，他们在翻译时使用的是梵文本还是藏文本，因之，这些西夏新译佛经无疑对研究中国西北佛教史具有重大价值。[②] 尽管就目前所知，这些西夏新译佛经可能更多地与吐蕃而非回鹘经师关系密切，但其对研究中国西北佛教史所具有的重大价值是毋庸置疑的。

《胜相顶尊总持功能依经录》此译本不见于历代著录，当节录自《佛顶尊胜陀罗尼经》。传世的汉译《佛顶尊胜陀罗尼经》有几种，日本学者分为初期本和后期本。初期本包括：法隆寺贝叶，著录于缪勒及南条目录；[③] 唐

---

① 陈炳应：《天梯山石窟西夏文佛经译释》一文据西夏文把此经的题记翻译为“沙门长耶阿纳拏传，显密法师功德司副授利益沙门周慧海奉敕译”，其中的“长耶阿纳拏”即“嘐也阿难捺”，史金波在《西夏佛教史略》第 140 页中已经指出。参考陈炳应：《天梯山石窟西夏文佛经译释》，《考古与文物》1983 年第 3 期。

② К. Флуг, “По поводу китайских текстов, изданных в Си Ся”, *Библиография востока*, вып. 2–4, 1932, стр. 158–163。聂鸿音译文载孙伯君编《国外早期西夏学论集》（二），民族出版社 2005 年版，第 187—193 页。

③ F. Max Müller and Bunyiu Nanjio, *The Ancient Palm-leaves containing the Prajñā- pāramitā-hridaya-sūtra and the Ushnīsha-vijaya-dhāranī.* With an Appendix by Bühler. Anecdota Oxoniensia, Aryan Series, Vol. Ⅰ, Part Ⅱ. Oxford 1884.

杜行顗译《佛顶尊胜陀罗尼经》，见《大正藏》No. 968；唐地婆诃罗译《佛顶最胜陀罗尼经》，见《大正藏》No. 969；罽宾国沙门佛陀波利译《佛顶尊胜陀罗尼经》，见《大正藏》No. 967；唐地婆诃罗译《最胜佛顶陀罗尼净除业障咒经》，见《大正藏》No. 970；义净译《佛说佛顶尊胜陀罗尼经》，见《大正藏》No. 971；唐善无畏译《尊胜佛顶修瑜伽法轨仪》，见《大正藏》No. 973；唐不空译《佛顶尊胜陀罗尼念诵仪轨法》，见《大正藏》No. 972。后期本包括：法天译《最胜佛顶陀罗尼经》，见《大正藏》No. 974A；法天译《佛说一切如来乌瑟腻沙最胜总持经》，见《大正藏》No. 978；法护译《华梵加句灵验佛顶尊胜陀罗尼经》，著录于缪勒及南条目录；佚名译《瑜伽集要焰口施食仪》，见《大正藏》No. 1320；指空译《於瑟捉沙毘左野陀啰尼》，见《大正藏》No. 979。一般来说，《佛顶尊胜陀罗尼经》经过历代的次第增广，后期本比初期本较为详细，同时受唐代中期以后译音风格变化的影响，经咒的译写方式也大有改变。从宝源译本《胜相顶尊总持功能依经录》的内容看，与法天译《佛说一切如来乌瑟腻沙最胜总持经》比较相近，说明西夏宝源译本应划入后期本。

唐代义净译《佛说佛顶尊胜陀罗尼经》和法天译《佛说一切如来乌瑟腻沙最胜总持经》与藏文经典 De-bzhin-gshegs-pa thams-cad-kyi gtsug-tor rnam-par-rgyal-ba zhes-bya-ba'i gzungs rtog-pa-dang bcas-pa（华言“一切如来顶髻尊胜咒思惟陀罗尼”）都来自同一部梵文佛经，梵文原题：Sarvatathāgatoṣṇīṣavijayā-nāma-dhāraṇī-kalpasahitā。西夏宝源译本前面有梵文经题的汉字对音——“乌实祢舍•觅挐夜•捺麻嘹啰祢•啊軟（切身）蟾萨•萨兮怛•须（引）嘚啰（二合引）怛•三吃哩兮怛”，其中“乌实祢舍”，即“乌瑟腻沙”。宝源译本省去了“一切如来”，义即“胜相顶尊总持功能依经录”。

由上，我们似可肯定宝源译本也是据藏文《一切如来顶髻尊胜咒思惟陀罗尼》翻译的。史金波在《西夏佛教史略》中谈及如何确定西夏文佛经是否转译自藏文时曾说：“一方面要从经名、章节、用语上去考察，另一方面也可从佛经本身的形式来区分。有的译自藏文的佛经版心窄短，字体较小，可以算作供参考的标志。有的佛经卷首效法藏文佛经的形式，经题首先是用西夏文音译的梵语经名，前冠有‘梵语’二字，然后才是西夏文所译经名，前冠有‘番语’二字。如译自藏文的西夏文佛经《圣摩利天母总持》、《圣大乘大千国守护经》、《大寒林经》都是这种形式。”[①] 宝源译本前标有梵语经题这种形式与译自藏文的西夏文佛经的形式一致。此外，宝源译本对一些名词的翻译也显示其译自藏文，如法天等汉译本《佛顶尊胜陀罗尼经》中出现的“善住天子”，宝源译为“至坚天子”，“善住”和“至坚”所对应的梵文原词都是 supratiṣṭhita，此词藏文翻译为 shin-tu brtan-pa，意义正好是“非常坚固”，即“至坚”，[②] 由此，我们推测宝源本参考了藏文本，应该不会有太大的问题。

如所周知，居庸关云台券洞内有汉、藏、梵、西夏、回鹘、八思巴字六体石刻，其中东壁所刻内容即为“佛顶尊胜陀罗尼”，从经咒的梵汉对音用字看，元代与宋代的译写方式多有不同，学者认为符合《中原音韵》的音韵体系。[③] 通过与《甘珠尔》中六种同类经典比较，日本学者推测元代可能存在某种源自《甘珠尔》祖本的藏文经典，而居庸关东壁汉文“佛顶尊胜陀罗尼”实际即译自这种藏文本。[④] 对照西夏宝源译《胜相顶尊总持功能依经录》，居庸关券洞东壁“佛顶尊胜陀罗尼”与其内容有很大的一致性。如梵语中心咒 Oṃ bhrūṃ svāhā，宋代诸本大多阙如，包括号称内容最全的法天译《佛说一切如来乌瑟腻沙最胜总持经》，而居庸关券洞东壁的汉文“佛顶尊胜陀罗尼”保留，虽然此处石刻残掉了几字，但根据下边经咒中的译音用字可以想定并加以补充。下面是两种译本的比较：

梵语：	Oṃ	bhrūṃ	svāhā
居庸关东壁：	唵	没噜(二合)	莎诃
西夏宝源译本：	唵	没噜(二合)	莎诃(引)

我们知道，元代西夏僧侣有很高的地位，曾主持编定《普宁藏》的江南释教都总统永福大师杨琏真加就是西夏遗民。[⑤] 西夏译汉文佛经也颇为流行，《密咒圆因往生集》就是一个典型的例子，据此，我们似可推想居庸关券洞东壁的汉文“佛顶尊胜陀罗尼”可能是根据西夏新译本改译的。

① 史金波：《西夏佛教史略》，宁夏人民出版社 1988 年版，第 56—57 页。

② 见梵藏汉和四译对校《翻译名义大集》，京都文科大学藏版，第 233 页。

③ 村田治郎编著：《居庸关》第一卷，第 187—196 页，京都大学工学部，1957 年。

④ 同上书，第 219 页。

⑤ 陈高华：《略论杨琏真加和杨暗普父子》，《西北民族研究》1986 年第 1 期。

根据卷首题记，《圣观自在大悲心总持功能依经录》似为宝源自哆也阿难捺所传梵本翻译的，但也有迹象表明宝源在译经时同时参考了同名的藏文经典。藏文佛经有 'phags-pa spyan-ras gzigs dbang-phyug thugs-rje chen-po'i gzungs phan-yon mdor bsdus-pa zhes-bya-ba（华言"圣者大悲观自在妙集功德陀罗尼"），梵文原题：Mahākāruṇika-nāma-ārya- avalokiteśvaradhāraṇī anuśaṃsasahitasūtrāt saṃgṛhītā。西夏宝源译《圣观自在大悲心总持功能依经录》前面标有梵文经题"麻诃（引）葛哴祢葛·捺啜啊呤拽·阿斡浪鸡帝说呤·捺呤祢·啊軟（切身）蟾萨萨兮怛·须（引）嘚啰（二合引）怛·三吃哩兮怛"①，显然，宝源经题为上述梵文经题的对音，其中"啊軟（切身）蟾萨萨兮怛·须（引）嘚啰（二合引）怛·三吃哩兮怛"与宝源译《胜相顶尊总持功能依经录》中所录梵文经题的后半部分一致，其意义"总持功能依经录"无疑相当于藏语"妙集功德陀罗尼"。由此，我们可以推知宝源译《圣观自在大悲心总持功能依经录》与藏文《圣者大悲观自在妙集功德陀罗尼》出自同一部梵文原典。此外，宝源译本的译文风格也明显受了藏文佛典翻译风格的影响，如"愿我速能度有情"，伽梵达摩汉译为"愿我速度一切众"，梵文 sattva，汉文旧译为"众生"，新译为"有情"，与藏文 sems-can"有情"相当。

传世的密宗汉译《圣观自在菩萨大悲心陀罗尼经》有几种，一为唐代伽梵达摩译《千手千眼观世音菩萨广大圆满无碍大悲心陀罗尼经》，《大正藏》No.1060；二为唐代不空译《千手千眼观世音菩萨大悲心陀罗尼》，《大正藏》No.1064，是伽梵达摩《千手千眼观世音菩萨广大圆满无碍大悲心陀罗尼经》之异译；三为唐代菩提流志译《千手千眼观世音菩萨姆陀罗尼身经》，《大正藏》No.1058；四为唐代智通译《千眼千臂观世音菩萨陀罗尼神咒经》，为菩提流志《千手千眼观世音菩萨姆陀罗尼经》之异译，《大正藏》No.1057。西夏宝源译《圣观自在大悲心总持功能依经录》不见于历代著录，与存世诸汉译本相对照，宝源译本与唐代伽梵达摩译《千手千眼观世音菩萨广大圆满无碍大悲心陀罗尼经》最为接近。

① 《圣观自在大悲心总持功能依经录》俄藏编号 TK.165 第一叶残，TK.164 第一叶虽存，但其中梵文经题有几个字辨识不清，此处的对音汉字系依照《胜相顶尊总持功能依经录》梵文经题的对音汉字，参考梵文原题加以补全。

对照存世的汉文佛典，西夏宝源汉译本与唐代伽梵达摩译《千手千眼观世音菩萨广大圆满无碍大悲心陀罗尼经》最为接近，不过宝源译本要简略一些。而若仅从经咒部分看，宝源译本还与佚名译《番大悲神咒》中的内容大体一致。有意味的是，对照《番大悲神咒》，宝源译本陀罗尼所用对音汉字与其他汉译本大不相同，显示了汉语西北方音的特征，如：以“达(引)”对译梵语 thā，《番大悲神咒》则用“塔(引)”。“达”字《广韵》定母曷韵唐割切，对音照例应该是 dhar，而宝源显然是把这个字读成了 tha。我们已经知道，汉语宋代西北方音与中古音系有两项最显著的区别，一是中古汉语的全浊声母一律变成了送气清声母；二是中古汉语的入声韵尾全部脱落了。[①] 看得出来，这两项区别全都反映在了“达”字上面。又如以“宁”对 dhe，“铭”对 me，“形”对 he，反映了汉语西北方音梗摄字失落了鼻音韵尾-ŋ。此外，以“遏”对译梵语 ga，《番大悲神咒》用“葛”。“遏”字《广韵》影母曷韵乌葛切，对音照例应该是 at，而宝源显然是把这个字读成了 ga，部分影母字带有衍生出的舌根音声母，这不符合汉语语音演化的通则，似乎只能看成是河西方音的特例。

综上，仁宗时期西夏本土僧侣新译的几部汉文佛经大多译自梵文，同时参考了同名的藏文经典。

首先，《圣观自在大悲心总持功能依经录》、《胜相顶尊总持功能依经录》和《圣胜慧到彼岸功德宝集偈》卷首题记明确说三部经的传者为啰也阿难捺。啰也阿难捺是梵文 Jayānanda 的音译，义为“胜喜”。据考证此人是克什米尔人，曾在西藏传法，大概在西夏仁宗时期（1140—1193）转到西夏，并被仁宗授予“功德司正”的官职。

其次，几部经卷首都标有梵文经题，如：宝源译《圣观自在大悲心总持功能依经录》梵文经题“麻诃(引)葛啭祢葛·捺啜·啊呤拽·阿斡浪鸡帝说呤·捺呤祢·啊[車六](切身)蟾萨萨兮怛·须(引)嘚啰(二合引)怛·三吃哩兮怛”，还原为梵文 Mahākāruṇika-nāma-ārya- avalokiteśvara-dhāraṇī anuśaṃsasahitasūtrāt saṃgṛhītā。与藏文’phags-pa spyan-ras gzigs dbang-phyug thugs-rje chen-po’i gzungs phan-yon mdor bsdus-pa zhes-bya-ba，（华言“圣者大悲观自在妙集功德陀罗尼”）出自同一部梵文原典。

① 李范文：《宋代西北方音》，中国社会科学出版社 1994 年版，第 262、325 页。

宝源译《胜相顶尊总持功能依经录》梵文经题“乌实祢舍·觅捺夜·捺麻嗦啰祢·啊鞥（切身）蟾萨·萨兮怛·须（引）嘚啰（二合引）怛·三吃哩兮怛”，其中“乌实祢舍”，即“乌瑟腻沙”。唐代义净译《佛说佛顶尊胜陀罗尼经》和法天译《佛说一切如来乌瑟腻沙最胜总持经》都本于藏文经典 De-bzhin-gshegs-pa thams-cad-kyi gtsug-tor rnam-par-rgyal-ba zhes-bya-ba'i gzungs rtog-pa-dang bcas-pa（华言“一切如来顶髻尊胜咒思惟陀罗尼”），梵文原题 Sarvatathāgatoṣṇīṣavijayā-nāma-dhāraṇī-kalpasahitā，与之相比，宝源译本省去了“一切如来”。

德慧译本《佛说圣佛母般若波罗蜜多心经》梵文经题“啊吟拽·末遏斡帝·不啰嘿钵啰弥怛·屹哩嗦也·须嘚啰”，还原梵文为 Ārya-Bhagavatī-prajñāpāramitā-hṛdaya-sūtra。

再次，译文风格也明显受到了藏传佛教的影响。宝源译《圣观自在大悲心总持功能依经录》中有“愿我速能度有情”，伽梵达摩汉译为“愿我速度一切众”，梵文 sattva，汉文旧译为“众生”，西夏译为“有情”，与藏文 sems-can“有情”相当。

此外，卷首版画也显示仁宗时期翻译的汉文佛经颇受藏传佛教的影响。谢继胜曾在《吐蕃西夏历史文化渊源与西夏藏传绘画》中研究过《圣观自在大悲心总持功能依经录》的经首版画，认为其中的木刻牌插带有典型的卫藏波罗风格，并从而推定噶玛噶举僧人使夏以前就有了藏传绘画的雕版印画。①

二　“尊胜陀罗尼”的梵汉对音

经题：

Uṣṇīṣa-vijayā-nāmaḥ-dhāraṇī-anucansa-sahitā-sūtrat-sanhrihita

乌实祢舍　觅捺夜　捺麻　嗦啰祢　啊鞥（切身）蟾萨　萨兮怛　须（引）嘚啰（二合引）怛　三吃哩兮怛

心咒：

Oṃ　bhrūṃ　svāhā

唵　没嚨（二合）　莎诃（引）

① 谢继胜：《吐蕃西夏历史文化渊源与西夏藏传绘画》，《西藏研究》2001 年第 3 期。

陀罗尼：

oṃ namo bhagavate sarva-trailokya- prati- viśiṣṭāya
唵 捺么 末遏斡帝 萨嚩啰呤（二合）逻迦 不啰（二合）帝 觅石实怛（二合引）也

buddhāya- te- namaḥ- tadyathā, oṃ bhrūṃ bhrūṃ [bhrūṃ] śodhaya
目嗪（引）也丁 捺（引）麻 怛涅达（引）唵 没嚨（二合）没嚨（二合） 商嗪 也

śodhaya, viśodhaya, viśodhaya, asama- samantā-avabhāsa- spharaṇa-gati-
商嗪也 觅商嗪也 觅商嗪也 啊萨麻萨满怛 啊斡末（引）萨 厮拔啰捺遏矴

gagana- svabhāva- viśuddhe, abhiṣiñcantu māṃ sarva- tathāgatā-
遏遏捺 莎末斡 觅熟宁 啊啥（重）伸篯㣲 嚩 萨嚩 怛达（引）遏怛（引）

sugata- vara- vacanā- amṛtā- abhiṣekair mahā- mudrā-
须遏怛 斡啰 斡拶捺 啊没哩（二合）怛 啊啥（重）石该（引） 麻诃（引）么啱啰

mantra- padaiḥ. āhara āhara , mamā-ayuḥ- sandhā-
满啰啰（二合） 钵宁 啊（引）诃啰 啊（引）诃啰 麻麻 啊瑜 珊嗪（引）

-raṇi, śodhaya śodhaya, viśodhaya viśodhaya. gagana-svabhāva- viśuddhe,
啰（引）你 商嗪也 商嗪也 觅商嗪也 觅商嗪也 遏遏捺 莎末斡 委商宁

uṣṇīṣa- vijaya- pariśuddhe, sahasra- raśmi- sañcodite,
呜实你（二合）舍 觅嘐也 钵哩熟殢（引） 萨诃厮啰（二合）啰实弥 珊左殢矴

sarva-tathāgatā- avalokini, ṣaṭ- pāramitā- paripūraṇi
萨嚩怛达（引）遏怛 啊斡逻鸡你 折怛 钵（引）啰弥怛（引） 钵哩逋（引）啰祢

sarvatathāgata- māte, daśa bhūmi pratiṣṭhite, sarvatathāgata-
萨嚩怛达（引）遏怛 麻矴 嗪舍 目弥 不啰帝实提（二合）矴 萨嚩怛达（引）遏怛

hṛdayā- adhiṣṭhānā- adhiṣṭhite, [oṃ] mudre mudre
屹哩（二合）嗦也 啊殢实怛捺 啊殢实提（二合）矴 唵 么噝呤（二合）么噝呤（二合）

mahāmudre vajrakāya saṃhatana-pariśuddhe, sarvakarmā-
麻诃么噝呤（二合）末日啰（二合）葛（引）也 三诃怛捺 钵哩熟宁 萨嚩葛哩（二合）麻

avaraṇa- viśuddhe, pratinivartaya, mamā-ayur- viśuddhe,
啊斡啰捺 觅熟宁 不啰帝你斡哩（二合）怛也 麻麻 啊瑜哩（二合） 觅熟宁

sarvatathāgata- samayā- adhiṣṭhānā- adhiṣṭhite.
萨嚩怛达（引）遏怛 萨麻也（引） 啊殢实达（二合引）捺（引） 啊殢实提（二合）矴

oṃ muni muni mahāmuni, vimuni vimuni mahā vimuni, mati mati
唵 唔你 唔你 麻诃（引）唔你 觅唔你 觅唔你 麻诃（引）觅唔你 麻帝 麻帝

mahāmati mamati sumati, tathatā- bhūta- koṭi- pariśuddhe,
麻诃（引）麻帝 麻麻帝 须麻帝 怛达怛（引） 目（引）怛 光帝（引） 钵哩熟宁

visphuṭa buddhiśuddhe, he he, jaya jaya, vijaya vijaya. smara
觅斯婆（二合）怛 目殢熟宁 形 形 嘇也嘇也 觅嘇也 觅嘇也 斯麻（二合）啰

smara, sphara sphara, sphāraya sphāraya,
斯麻（二合）啰 斯拔（二合）啰 斯拔（二合）啰 斯拔（二合）啰也 斯拔（二合）啰也

sarvabuddhā-adhiṣṭhanā- adhiṣṭhite, śuddhe śuddhe, buddhe
萨嚩目怛 啊殢实达（二合引）捺（引） 啊殢实提（二合）矴 熟宁 熟宁 目宁

buddhe, vajre vajre, mahā-vajre, suvajre,
目宁 末唎呤（二合） 末唎 呤（二合） 麻诃（引）末唎呤 须末唎呤

vajragarbhe jayagardhe, vijayagarbhe
末日啰（二合）遏哩（二合）唥（重）嘚也过 哩（二合）唥（重）觅嘚也过哩（二合）唥（重）

vajra- jvala- garbhe, vajro-odbhave
末日啰（二合）撮辢 遏哩（二合）唥（重）末唎哴嚨（三合）末永

vajrasambhave, vajre vajriṇi, vajraṃ bhavatu
末日啰（二合）三末永 末唎 呤（二合）末唎 哩（二合）你 末唎 啰（合口）末斡𠀤

mama śarīraṃ, sarvasatvānāṃ[①] ca kāya- pariśuddhir bhavatu,
麻麻 折哩啰（合口）萨嚩萨咄喃 拶 葛（引）也 钵哩熟宁 末斡𠀤

mesadā sarvagatipariśuddhiśca. sarvatathāgatāśca māṃ
铭萨嗦（引）萨嚩遏帝钵哩熟殢实拶（二合）萨嚩怛达（引）遏怛实拶（二合）嘛

samāśvāsayantu. buddhya buddhaya, siddhya sidhya, bodhaya bodhaya,
萨麻（引）说（引）萨衍𠀤 目涅 目涅 西涅 西涅 磨嗦也 磨嗦也

vibodhaya vibodhaya, mocaya mocaya, vimocaya vimocaya, śodhaya śodhaya
觅磨嗦也 觅磨嗦也 么拶也 么拶也 觅么拶也 觅么拶也 商嗦也 商嗦也

viśodhaya viśodhaya samantān mocaya mocaya, samantara-
觅商嗦也 觅商嗦也 萨满怛（引）捺（二合引）么拶也 么拶也 萨满怛（引）啰

śmi pariuddhe, sarvatathā- gatahṛdayā- adhiṣṭhānā-
实弥（二合）钵哩熟宁 萨嚩怛达（引）遏怛屹哩（二合）嗦也 啊殢实达（二合引）捺

adhiṣṭhite, mudre mudre mahā mudre,
啊殢实提（二合）矴 么嚨呤（二合）么嚨呤（二合）麻诃（引）么嚨呤（二合引）

① 梵文 satvānāṃ，藤枝晃等《居庸关》一书的复原误作 satvānān̄，今改正。

mahāmudrā　mantra　pade　svāhā.
麻诃（引）么啮啰（二合）　满唠啰（二合）　钵宁　莎诃

三　“大悲心陀罗尼”的梵、藏、汉对音[①]

经题：

Mahā-karuṇika-nāma-ārya-avalokiteśvaradhāraṇī-anuśaṃsasahita-sūtrāt-saṃgṛhītā

麻诃（引）葛噜祢葛　捺啜　啊吟拽　阿斡浪鸡帝说吟　捺吟祢　啊𣢾（切身）蟾萨萨兮怛　须（引）唠啰（二合引）怛　三屹哩兮怛 [②]

心咒：

Oṃ　maṇi　padme　hūṃ
唵　麻祢　钵啮（二合）铭　吽

陀罗尼：

oṃ namo ratna-	trayāya.	nama āryā	valokite-
na mo rad na	tra yā ya	nama ārya	avalokite
唵 捺么 啰唠捺	唠啰（二合）夜（引）耶	捺么啊（引）吟夜（二合）哑（引）	斡逻鸡帝

śvarāya,	bodhisattvāya,	mahā-sattvāya	mahā-	kāruṇikāya.
śvarā ya	bodhi sa tvā ya	ma hā sa tvā ya	ma hā	kā ru ni kā ya
说啰（引）也	磨殢萨咄（引）也	麻诃萨咄也	麻诃（引）	葛噜祢葛（引）也

① 藏文转写依照沈卫荣《汉藏文版〈圣观自在大悲心总持功能依经录〉之比较研究——以俄藏黑水城汉文 TK.164、TK.165 号、藏文 X67 号文书为中心》，第五届中华国际佛学会议论文，台北，2006 年。

② 《圣观自在大悲心总持功能依经录》俄藏编号 TK.165 第一叶残，TK.164 第一叶虽存，但其中梵文经题有几个字辨识不清，此处的对音汉字系依照《胜相顶尊总持功能依经录》梵文经题的对音汉字，参考梵文原题加以补全的。

tadyathā, oṃ sarva-bhadhana chedaṇa-karāya. sarva-bhāva samudra
tanyatā om sarba ban dhana cche da na ka rā yā sarba pā pa sa mu tra
怛宁达(引) 唵 萨嚩 末嗦捺 齐吣捺 葛啰(引)也 萨嚩巴(引)钵 萨么吣罗(二合)

ucchośaṇa karāya. sarvavyādhi praśamana karāya.
utstsho śa ṇa ka rā ya sarba bya dhī pra śa ma na ka rā ya
呜趣折捺 葛啰(引)也 萨嚩月(引)殢 不啰(二合)舍麻 捺葛啰(引)也

sarva ityu upa-drava vinaśanakarāya. sarva-bhayeṣu trā-
sarba i tyu apatra va bin śa naka rā ya sarba bha ye śā tra
萨嚩哝帝 呜巴吣啰(二合)斡 觅捺折捺葛啰(引)也 萨嚩末英商 嘚啰(二合引)

ṇāyatasyu namas-kṛtvā idam ārya- avalokite
tā ya ta syu na ma skṛ tva i dam ārya a va lo kit e
捺(引)也怛星 捺麻斯屹吟(三合)胆 啮嗦(合口) 哑(引)吟夜(二合)啊斡逻鸡矴

śvara tva, nīla-kaṇṭha, namo hṛdayam āvartayi- ṣyāmi,
śva ra ta va nī la ka ṇa tha nā ma hṛ da om a va ra ta i śya mi
说啰 怛斡 祢嘛干啭(紧) 捺麻 屹哩(二合)嗦剡 哑斡吟(二合)怛英 折(引)铭

sarva-artha sādhanaṃ śubhaṃ cittana sarva-sattvanāṃ bhāva-
sarba artha sādha na śu bha ci tte na sarba tva nām bā ba
萨嚩 阿吟(二合)达 萨嗦 捺 熟末 精怛捺 萨嚩萨咄喃(引) 巴(引)钵

marga- viśuddhakaṃ. tadyathā, [oṃ] āvaloke [ā]loka-mati lokāgati-[krānte]
mar ga vi śu dva kaṃ ta dya thā oṃ ā lo ke ① ā lo ka ma ti lo kā ti kraṃ te
麻吟(二合)遏 觅□嗦葛 怛宁达(引) 啊斡逻鸡 逻葛麻帝② 逻葛遏帝

① 据梵文和汉文对音，此处藏文疑漏 va。

② 据藏文，此处汉字对音“逻葛麻帝”前似缺一“啊”字。

ehyehi mahā- bodhisattvā, he bodhisattvā he mahā- bodhisattvā,
e hye hi ma hā bo dhi sa tvā he bo dhi satvā he ma hā bodhi sa tvā
嗢形兮 麻诃（引）磨殢萨咄 形 磨殢萨咄 形 麻诃（引）磨殢萨咄

he priya bodhisattvā, he kāruṇikā smara- hṛdayaṃ
he pri ya bo dhi sa tvā he kā ru ṇi kā smarara① hri dayam
形 不呤（二合）也 磨殢萨咄 形 葛噜你葛 厮麻（二合）啰 屹哩（二合）嚓剡

ehyehi āryā- avalokite śvara prama maitrījiṭa
e hye he āryā va lo ki te śva ra pa ra ma me tri dzi tti
嗢形兮 啊呤夜（二合）啊斡逻鸡帝 说啰（引）钵啰麻 昧（引）嘚哩（二合）即怛

kāruṇika. kuru kuru, karmaṃ sādhaya sādhaya, vidyaṃ
kā ru ṇa ka ku ru ku ru karma sādha ya swu② dha ya bi doṃ
葛噜你葛 光喂 光喂 葛呤（二合）嚩 萨（引）嚓也 萨（引）嚓 也 觅涅（合口）

dehi dehi me araḍga maṃ-gama vihaṃ-gama siddha yogeśvara,
de hi de hi me ard ga moṃ gam bi hoṃ gam hā③ sid dha yo gi shā ④ra
宁兮 宁兮 铭 啊啰（上腭）吃 嚩 吃麻 觅欢吃麻 西嚓 养鸡说啰

dhuhu dhuhu vīryante, mahā- vīryante dhara dhara dharaṇi śvara.
duhu duhu bi ra yan te ma hā bi ra yan te dha ra dha ra dha ra ṇi shwa ra
辂护 辂护 委呤（二合）阎矴 麻诃 委呤（二合）阎矴 嚓啰嚓啰 嚓啰你说啰

jvala jvala, vimala amala- murte, ārya- avalokiteśvara.
dzwa la dzwa la bi ma la a ma la mu rti ārya avalokite shwa ra
嚗 辢 嚗辢 觅麻辢 啊麻辢 么呤（二合）帝 啊呤夜（二合）啊斡逻鸡帝说啰

① 据梵文和汉字对音，此处藏文 ra 疑衍。

② 据梵文和汉字对音，此处藏文 swu 疑误。

③ 据梵文和汉字对音，此处藏文 hā 疑误。

④ 据梵文和汉字对音，此处藏文 shā 疑误。

kṛiṣṇa-　ajinajaṭā　makuṭa　alamkraṃta　śarīra
kri shna　a dzi na dza ṭa　ma ku ṭa　a loṃ kraṃ ta　sha rwa re a①
屹哩（二合）实捺 啊嘀捺啰怛（引）麻孤怛 啊兰屹呤（二合）怛 舍哩（引）

laṃbha　pra-laṃbha　vi-laṃba　mahā　siddha　śudhā　dhara,
loṃ bha　pra loṃ bha　bi loṃ ba　ma hā　sid dha　shu dha　dha ra
啰揽末 不啰（二合）揽末 觅揽末 麻诃（引） 西嚨 须嗏（引） 嗏啰

bharabhara　mahā-bhara,　malamala　mahā mala　jvala jvala .
pa la ba la　mahā ba la　ma la ma la　ma hā ma la　dzwa la dzwa la
末辢末辢 麻诃末辢 麻辢麻辢 麻诃麻辢 嘬辢嘬辢

mahā jvala　kriṣṇabakaśa　kriṣṇavarna
mahā dzwa la　kri shna ②　k[ri]sha [na]va rna
麻诃 嘬辢 屹呤（二合）实捺（二合）钵屹折 屹呤（二合）实捺斡呤（二合）能

kriṣṇa　paśaṇir gātana　he padma　hasta
kri shna　shwa sha ṇi thā tan ③　he pad ma　ha sta
屹呤（二合）实捺（二合） 钵舍你呤（二合）遏（引）怛捺 形 钵嚨麻（二合）诃斯怛（二合）

jaya　karaniṣācari　śvara　kriṣṇa　sarva　kṛtaya
dza ya ka ra ni shā tsa ri　shā ra kri shna　sa rba　kri ta ya
啰也 葛啰你舍（引）搽呤 说啰 屹呤（二合）实能（二合）萨呤（二合）钵 屹呤（二合）怛也

jño=pavītta.　ehyehi　varāha-　mukha, tripura-　dāhanīśvara
dznyo ba vī ta　o hu he　bi ra ha　mu ba④tri pu ra　da ha nī shwa ra
吃浓钵委（引）怛 嗢形嗢形 斡啰（引）诃 么渴 啰呤（二合）波啰 嗏诃你说啰

① 据梵文和汉字对音，此处藏文 rwa re a 疑误。
② 据梵文和汉字对音，此处藏文似缺 ba ka sha。
③ 据梵文和汉字对音，此处藏文 shwa sha ṇi thā tan 疑误。
④ 据梵文和汉字对音，此处藏文 ba 应为 kha。

narāyaṇi　　balarupaveṣa　　dhārihe　　nīlakaṇṭha,　　he
na rā ya ṇa　　ba la du① pa be sha　　dha ri ha　　nī la ka na tha　　he
捺（引）啰（引）也能　末辢噜钵委舍　　嗦（引）呤兮　　你辢干达　　兮

mahā　　hāla,　　halā-　　viṣanirjita　　lokasya.
ma hā　　ha lā　　ha la　　bi sha ni ra dzi te　　lo ka sya
麻诃（引）　诃辢（引）　诃嚩（引）　　永舍你呤（二合）⿰口精怛　　逻葛星

rāga-　　viṣanā-śana.　　dveṣa-　　viṣanā-　　śana.　　mohā-　　viṣanā-　　śana
rā ga　　bi sha nā sha na dwe sha　　bi sha nā sha na　　mo hā　　bi sha nā sha na
啰吃　永舍捺（引）舍　　捺⿰韦永（切身）舍　永舍捺（引）舍捺　么诃　　永舍捺　　舍捺

nirmo　　kaśana　　hulu hulu　　muñca muñca　　muhulu muhulu hare
ni ra mo　　ksha ṇa　　hu lu hu lu mu nya tsa mu nya tsa　　mu hu lu mu hu lu hā la
你呤（二合）么　屹折捺　和罗和罗　么拶　么拶　　么和罗　么和罗　诃（引）辢

hare　　mahā　　padma-nābha,　　sara sara,　　siri siri,　　suru suru,
hā la　　ma hā　　pad ma na bwa　　sa ra sa ra　　si ri si ri su ru su ru
诃（引）嚩　麻诃（引）　钵喃麻（二合）捺（引）没（紧）　萨啰萨啰　西呤西呤　桑哏桑哏

budhya　　budhya　　bodhaya　　bodhaya　　bodhayā,　　mitava　　nīlakaṇṭha,
bud dhya　　bud dhya bo dha ya　　bo dha ya　　bo dha ya　　mi ta ba　　nwi la kaṇ tha
目涅　　目涅　　目嗦也　　目嗦也　　目嗦也（引）　弥怛斡　　你辢干达

ehyehi-　　nīlakaṇṭha,　　ehyehi　　vāma
e hye hi　　nwi la kaṇ tha　　ehye hi　　pa ma
啨形啨形　　你辢干达　　啨形啨形　　斡（引）麻

---

①　据梵文和汉字对音，此处藏文 du 应为 ru。

sthita siṃha-mukha, hasa hasa, muca muca mahā
sthi ta sing ha mu kha ha sa ha sa mu nya tsa mu nya tsa[1] ma hā
斯定（二合）怛 纤诃么渴 诃萨诃萨 么拶 么拶 麻诃

aṭaṭahāsi. nirnadini ehyehi bhobho mahā- siddhā yoge-
a ttwa tta ha sa ni ra nā da ni e hye hi bho bho mahā sid dha yo gi
啊怛嘚诃（引）斯你 呤（二合）捺宁你 唻形唻形 磨磨 麻诃 星嚨 养宜

śvara, bodha bodha vācam sādhaya sādhaya vidyāṃ,
shwa ra ban dha ban dha[2] wa tsom sā dha ya sā dha ya bi dyom
说啰 末嗏 末嗏 斡（引）拶（合口） 萨（引）嗏也 萨（引）嗏也 永涅（合口）

smara smaratvāṃ he bhagavan lokā avalokestvaṃ.
sma ra sma ra twoṃ he bha ga van lo ka bi[3] lo ka sdwom
厮麻（二合）啰 厮麻（二合）啰端（合口）兮 末遏剜 逻葛（引） 啊斡逻鸡斯端（合口）

tathāgatā dādā hime darśanaṃ prasādhayami svāhā.
ta thā ga tā dā dā hi me dar shnom pra sā dha ya mi swā hā
怛达（引）遏怛 嗏嗏 形弥 嗏呤舍喃 不啰（二合）萨嗏也弥 莎诃

siddhāya svāhā mahā siddhāya svāhā siddhā
sid dhā ya mi[4] swā hā ma hā sid dwā ya swā ya[5] swā hā sid dhā
星嗏（引）也 莎诃 麻诃 星嗏（引）也 莎诃 星嗏

yogeśvarāya svāhā. nīlakaṇṭhaya svāha
yo gi shwa rā ya swā hā. nī la kaṇ tha ya swā ha
养宜说啰（引）也 莎诃 你辢干达也 莎诃

---

① 据梵文和汉字对音，此处藏文 mu nya tsa 应为 mu tsa。
② 此处藏文 bandha 与梵文 bodha 不同。
③ 据梵文和汉字对音，此处藏文 bi 应为 a。
④ 此处藏文较之梵文和汉字对音衍 mi。
⑤ 此处藏文较之梵文和汉字对音衍 swā ya。

varahamukhāya　svāhā　siṃha　mukhāya　svāhā.　mahādare　siṃha-
ba ra ha mu khā ya　swā hā　sing ha　mu khā ya　swā hā　tsa kra
斡啰诃么渴也　莎诃　纤诃　么渴也　莎诃　麻诃（引）捺吟　纤诃

mukhāya　svāhā　siddha-vidyā　dharāya　svāhā.　padma-　hastāya
a yu dha①　dha rā ya　swā hā　shaṃ　kha sha
么渴也　莎诃　西嚓永涅（引）嚓啰（引）也　莎诃　钵嚨麻（二合）诃斯怛（引）也

svahā.　Mahā　padama-hastaya　svāhā.　vajrahastāya
ba da ni ra nā da ni ka rā ya swāhā　bo dha na ka　rā ya
莎诃（引）麻诃（引）钵嚨麻　诃斯怛也　莎诃　末唎啰（二合）诃斯怛（引）也

svahā.　mahā　vajra　hastāya　svahā.
swāhā　bā ma ska ṇa shā sshri ta
莎诃　麻诃（引）　末唎啰（二合）　诃斯怛（引）也　莎诃

kriṣṇa　sarva-　kritayagñopavītāya　svāhā.
kri te sṇa a dzā nā ya　swāhā bā ma ha sta byā gha tsa ra na ni va sa na ya swāhā②
屹吟（二合）实捺（二合）　萨吟（二合）钵　屹吟（二合）怛也吃浓（二合）钵委怛也　莎诃

mahā　kāla mukuṭa　dharāya　svāhā　cakrāyu　dhadharāya　svāhā.
ma hā　kā la mu ku ta dha rā ya　swā hā　tsa kra a yu　dha dharā ya　swāhā
麻诃（引）葛辢麻光啅　嚓啰（引）也　莎诃　拶屹啰（二合）养　嚨嚨啰（引）也　莎诃

śaṃkha　śabdanirnā　dana　karāya　svāhā.
shoṃ kha　sha ba da ni ra nā　da ni　ka rā ya　swā hā
蟾渴　奢没嚨（二合）你吟（二合）捺（引）　嚓捺　葛啰（引）也　莎诃

① 此处藏文 tsa kra a yu dha 与梵文和汉字对音无法对应。

② 此段藏文 shaṃ kha sha ba da ni ra nā da ni ka rā ya swāhā bo dha na ka rā ya swāhā bā ma ska ṇa shā sshri ta kri te sṇa a dzā nā ya swāhā bā ma ha sta byā gha tsa ra na ni va sa na ya swāhā 与梵文和汉字对音无法对应。

bodhana karāya svāhā vāma- skandha- deśasthita-
bo dha na ka rā ya swā hā bā ma ska na shā de sha sshri ta[①]
目嚩捺 葛啰（引）也 莎诃 斡（引）麻 斯干嚩 泥舍斯定（二合）怛

krṣṇa- ājināya svāhā. vāmahasta-vyā-
kri shna a dzā nā ya swā hā bā ma ha sta byā
屹吟（二合）实捺（二合） 啊嘕捺（引）也 莎诃 斡（引）麻诃斯怛月（引）

garcarma- nivasanāya svāhā. lokiśvarāya svāhā mahā.
gha tsa ra ma ni va sa nā ya swā hā lo ki shwa rāya swāhā ma hā
吃吟（二合）拶吟（二合）麻 你斡萨捺也 莎诃 逻鸡说啰（引）也 莎诃 麻诃

lokiśvarāya svāhā. sarva siddhiśvarāya svāhā rakṣa rakṣa maṃ
lo ki shwa rā ya swāhā sarba sid dhi shwa rā [ya] swāhā raksha raksha moṃ
逻鸡说啰（引）也 莎诃 萨嚩 西殢说啰（引）也 莎诃 啰屹折 啰屹折 嚩

svāhā . kuru rakṣa mūrtinaṃ svāhā namo- bhagavate ārya
swā hā ku ru raksha mu ra ti noṃ swāhā na mo bha ga va te ārya
莎诃 孤噜 啰屹折 么吟（二合引）帝喃 莎诃 捺么 末遏斡帝 啊吟也（二合）

avalokiteśvarāya bodhisattvāya mahā-sattvāya mahā-kāruṇīkāya
ava lo ki te swa ra ya bodhi satvā ya ma hā satvā ya ma hā kā ru ṇī kā ya
啊斡逻鸡帝说啰（引）也 磨殢萨咄也 麻诃萨咄也 麻诃葛噜你葛也

siddhyantu me mantra padāni svāhā.
sid dhyan du me man tra ba dā ni swāhā.
星涅（合口）当 名 满嚩啰（二合） 钵嚓（引）你 莎诃

① 此处藏文 ska na shā de sha sshri ta 似与梵文 skandha-deśasthita 和汉字对音“斯干嚩泥舍斯定（二合）怛”有些对应不上。

第二节　八思巴字注音本《密咒圆因往生集》

一　考述

《密咒圆因往生集》是西夏天庆七年（1200）编定的一部诸经神验密咒的总集，款题“甘泉师子峰诱生寺出家承旨沙门智广编集”、“北五台山大清凉寺出家提点沙门慧真编集”、“兰山崇法禅师沙门金刚幢译定”，前有西夏中书相贺宗寿序。此书在元明清以后编印的各种藏经中多见收录，[①] 其中《普宁藏》、《洪武南藏》、《永乐南藏》、《龙藏》诸本还保存有八思巴字标音。

西夏中书相贺宗寿序详述了编集《密咒圆因往生集》的缘起，曰：

窃惟总持无文，越重玄于化表；秘诠有象，敷大用于域中。是以佛证离言，廓圆镜无私之照；教传密语，呈神功必效之灵。一字包罗，统千门之妙理；多言冲邃，总五部之指归。众德所依，群生攸仰，持之则通心于当念，诵之则灭累于此生。妙矣哉！脱流幻之三有，跋险趣之七重，跻莲社之净方，扫云朦之沙界。促三祇于顷刻，五智克彰；圆六度于刹那，十身顿满。其功大，其德圆，巍巍乎不可得而思议也。以兹秘典，方其余教，则妙高之落众峰，灵耀之掩群照矣。宗寿夙累所钟，久缠疾疗，汤砭之暇，觉雄是依。爰用祈叩真慈，忏摩既往，虔资万善，整涤襟灵。谨录诸经神验密咒，以为一集，遂命题曰“密咒圆因往生”焉。然欲事广传通，利兼幽显，故命西域之高僧、东夏之真侣，校详三复，华梵两书，雕印流通，永规不朽云尔。

时大夏天庆七年岁次庚申孟秋望日，中书相贺宗寿谨序。

从序言所述情况可知，最初的《密咒圆因往生集》是经过西夏的多名僧侣反复校订，以汉、梵两种文字雕印的，即所谓“命西域之高僧、

---

① 通行本《密咒圆因往生集》见《大正藏》卷四六，第1007—1013页。

东夏之真侣，校详三复，华梵两书，雕印流通，永规不朽云尔”。现藏俄罗斯圣彼得堡的黑水城出土西夏文献中有一部汉文《密咒圆因往生集》残抄本，[①] 存有密咒的梵文原文，据此我们也可以确定最初的西夏译本是以汉、梵两种文字雕印的。如所周知，元代盛行藏传佛教，与藏传佛教渊源甚深的西夏僧侣在元朝亦非常活跃，八思巴字《密咒圆因往生集》当是在元至元六年（1269）八思巴字颁行后，用当时流行的西夏译本，加入了八思巴字对梵文的转写并替换了原有梵文的结果。元朝灭亡以后，八思巴字自然废弃，所以，我们可以判定《密咒圆因往生集》上的这些八思巴字标音是1269年之后标定上去的。而《普宁藏》刊刻于至元十四年(1277)到至元二十七年（1290），则其上的八思巴文最迟标定于1290年。

《密咒圆因往生集》上的这些八思巴字标音使得这部经典具有超出佛学层面上的语文学价值。首先，我们可以称它是目前存世的八思巴字转写梵文最长的纯文献材料。我们知道，忽必烈在颁行八思巴字的诏书中即明确规定其用途是“译写一切文字”，现存文献不仅有八思巴字译写蒙古语、汉语的，还有译写藏语、梵语以及维语的，不过此前发现的用八思巴字译写梵文的资料除了居庸关石刻上的“尊胜陀罗尼”和“如来心陀罗尼”外，成篇的纯文献资料很少，多为六字真言，八思巴字《密咒圆因往生集》的发现可谓极大地丰富了这方面的材料，为研究八思巴字与梵文的音译规律提供了有力的佐证。其次，它还是研究宋末汉语河西方音的实证语料，西夏时期翻译梵文经咒，其汉字对音大多用的是汉语河西方音，《密咒圆因往生集》也不例外，而由于黑水城所出西夏时期翻译的存有梵文原文的同名译本已经残缺不全，所以借助八思巴字转写我们基本可以复原这些密咒的梵文原文，从而获知所用对音汉字的大致读音，为研究宋代末年汉语河西方言的语音实际提供参考。再次，《密咒圆因往生集》同时用八思巴字标定了密咒标题汉字的读音，可谓是记录元代北方汉语的口语资料。此前学界对八思巴字《蒙古字韵》和《百家姓》等记录元代北方汉语的材料还存有很多疑虑，主要是对很多标音所指示的汉语语音现象不甚明晰，因此怀疑其是否反映了当时的口语实际，《密咒圆因往生集》中汉字的八思巴字

① 黑水城出土汉文《密咒圆因往生集》残本见《俄藏黑水城文献》第4册，上海古籍出版社1997年版，第359—363页。共残存九咒，顺序是“大宝楼阁随心咒”、“尊胜心咒”、“阿弥佗佛心咒”、“智炬如来心破地狱咒”、“文殊菩萨五字心咒”、“毗卢遮那佛大灌顶光咒”、“七俱胝佛母心大准提咒”、“金刚萨埵百字咒”、“十二因缘咒”等。

标音可以帮助我们解开一些疑团，为研究元代北方汉语提供更为切实的证据。

仔细对比通行本《密咒圆因往生集》和八思巴字《永乐南藏》本，我们发现两者内容大体相同，只是所用汉字有些区别，八思巴字本使用了很多俗体字，如“你”、“祢”、“矴”，区别于通行本的“儞”、“禰”、“碇”等，由此我们可以基本肯定两种本子当是来自同一原本的不同刻本。黑水城出土《密咒圆因往生集》残本与上述两种本子的区别则显而易见，除了存有梵文原文外，所收密咒数量以及编排顺序也不甚一致，[①] 这种情况说明西夏时期纂集的《密咒圆因往生集》并非一种。

密教各种咒语的汉字对音都是为帮助僧侣信士们准确诵读陀罗尼而作的，所用汉字大部分都是一时一地语音的反映，《密咒圆因往生集》当不例外。由于这份材料中梵文陀罗尼汉字对音和标题汉字的八思巴字标音完成于不同时代、不同地点，所以两部分材料所反映的语音现象也各有不同。如“七俱胝佛母心大准提咒”中用汉字“光”与梵文 ko 对音，koṭī对音为“光(引)低(引)”，而“药师琉璃光佛咒”中“光”的八思巴字标音则是 gʯaŋ；“大宝楼阁根本咒”中汉字“唅”与梵文 bhe 对音，garbhe 对音为“谒吟唅（二合）”，而同为梗摄字的“明”在“金刚大轮明王咒”中八思巴字标音为 miŋ。《密咒圆因往生集》中梵文陀罗尼的对音汉字与西夏时期新译佛经的梵汉对音用字颇为一致，所反映的当是 12 世纪末西夏地区流行的汉语河西方音。

早在 1897 年，俄国人波斯季涅耶夫在其油印本《蒙古文献学讲义》中就对《密咒圆因往生集》中的八思巴字作了初步介绍，[②] 除对“功德山陀罗尼”中梵文的八思巴字转写作了转录外，又对其中译写汉字读音的八思巴字咒语题目作了摘录，而且还把个别字的标音与《百家姓》作了对比。1930 年，龙

---

① 黑水城出土《密咒圆因往生集》残本现存部分的最后有一段后叙，曰：“盖闻至道无私，赴感而随机万类；法身无相，就缘而应物千差。是以罗身云以五浊界中，洒法雨于四生宅内。唯此陀罗尼者，是诸佛心印之法门，乃圣凡圆修之捷径。秘中之秘，印三藏以导机；玄中之玄，加声字而诠体。统该五部，独称教外之圆宗；抱括一乘，以尽瑜珈之奥旨。土散尸霑，神离五趣。风吹影触，识玩天宫。一念加持，裂惑障于八万四千；顷刻摄受，圆五智而证十身。神功叵测，圣力难思。睹斯胜利，敬发虔诚。于《圆因往生集》内录集此咒二十一道，异诸贤哲，诵持易耳。将此功德，上报四恩，下济三有。生身父母，速得超升。累劫怨亲，俱蒙胜益。印散施主长福（下残）……”由此可知，此本《密咒圆因往生集》共录密咒二十一道，与通行本录密咒三十二道显然不同。

② А. М. Позднеев, *Лекціи по исторіи монгольской литературы*, 1897, стр.209–221.

果夫撰写了《八思巴字与古汉语》一文，其中也曾提及《蒙古文献学讲义》中所收录的这份资料，并在文末的附表中列入了个别字的八思巴标音，如“迦”、“毗”、“随”等。此后这项材料似乎再未能引起蒙古学界和汉语音韵学界的注意。最近，日本佛学界对永乐南藏本《密咒圆因往生集》有所留意，野泽佳美《明代大藏经史的研究——南藏的历史学的基础研究》第九章“关于南藏本《密咒圆因往生集》”中介绍了八思巴字标音本《密咒圆因往生集》的情况，[①] 可惜文中并没有对其语文学价值加以强调。

二 《密咒圆因往生集》的梵、八思巴、汉对音

金刚大轮明王咒

namo-striyadve	kanaṃ	sarva	tathāgatanaṃ
na mas di ri ya dwi	ga nan	sar ba	tatha ŋa da naŋ
捺麻厮嘚呤也(四合)䩻(切身)	葛（引）喃（引）	萨呤末(二合)	怛达（引）遏怛（引）喃（引）

oṃ	viraji	viraji	mahā	cakra	vajre	vajra	sada sada
oṃ	bi ra dzi	bi ra dzi	maha	dza gi ra	ba dzi ri	ba dzi ri	sa da sa da
唵	觅啰啨	觅啰啨	麻诃（引）	拶屹啰(二合)	末唎呤(二合)	末唎啰(二合)	萨怛 萨怛

sarati	sarati	dharaye	manite	siddhya	agritrāṃ	yaṃ
sa ra di	sa ra di	di ra yi	ma ni di	sin na	a gi ri di ra	yaŋ
萨啰帝	萨啰帝	嘚啰(二合)英(一合)	麻祢矴	西㖠	啊吃呤(二合)嘚嚂(二合引)	唻

sidharaye	vidhamani	sambhacani	dharanidve	yaṃ	svāhā
si di ra yi	mi na ma ni	sam ba dza ni	di ra ni wi	yaŋ	sɰa haa
西嘚啰(二合)英	觅㖠麻祢	三末(舌齿) 嘐祢	嘚啰宁䩻 (切身)	唻	莎(引)诃(引)

---

① 野泽佳美：《明代大藏经史の研究——南藏の历史学的基础研究》，汲古书院 1998 年版，第 245—272 页。

净法界咒

oṃ raṃ
oṃ ram
唵 嚂

文殊护身咒

oṃ kṣṇī
oṃ tsi rin
唵 齿嚟(直音疾陵)

一字轮王咒

oṃ bhrūṃ
oṃ bu ruŋ
唵 部林(直音没隆二合引)

三字总持咒

oṃ a hūṃ
oṃ a huŋ
唵 哑吽

七俱胝佛母心大准提咒

namaḥ	saptānāṃ	samyaksaṃbuddha	koṭi nāṃ	tadyathā
na ma	sa bu da nan	sam yag sam bud	go di nan	ta dja t'a
捺麻	萨不怛(二合)喃(引)	萨灭三莫嗓	光(引)低(引)喃(引)	怛涅达

oṃ	cale	cule	cunde	svāhā
oṃ	dza ri	dzu ri	dzuŋ ni	sṷa haa
唵	拶令	足令	尊宁	莎(引)诃(引)

大佛顶白伞盖心咒

namaḥ	stāsugathāya	arhate	samyaksaṃbuddhaś
na ma na s da da su ga da ya		ar ɣa di	sam yak sam bu da si
捺麻	厮怛(二合)达(引)须遏怛(引)也	啊啰诃(二合)矴	萨灭三莫嚓薛

Tadyathā	oṃ	adariviśane	vīra	vajra	dare	banda
ta dja t‘a	oṃ	a ni li mi šja ni	me ra	ba dzi ra	ni ri	ban da
怛涅达(引)	唵	啊捺令觅折宁	觅(引)啰	末唧啰(二合)	嚓吟	末(舌齿) 嚓

bandani	vajrapāni	phaṭ	hūṃ	drūṃ	phaṭ	svāha
ban da ni	ba dzi ra ba ni	bad	huŋ	du ruŋ	bad	sṷa haa
末(舌齿) 嚓祢	末唧啰(二合)钵(引)祢	癹(怛)	吽	吪嚨(二合引)	癹(怛)	莎(引)诃

大宝楼阁根本咒

namaḥ	sarva	tathāgatānaṃ	oṃ	vibulagarbhe	maṇi
na ma	sar ba	ta t‘a ga da nan	oṃ	mi bu ra gar me	ma ni
捺麻	萨吟末(二合)	怛达(引)遏怛(引)喃(引)	唵	觅布辢遏吟唅(二合)	麻祢

prabhe	tathāgatanirde	śane	maṇi	maṇi su	prabhe
bu ra me	ta t‘a ga da me ŋa ri	[1]ša ni	mani	ma ni su	bu ra dme
不啰(二合) 唅	怛达(引)遏怛祢嚓吟	折(二合) 祢	麻祢	麻祢 须	不啰(二合) 唅

---

① 此处八思巴字 me ŋa ri 与梵文 nirde 对应不上，疑误。

vimale	sagara	gaṃbhire	hūṃ	hūṃ	jvala	jvala
me ma ri	saŋ ga ra	ga ma mi ni	huŋ	huŋ	dza ra	dza ra
觅麻令	萨(引)遏啰	遏(合口)觅(引)呤	吽	吽	嘬辢	嘬辢

buddha	vilokite	guhya	adhiṣṭhīta	garbhe	svāhā
mu ni me	ba wa lo gi di	u ram	diš did a	ŋar mi	su̯a haa
莫嗦灭	斡浪鸡矴	唔缬(引)	溺实提(二合)怛	遏呤喻(二合)	莎(引)诃

大宝楼阁心咒

oṃ	maṇi	vajra	hūṃ
oṃ	ma ni	ba dzi ri	huŋ
唵	麻祢	末唎呤(二合)	吽

大宝楼阁随心咒

oṃ	maṇi	dhari	hūṃ	phaṭ
oṃ	ma ni	da ri	huŋ	ba
唵	麻祢	嗦哩	吽	发

功德山陀罗尼咒

namo	buddāya	namo	dharmāya	namo saṃghāya	sīne	huru ru
na mo	bud dah ya	ni mo	dhar ma ya	ni mo saŋ gha ya	sin ni	hu ru ru
捺么	莫嗦 (引)也	捺么	嗦呤麻(二合引)也	捺么 珊遏(引)也	西宁	乎噜噜

śituru	griba	griba	śitari	pūruli	svāhā
nas du ru	gi ri ba	gi ri ba	sin da ri	bu ru ni	su̯a haa
西辂 (切身)噜	吉勒钵(二合)	吉勒钵(二合)	西嗦呤	布噜呤	莎(引)诃(引)

不动如来净除业障咒

namo	ratna	trayāya	oṃ	kāṃkaṇ	kāṃkani	rocani
na mo	rad na	di ra ya ya	oṃ	ga ga ni	ga ga ni	ro dza ni
捺么	啰捺	嘚啰(二合)也(引)也	唵	葛(上腭)葛妳	葛(上腭)葛祢	哴拶祢

rocani	troṭani	troṭani	trāsani	trāsani
ro dza ni	du ro da ni	du ro da ni	na ra sa ni	di ra sa ni
哴拶祢	嘚哴(二合)怛祢	嘚哴(二合)怛祢	嘚啰(二合引)萨祢	嘚啰(二合引)萨祢

pratihana	pratihana	sarva	karma	parāṃ
bu ra di γa na	bu ra di γa na	sar ba	gar ma	ba ra
不啰(二合)帝诃捺	不啰(二合)帝诃捺	萨呤末(二合)	葛呤麻(二合)	钵啰(合口)

parāni	me	svāhā
ba ra ni	mi	sṷa haa
钵啰(引) 祢	铭	莎(引)诃(引)

释迦牟尼灭恶趣王根本咒

oṃ	namo	bhagavate	sarvaduregate	pariśudhani
oṃ	na mo	ba ga wa di	sar wa dur ga di	ba ri šu na da ni
唵	捺么	末遏斡矴	萨呤末(二合) 辂 (切身) 呤遏(二合)帝	钵哩商嗪你

rājāya	tathāgataya	arhate	samyaksaṃbuddhāya
ra za ya	ta tʻa ga da ya	ar γa di	sam yag sam bu da ya
啰(引) 嘝(引)也	怛达(引)遏怛(引)也	啊啰诃(二合)矴	萨灭三莫嗪(引)

Tadyathā	oṃ	śudhani	śudhani	sarvapāpaṃ	viśuddhani
ta dja tʻa	oṃ	šu da ni	šu ·u da ni	sar wa ba bam	bu šu na da ni
也怛涅达(引)	唵	商嗪你	商嗪你	萨呤末(引)钵(引)啷	觅商嗪你

śuddhi	viśuddhi	sarva	karma	āvarana	viśuddhi	guru svāhā
bu šu na di		sar wa	gar ma	a wa ran mi	bu šju ni	gu ru sụa haa
熟宁	觅熟宁	萨呤末(引)	葛呤麻(引)	啊(引)斡啰捺	觅熟宁	孤噜 莎(引)诃(引)

佛顶无垢净光咒

oṃ	traiyadve	sarva	tathāgata	hṛdaya
oṃ	di ri ya yi	sar ba	ta t'a ŋa da	ɣi ri na da ya
唵	嘚呤(二合)也鞖(切身)	萨呤末(二合)	怛达(引)遏怛	屹呤(二合) 嗓也

garbhe	jvala	dharma	dhatu	garbhe	saṃhara ayaḥ
ŋar mi	dza la	da ri ma	na du	ŋar mi	sam ɣa ra a wi
遏呤喻(二合)	嚗辢	嗓呤麻(二合)	嗓覩	遏呤喻(二合)	珊诃啰

saṃśodhaya	pāpaṃ	sarva	tathāgata	samantoṣṇiṣa
sam ga na[①] da ya	ba ba	sar ba	ta t'a ŋa da	sa ma du ši na ni ša
啊余珊商嗓也	钵(引)哪	萨呤末(二合)	怛达(引)遏怛	萨满多实祢(二合)折

vimale	viśuddhe	svāhā.
mi ma ra	mi šju ni	sụa haa
觅麻辢	觅熟宁	莎(引)诃(引)

尊胜心咒

oṃ	bhrūṃ	svāhā
oṃ	bu ruŋ	sụa haa
唵	没隆(二合)	莎(引)诃(引)

---

① 此处八思巴字 sam ga na 与梵文 saṃśo 对应不上，疑误。

观自在菩萨六字大明心咒

oṃ	maṇi	padme	hūṃ
oṃ	ma ni	bat‘ me	huŋ
唵	麻祢	钵啼铭(二合)	吽

文殊菩萨五字心咒

a	ra	pa	ca	ṇa
a	ra	ba	dza	na
啊	啰	钵	拶	捺

观自在菩萨甘露咒

namo ratna-	trayāya	namaḥ	ārya	avalokiteśvarāya
na mo rad na	di ra ya ya	na mo	ar ya	a wa lo gi di ša ra ya
捺么 啰捺	嘚啰(二合)也(引)也	捺麻啊(引)	吟拽(二合)	斡浪鸡矴说啰(引)也

boddisatvāya	mahāsatvāya	mahā	kārunikāya
bu di sat‘ wa ya	ma haa sat‘ wa ya me[1]		ga ru ni ga ya
磨殢萨咄(引)也	麻诃(引)萨咄(引)也	麻诃(引)	葛(引) 噜祢葛(引)也

Tadyathā	oṃ	duni	duni	kāduni	svāhā
ta dja t‘a	oṃ	ru ni	ru ni	ga ru ni	su̯a haa
怛涅达(引)	唵	辂 (切身)你	辂 (切身)你	葛(引) 辂 (切身)你	莎(引)诃(引)

---

① 此处八思巴字 me 与梵文 mahā 对应不上，疑误。

药师琉璃光佛咒

namo bhagavate bhaiṣajye- guru- vaiḍūrya- prabha-rā-
na mo ba ga wa di bi šɥa dzi gu ru mi ru ya bu ra ma ra
捺么 末遏斡矴 喻折嚌 啎噜 喻辂(切身) 吟拽(二合) 不啰(二合)末啰(引)

jāya tathāgatāya arhate samyaksaṃbuddhāya.
dza ya ta t'a ga da ya ar γa di sam yag sam bu da ya
嘮(引)也 怛达(引)遏怛(引)也 啊啰诃(二合) 矴 萨灭三莫嗪(引)也

Tadyathā oṃ bhaiṣajye bhaiṣajye, mahā bhaiṣajye bhaiṣajye
ta dja t'a oṃ mi še dzi mi še dzi ma haa mi še dzi mi še dzi
怛涅达(引) 唵 喻折嚌 喻折嚌 麻诃(引) 喻折嚌 喻折嚌

rāṃja samud-gate svāhā
ra dza sa mu ga di sɥa haa
啰(引) 嘮 萨姆遏矴 莎(引)诃(引)

阿弥陀佛根本咒

namo ratna trayāya namo ārya- amitabhaya tathā
na mo rad na di ra ya ya na ma yar ya a mi da ba ya ta t'a
捺么 啰捺 啰啰(二合)也(引)也 捺麻 啊(引) 吟拽(二合) 啊弥怛(引)末(引) 也 怛达(引)

gataya arhate samyaksaṃbuddhaya tadyathā oṃ amṛte
ga da ya ar γa di sam yag sam mu da ya da dja t'a oṃ a mi ri di
遏怛(引)也 啊啰诃(二合)矴 萨灭三莫嗪 (引)也 怛涅达(引) 唵 啊密嘌 (二合) 矴

amṛtisambhave	amṛta	saṃbhave	amṛtagar-
a mi ri da dam[1] ba wi	a mi ri da	sam ba wi	a mi ri da ŋar
啊密嘌(二合)多纳末(二合)永	啊密嘌(二合)怛	三末永	啊密嘌(二合)怛遏吟

me	amṛtasiddhaṃ	amṛtateje	amṛta vi-
mi	a mi ri da si ni	a mi ri da di dzi	a mi ri da bi
唥(二合)	啊密嘌(二合)怛西宁	啊密嘌(二合)怛矴啨	啊密嘌(二合)怛觅悔

krānte	amṛta	vi-krānta	gāmini	amṛta-
gi ran di	a mi ri da	bi gi ran da	ŋa mi ni	a mi ri da
磷(卢间反二合引)矴	啊密嘌(二合)怛	觅屹磷(上同)怛	遏(引)弥你	啊密嘌(二合)怛

gagana	girtikari	amṛta	garhavisvare
ŋaŋ ŋaŋ na	gi ra da di ga riŋ	a mi ri da	gur ha mi si wa ri
遏遏捺	鸡(引) 吟帝(二合)葛吟	啊嘧嘌(二合)怛	嫩努觅斯斡(二合) 吟

sarva	arthasādani	sarva	garma	garśa
sar ba	ri t‘a sa da ni	sar ba	gar ma	gi ra ši
萨吟末(二合引)	吟达(二合)萨(引) 嵘你	萨吟末(二合)	葛吟麻(二合)	屹令(二合)折

gśayo	gare	svāhā
gi ri ši yaŋ[2]	ga ri	sṷa haa
疙折(二合) 啉	葛吟	莎(引)诃（引）

阿弥陀佛心咒

oṃ	amṛta	teja	hara	hūṃ
oṃ	a mi ri da	di dzi	γa ra	hūŋ
唵	啊密嘌(二合)怛	矴啨	曷啰	吽

① 此处八思巴字 a mi ri da dam 与梵文 amṛtisam 对应有误。

② 此处八思巴字 gi ri ši yaŋ 与梵文 gśayo 对应有误。

阿弥陀佛一字咒

hṛ
γi ri
吃哩

无量寿佛咒

namo	bhagavate	aparamita	ayurjñāna	subini
na mo	ba gha wa di	a ba ra mi da	a yu ba nan na	su wi ni
嗪么	末遏斡矴	啊钵哩弥怛(引)	余吟(二合)谒(引)捺	须弥祢

ścitate	jorājaya	tathāgataya	arhate	samyak
tši da de	džo ra dža ya	ta t'a ga da ya	ar γa di	sam mag
实耶(二合)怛矴	咗啰(引) 嘐 (引)也	怛达(引)遏怛(引)也	啊啰诃(二合)矴	萨灭

saṃbuddhaya.	Tadyathā	oṃ	sarva	saṃskāra	pari-
san bud dha ya	ta dja t'a	oṃ	sar wa	san sa ga ri	ba ri
三莫嗪 (引)也	怛涅达(引)	唵	萨吟末(二合)	珊厮葛(二合引) 啰	钵哩

śuddhe	darmmate	gagana	samud-gate	svabhāva
šud	t'a dar ma de	ga ga na	sa mud ga di	su a ba wa
熟嗪	嗪吟麻(二合)矴	遏遏捺	萨姆遏矴	莎末(引)斡

viśuddhe	mahānaya	paribāri	svāhā
wi šu di	ma haa na ya	ba ri wa ri	sụa haa
觅熟宁	麻诃(引)捺也	钵哩斡(引) 吟	莎(引)诃(引)

智炬如来心破地狱咒

namaḥ	aṣṭa	śatīnāṃ	samyaksaṃbuddha	koṭīnāṃ
na ma	a ša da	ši di nan	sam yag sam bu da	go di nan
捺麻	啊实怛(二合)	石低(引)喃(引)	萨灭三莫嗏	光(引)低(引)喃(引)

oṃ	jñāna	avabhāsi	dhiri	dhiri	hūṃ
oṃ	γa na	wa ba si	ni ri	ni ri	huŋ
唵	谒(引)捺(引)	斡末(引)西	溺哩	溺哩	吽

毘卢遮那佛大灌顶光咒

oṃ	amogha	bairocana	mahāmudra	maṇi	padme
oṃ	a mo ŋa	be ru dza na	maha mu di ri	ma ni	bad me
唵	么遏	昧嚷掺捺	麻诃(引)母嚨啰(二合)	麻祢	钵嚨麻(二合)

jvala	paravadaya	hūṃ
dza ra	bu ra wa ra[①] da ya	huŋ
嘬辢	不啰(二合)斡呤怛(二合)也	吽

金刚萨埵百字咒

oṃ	vajrasatva	samaya	manu	pālaya	vajra-
oṃ	ba dzi ra sa da	sa ma ya	ma nju	ba ra ya	ba dzi ra
唵	末唧啰(二合)萨咄	萨麻也	麻鹑(切身)	钵(引)辢也	末唧啰(二合)

---

① 此处八思巴字 ra 疑衍。

satvatveno	pataṣṭhi	dṛḍho	me	bhava	sutoṣyo-
sa da di wi na	ba di ši da di wi yaŋ[①]		me	ba wa	sju do šaŋ[②]
萨咄嘚永(二合)那	钵帝实达(二合)	嚨吟(二合)囊	铭	末斡	须多商

me	bhava	supoṣyo	me	bhava	anurakto	me	bhava
me	ba wa	nas bo šaŋ	me	ba wa	a nju raq do	me	ba wa
铭	末斡	须波商	铭	末斡	啊鞻(切身)啰屹(二合)多	铭	末斡

sarva	siddhim	me	prayacaha	sarva	karma
sar ba	si ni	me	bu ra ya dza	sar ba	gar ma
萨吟末(二合)	西淋(切身)	铭	不啰(二合)也嘬	萨吟末(二合)	葛吟麻(二合)

sucame cittaṃ śrīyaṃ	kuru hūṃ	ha ha ha ha	hoḥ	bhagavān
sju dza me dzi da ši ri yaŋ	gu ru huŋ	γa γa γa γa	huŋ	ba ga 'ɣaŋ
须拶铭即怛 实哩(二合) 唻	孤噜吽	诃 诃 诃 诃	和	末遏椀

sarva	tathāgata	vajra	māme	mūñca	vajribhava
sar ba	ta t'a ga da	ba dzi ra	ma me	me dza	ba dzi ri ba wa
萨吟末(二合)	怛达(引)遏怛	末唎啰(二合)	麻铭	闷(引)拶	末唎哩(二合)末斡

mahā	samaya	satva	aḥ
ma ha	sa ma ya	sa da	a
麻诃(引)	萨麻也	萨咄	哑(紧)

十二因缘咒

oṃ	ye	dhārmā	hetu	prabhava	hetuteṣān
oṃ	na	da ri ma	hi du	bu ra ba wa	hi du di šan
唵	英	嚓吟麻(二合引)	形路(切身)	不啰(二合)末斡(引)	形(引)路(舌齿)矴善(引)

① 此处八思巴字 wi yaŋ 与梵文 dṛḍho 对应，疑误。

② 从八思巴字 sju do šaŋ 与梵文 sutoṣyo 对音，而梵文 sutoṣyo 对音汉字是“须多商”来看，八思巴字音写梵文恐怕有些是参照了对音汉字。

tathāgato	hyavadatate	ṣāñcayo	nirodha	evaṃ
ta t'a ga do	na wa na da di	šan dza yaŋ	ni ro na	i waŋ
怛达(引)遏多	缬末嗦怛(二合)矴	善(引)拶养	祢哝嗦	唤梡(合)

vātī	mahā	śramaṇaḥ	svāhā
wa ni	ma ha	ši ra ma ni yi	sɰa haa
斡(引)溺(引)	麻诃(引)	实啰(二合)麻捺英	莎(引)诃(引)

摩利支天母咒

Tadyathā	oṃ	badākramasi	parakramasi	udayamasi	nairamasi
ta dja t'a	oṃ	pa da kra ma si	pa ra kra ma si	u da ya ma t'i	na yi ra ma si
怛涅达	唵	把打吃刺马斯	巴啰吃刺马斯	呜打耶马斯	嗽啰马斯

arkamasi	markamasi	urmamasi	banāmasi	gulamamasi
ar ka ma si	mar ka ma si	'ur ma si	wa na ma si	ku lu ma ma si
哑立骨马斯	马哩骨马斯	呜麻马斯	末捺马斯	古噜麻马斯

cībaramasi	mahā	cibaramasi	andhardhanamasi	svāhā
tši wa ra ma si	ma haa	tši wa ra ma si	'an tar da ma si	sɰa haa
嘴巴啰马斯	马合	执巴啰马斯	暗嗦捺哟马斯	蓑喝

请雨咒

cara	cara	ciri	ciri	curi	curi
dža ra	dža ra	dži ri	dži ri	dzju ri	dzju ri
只啰	只啰	至哩	至哩	足呤	足呤

bara	bara	biri biri	bhiri bhiri	Tadyatā	bara bara	siri	siri
ba ra	ba ra	bi ri bi ri	hɰi ri hɰi ri	ta dja t'a	ba ra ba ra	hi ri	hi ri
发啰	发啰	啤哩啤哩	咈哩咈哩	怛涅达	癹啰癹啰	呬唎	呬唎

suru	suru	nāgānāṃ	jaba	jaba	jibi	jibi	jubu	jubu
su ru	su ru	’a ka nan	dža ba	dža ba	ši bi	ši bi	šju hʯu	šju hʯu
苏噜	苏噜	哑哿喃	只发	只发	石啤	石啤	啉咈	啉咈

截雨咒

oṃ	sarva	mahara	mati	kriti	hūṃ	oṃ	sarva	karma
oṃ	sar ba	ma ma ha ra	ma di	kar di	huŋ			
唵	萨呤末	麻马合啰	麻帝	吃呤帝	吽	唵	萨呤斡	割哩麻

截雹咒

oṃ	sarva	karma
oṃ	sar wa	kar ma
唵	萨呤斡	割哩麻

心咒

oṃ	maha	dargaya	manirajana	samaya	sarva	hūṃ	phaṭ
oṃ	ma ha	dar ka ya	ma ni ra dza na	sa ma ya	sar wa	huŋ	ba da
唵	马合	怛嘚曷也	麻祢啰嘇嗏	萨麻也	萨呤斡	吽	发怛

第三节 元代藏经中的西夏译本辑考

一 西夏陀罗尼对音的用字特点

随着西夏遗存佛经的刊布和解读的不断深入，人们越来越认识到探寻夏译佛经的原典是准确解读西夏文佛经的一个不可或缺的重要环节。而从现存没有题记的、原来多被确定为元代翻译的汉文佛经中把西夏时期的译经甄别出来，无疑是目前学界颇为关注的问题。如上所述，西夏时期遗存的佛经大致可分为两个系统，一类是汉传的，包括西夏向中原王朝求购的汉文佛经以及据这些佛经翻译的西夏文佛经；另一类是西夏时期根据梵文或藏文新译的，这类佛经也存在汉文和西夏文两种。两类佛经不仅因所据原典不同而在内容上颇有出入，而且翻译风格也有明显差异，其集中表现可概括为两点：一是某些佛教术语的翻译前者多用音译而后者多用意译；二是密咒的对音汉字前者反映的是唐宋时期的中原汉语，而后者则反映的是西夏地区流行的汉语河西方音。

事实上，西夏时期新译佛经在语言上表现出的上述特点可以作为一种标准，我们一方面可以根据佛教术语判定西夏文佛经的原本；另一方面可以根据陀罗尼对音用字规律，把一些没有题记的、一般认为是宋元时期翻译的汉文佛经确定为西夏译经。

关于西夏遗存的两类佛经在佛教术语翻译上的差别，学界近年来多有论及，[①] 其中聂鸿音《西夏文藏传〈般若心经〉研究》一文所举的几个例子颇具代表性：

西夏文“出有坏”，藏文 Bcom-ldan-’das（坏有出），梵文 Bhagavān，汉文“薄伽梵”；

西夏文“聚野鸟”山，藏文 Bya-rgod-phung-po（鸟野聚），梵文 Gṛdhrakūṭa（巴利文 Gijjakūṭa），汉文“鹫峰山”；

西夏文“净觉勇识大勇识”，藏文 Byang-chub-sems-dpa’ sems-dpa’ chen-po（净觉识勇识勇大），梵文 Bodhisattva Mahāsattva，汉文“菩萨摩诃萨”；

西夏文“舍利之子”，藏文 Shā-ri’i-bu（舍利之子），梵文Śāriputra，汉文“舍利子”；

西夏文“实来”，藏文 De-bzhin-gshegs-pa（实来），梵文 Tathāgata，汉文“如来”；

西夏文“非天”，藏文 Lha-min（天非），梵文 Asura，汉文“阿修罗”；

西夏文“食香”，藏文 Dri-za（香食），梵文 Gandharva，汉文“乾

① 聂鸿音：《西夏佛教术语的来源》，《固原师专学报》2002 年第 2 期；聂鸿音：《西夏的佛教术语》，《宁夏社会科学》2005 年第 6 期；聂鸿音：《西夏文藏传〈般若心经〉研究》，《民族语文》2005 年第 2 期；孙昌盛：《西夏文〈吉祥遍至口合本续〉研究》绪论四“《本续》中佛教术语的翻译”，南京大学博士论文，2006 年。其中的藏文拉丁转写形式本书在引用时进行了统一。

阇婆”。

孙昌盛在研究贺兰山拜寺沟所出译自藏文的西夏文《吉祥遍至口合本续》时也注意到其中很多佛教术语采用藏式的意译，而不同于汉传佛经中采用的音译形式。[①]

综观西夏仁宗在位时期（1140—1193）新译的汉文和西夏文佛经，不论是从梵文还是从藏文译的，其中佛教术语的翻译都明显带有独特的藏式印记，这种印记应该是在佛教原典语言的影响下产生的。

如所周知，唐宋时期中原的佛经翻译大多奉行唐玄奘的“五不翻”原则，这个原则比较详细的记载见于宋绍兴十三年（1143）法云编《翻译名义集》中的周敦义序，其具体解释是：

> 唐奘法师论五种不翻。一秘密故，如陀罗尼；二含多义故，如薄伽梵具六义；三此无故，如阎净树，中夏实无此木；四顺古故，如阿耨菩提，非不可翻，而摩腾以来常存梵音；五生善故，如般若，尊重智慧轻浅，而七迷之作，乃谓释迦牟尼此名能仁，能仁之义位卑周孔。阿耨菩提，名正遍知，此土老子之教先有，无上正真之道无以为异。菩提萨埵，名大道心众生，其名下劣，皆掩而不翻。[②]

与此相同，藏文佛经的翻译原则在吐蕃时期也有严格的规定。吐蕃赞普赤德松赞曾经于公元814年颁布专门的法令，对梵文佛经翻译应遵循的原则进行了详细说明，这个法令载于藏文《语合》的序言中。作为翻译准则，这个法令一直被吐蕃经师贯彻于此后的翻译实践中。与玄奘的“五不翻”原则相对照，吐蕃的规定可以说更为详细明确，其中双方经师关于密咒和多义词采用音译的规定颇为一致。不过仔细推敲，吐蕃经师所奉行的原则较唐宋经师还是有所不同，最关键的区别在于玄奘“五不翻”中涉及佛、菩萨名称和声闻的术语，为避免意译与其他本土教派的术语混淆而用音译，所谓“生善故”不翻，而吐蕃经师对这类词语则采用意译，所谓“关于佛、菩萨和声闻等表示尊卑等级不同的词语，对佛应译为敬语，对其他

① 孙昌盛：《西夏文〈吉祥遍至口合本续〉研究》，南京大学博士论文，2006年。

② 法云：《翻译名义集》，见《大正藏》卷五四，第1055页上栏。

则可用中等以下的词语，按照以前父王的阐钵布及大译师们集体翻译《宝云经》和《入楞伽经》等时的规定翻译”①。

不难看出，夏译藏传佛经中所用佛教术语的翻译正与《语合》所述吐蕃时期规定的翻译原则一致。我们见到的那些与中原汉译佛经不同的佛教术语多为关于佛、菩萨和声闻等词语，与中原佛经遵循“五不翻”原则采用音译有所不同，藏密经典多采用意译，受此影响，西夏译佛经也采用意译的方式。据此，如果我们看到一部西夏文佛经中对佛、菩萨和声闻等词语的翻译采用了藏式的意译方式，就基本可以判定此经或者译自藏文，或者是译自梵文而参照了藏文。

与唐宋时期的中原汉译佛经相比较，西夏时期从梵文或藏文新译陀罗尼所使用的梵汉对音字及其所反映的语言也有非常突出的特点。我们选用西夏仁宗时期刊印的几部汉文佛经，佐以西夏天庆七年（1200）编定的《密咒圆因往生集》，把夏译佛经梵汉对音用字的语音特点概括如下。

（一）与梵文 ch、ṭh、th、ph 对音用汉语並、定、从等全浊声母字

与唐宋时期中原汉译密咒全浊声母字与梵文浊送气辅音相对多有不同，西夏宝源译经中与梵文 ph-、th-、ṭh-、ch-等辅音相对多用“拔”、“婆”、“达”、“提”、“齐”等在中古属于並、定、从等全浊声母的字，如：

che 齐，chedana 齐啮捺；ṭhi 提，pratiṣṭhite 不啰帝实提（二合）矴；

tha 达，tathatā 怛达怛（引）；pha 拔，spharaṇa 厮拔啰捺；

phu 婆，visphuṭa 觅斯婆（二合）怛。

上述情况说明 12 世纪汉语河西方音的古全浊声母已经演变为送气清音。《掌中珠》中的夏汉对音所呈现的规律与夏译佛经一致。如西夏字𗄊，既用透母字“他”，又用定母字“达”为其注音；西夏字𗖵，既用为溪母字“庆”注音，又用为群母字“茄”注音。据此，龚煌城在《十二世纪末汉语的西北方音（声母部分）》一文认为：“从对音资料观察，中古汉语的浊塞音与浊塞擦音，不分声调，均变成送气的清塞音与清塞擦音，浊擦音则变成清擦音。”②

① 汉译文据罗秉芬、周季文：《藏文翻译史上的重要文献——〈语合〉》，《中央民族学院学报》1987年第5期。

② 龚煌城：《十二世纪末汉语的西北方音（声母部分）》，《西夏语言文字研究论集》，民族出版社2005年版，第491页。

《密咒圆因往生集》中也不乏这样的例证，如《十二因缘咒》中梵文tathāgato，对音为“怛达(引)遏多”，以“达”对tha；《大宝楼阁根本咒》中梵文guhya-adhiṣṭhīta，对音为“嚕缬(引)溺实提(二合)怛”，以“提”对ṭhī，等等。

（二）古鼻音声母明、泥、娘等类汉字不仅与梵文m-、n-对音，而且与b-/bh-、d-/dh-对音，疑母字与梵文g对音

西夏译经中汉语鼻音声母字兼与梵文鼻音和浊塞音相对，有时为示区别，往往在鼻音字前加上“口”旁以与梵语同部位的送气、不送气浊塞音相对。唐宋时期中原汉译密咒中也存在用中古鼻音字与浊塞音相对的现象，但只限于与梵文不送气浊塞音对音。如法天译《佛说一切如来乌瑟腻沙最胜总持经》以“冒”对梵文bo，vibodhaya对音是“尾冒达野”；以“没”对梵文bu，buddhya对音是“没䭾”；以“捺”对梵文d-，mudre对音是“母捺哩（二合）”；以“那”对梵文da，hṛdaya对音是“纥哩（二合）那野（引）”，等等。

12世纪汉语河西方音的鼻音声母较《切韵》有了很大的变化，明、泥、疑母字的阳声韵尾-ŋ失落，同时鼻音声母演化为mb-、nd-、ŋg-。受其影响，阴声韵、入声韵的鼻音声母也读如失落阳声韵尾-ŋ的阴声韵，只有保留鼻音韵尾-n的臻、山两摄的阳声韵字没有变化，声母仍然读m-、n-、ŋ-。宝源译经中鼻音声母与梵文bh-、dh-对音的例证如下：

bhu目，如：bhumi 目弥；

bha末，[①] 如：bhagavate 末遏斡帝；

bhi/bhe嗡(重)，如：abhiṣiñcantu 啊嗡(重)伸籛汴，garbhe 遏哩(二合)嗡(重)；

dhya涅，如：siddhya 西涅；

dha嗦，如：buddhāya 目嗦(引)也；[②]

dhe/dhi宁，如：viśuddhe 觅熟宁，pariśuddhir 钵哩熟宁。

《掌中珠》中也屡屡出现加“口”旁的“命”和加“口”旁的“捺”，[③]

① 大约是受西域胡语影响，梵文的va在佛经翻译中往往被读作ba，这可以看成是古来的传统。

② 西夏宝源译陀罗尼中多用加“口”旁的“捺”对应梵文da/dha，用没加“口”旁的“捺”与na/ṇa相对，而用“捺”与dha相对仅见一例，即宝源译《圣观自在大悲心总持功能依经录》经题，“捺吟祢”对梵文dhāraṇī，这让我们怀疑此例中“捺”的“口”旁有可能是译经人忘加了。

③ 黄振华等整理：《番汉合时掌中珠》，宁夏人民出版社1989年版，第43、62页。

此前学界根据夏汉对音情况已基本认定这些明、泥母字加“口”旁所表示的西夏语音分别相当于中古汉语的並母或定母，而梵汉对音中加“口”旁的“命”代表梵语的 bhi/bhe，加“口”旁的“捺”代表梵语的 dha，无疑可帮助我们进一步确定上述结论。

《密咒圆因往生集》中梵汉对音也显示了上述特点，如《十二因缘咒》中梵文 nirodha，对音为“祢哴嗦”，以加“口”旁的“捺”对 dha；《药师琉璃光佛咒》中梵文 bhaiṣajye，对音为“喻折啨”，以加“口”旁的“命”对 bhai，梵文 guru 对音为“唔噜”，以加“口”旁的疑母字“悟”对 gu，等等。

需要说明的是，这种现象在元代所译密咒中已不复存在，王森在《释明代梵、藏、汉文〈法被图〉》一文中就明确指出过元代密咒对音用字与唐宋时代的这种区别：

> 《大乘要道密集》（近人钞写影印元代藏人由藏文密典译为汉文的集录）所收“五方佛真言”中，载有汉文译音本阿弥佗佛根本咒。其译音与此《法被图》本基本相符。“五方佛真言”约译于元代中晚期。其中阿弥佗佛根本咒的汉文译音，虽与唐不空译音本基本相同，而所用汉字不同。可以看出它们是不同时代的译本，而且不相因袭。唐人译例，往往用鼻音译本发音部位的浊音字，元人已不知此例，如根本咒 duṃdubhi 一字，不空译为“嫩上努批”，元人译为“敦多撇”，全咒中颇有几个这样的例子。根据这一点，可以说《大乘要道密集》本阿弥佗佛根本咒并非抄袭唐不空译本。①

（三）梵文元音 i/e 的对音

与梵文元音 i/e 对音的除了汉语河西方音的止、蟹摄字外，还有梗摄字，与梵文 o/u 对音的除了河西方音的果、遇、流摄字外，还有宕摄字，这是因为汉语河西方音的梗、宕摄字已失落韵尾-ŋ，同时宕摄字元音高化，与果摄合流。如：

---

① 王森：《释明代梵、藏、汉文〈法被图〉》，《藏学研究论丛》第一辑，西藏人民出版社 1989 年版，第 30—65 页。

梗摄：te 丁；te/ti 矴；bhe/bhi嚬；rai/re 呤；me 铭；dai/de/ dhe/dhi 宁；he 形；ve 永。

宕摄：ko 光；rō啷；śo/śu 商；tu 当。

《密咒圆因往生集》中也不乏这样的例证，如梵文 padme 对音为“钵嘚铭（二合）”，梵文 evaṃ对音为“嘆梡(合)”，梵文 hetu 对音为“形珞(切身)”，以梗摄字“铭”、“嘆”和“形”分别与 me、e、he 对音，梵文 suru 对音为“桑啷”，梵文 rocanī对音为“啷拶祢”，以宕摄字“浪”对 ro/ru，梵文 ṣāñcayo 对音为“善(引)拶养”，以宕摄字“养”对 yo。①

元代梵汉对音中没有出现与梵文 i/e 对音用梗摄字、与梵文 o/u 对音用宕摄字的现象，如梵文 viśuddhe，刻于元至正五年（1345）的居庸关券洞东壁汉译《尊胜陀罗尼》对音为“毕束帝”②。

（四）为清塞音或擦音声母汉字加上“口”旁表示同部位的梵语浊塞音

对音汉字	梵文	对音举例
嘬（撮，清母）	jva	嘬辢 jvala
啨（精，精母）	ji	永舍你呤（二合）啨怛 viṣanrijita
嘐（拶，精母）	ja	觅嘐也 vijaya
唄（则，精母）	j(r)-	末唄呤（二合）vajre
哿（得，端母）	t(r)-	满哿啰（二合）mantra
吃（纥，匣母）	h(ṛ)	吃哩嵘也 hṛdaya

夏译陀罗尼的梵汉对音中往往为塞音和擦音汉字加上“口”旁以表示同部位的浊塞音或梵语 r、ṛ 的前一个辅音，梵语 tr-、hṛ-中的 t-、h-当是受颤舌音 r-、ṛ 的影响具有了浊音色彩。又如加上“口”旁的“撮”和“拶”代表梵语的浊塞音 ja，加上“口”旁的“精”代表梵语的浊塞音 ji，加上“口”旁的“则”代表梵语 jre 中的 j-，加上“口”旁的“得”代表梵语 trā 中的 t-，加上“口”旁的“纥”代表梵语 hṛ 中的 h-（传统上把梵文的 hṛ 读作 hri），等等。

① 《密咒圆因往生集》见《大正藏》卷四六，第 1007—1013 页。

② 村田治郎编著：《居庸关》第一卷，京都大学工学部 1957 年版，第 197—199 页。

《密咒圆因往生集》中所用对音汉字与之类似，如梵文 jvala 对音“嚩辣”，梵文 vajra 对音“末唎啰（二合）”，梵文 viraji 对音“觅啰嵴”，等等。

唐宋时期中原汉译密咒多用日母字与梵文浊塞音 j-对音，很少用清塞音或擦音声母汉字加上“口”旁表示同部位的梵语浊塞音，如西夏宝源译《胜相顶尊总持功能依经录》中梵文 jaya 对音为“啰也”，而宋代法天译《佛说一切如来乌瑟腻沙最胜总持经》中则对音为“惹野”；同样，梵文 vajre，宝源对音是“末唎呤（二合）”，法天则是“嚩日哩（二合）”。

（五）与梵文 ga 对音用汉语影母字“遏”

夏译密咒中与梵文 v-对音的往往都是影母合口或明母字，但有一例对音比较特别，影母字“遏”与梵文 ga 对音，如 bhagavate，对音为“末遏斡帝”。按照唐宋时期中原密咒的梵汉对音规律，梵文 ga 对音用疑母字“诚”，如梵文 tathāgata，法天译《佛说一切如来乌瑟腻沙最胜总持经》中对音为“怛他（引）诚多”。“遏”字《广韵》影母曷韵乌葛切，宝源显然是把这个字读成了 ga。

西夏译《密咒圆因往生集》的梵汉对音也与宝源译经一致，如梵文 garme 对音为“遏呤唥（二合）”，梵文 tathāgatāya 对音为“怛达（引）遏怛（引）也”。

（六）用“嘿”与梵文 ñā 对音

西夏文献中“嘿”字的读音比较特别，德慧译《佛说圣佛母般若波罗蜜多心经》的梵文经题，梵文 prajñā（汉字对音“不啰嘿”）中的 ñā 与之对音，梵文 prajñā 传统的译法是“般若”。汉字“若”，《广韵》人者切，日马开三上假，那么 12 世纪西夏境内的汉语河西方音中“嘿”字读音当与唐代“若”相近，读如梵文 ñā。以“嘿”译 ñā 还见于《掌中珠》，作者用“嘿”来为当“黑”讲的西夏字“𗏁”注音。由梵汉对音，我们可推知《掌中珠》中注音为“嘿”的西夏字当读如 ñā，梵文 ñ-乃腭鼻辅音，读音近似英语 pinch 中的 n，[①] 与用“嘿”标记的这个西夏字在《同音》中位于第三品舌头音的音韵地位相印证，我们可推知当“黑”讲的西夏字实际读音应接近 na，受此影响，“嘿”字在河西方音中也应读如 na。

（七）“切身”字的使用

佛典密咒的对音中，经常会遇到用汉字无法准确对译的梵语音节，出

① Walter Harding Maurer, *The Sanskrit Language*, University of Pennsylvania, Philadelphia, 1994, p.18.

现这种情况，经师们遂硬性地找两个当用汉字左右并列拼合成一字，左字表声，右字表韵。由于这些新造字并非真正意义的汉字，而且其读音是自身两个构件的反切，所以人们一般把这些字习称为“切身”字，有时为醒目起见，还在这些字后标注“切身”二字。

西夏宝源译密咒中常出现的几个“切身”字有“⿰丁六”、“⿰寧六（切身）”、“⿰鞞永（切身）”等，所对译的梵文分别为 tu、nu、dve，等等：

对音汉字	梵文	对音举例
⿰丁六	tu	末斡⿰丁六 bhavatu 啊嚕（重）伸馢⿰丁六 abhiṣiñcantu
⿰寧六（切身）	nu	啊⿰寧六（切身）蟾萨 anuśaṃsa
⿰鞞永（切身）	dve	⿰鞞永（切身）舍 dveṣa

西夏译《密咒圆因往生集》中也出现过几个“切身”字，如：《佛顶无垢净光咒》中梵文 driyadve 对音为“嘚哰(二合)也⿰鞞委（切身）”，以“⿰鞞委（切身）”对 dve；《观自在菩萨甘露咒》中梵文 duniduni，对音为“⿰鞞各(切身)你⿰鞞各 (切身)你”，以“⿰鞞各 (切身)”对 du，《药师琉璃光佛咒》中梵文 vaiḍūrya，对音为“嚕⿰鞞各(切身) 哰拽(二合)”，以“⿰鞞各（切身）”对 ḍu，《十二因缘咒》中梵文 hetu，对音为“形⿰丁各 (切身)”，以“⿰丁各 (切身)”对 tu，上述“⿰鞞各（切身）”或“⿰丁各（切身）”与梵文 du/ḍu/tu 对音，等等。

尽管唐宋时期汉译佛经也偶见“切身”字，如：天息灾译《大方广菩萨藏文殊师利根本仪轨经》卷一一有“怛⿰儞也(切身)他(引)”，对译梵文 tadyathā，“⿰儞也(切身)”对应梵文 dya。[①] 法天译《佛说一切如来乌瑟腻沙最胜总持经》卷一有“沒⿰孛也 沒⿰孛也”，对译梵文 buddhya　buddhya，“⿰孛也”与梵文 dhya 相对。[②] 但大多集中在诸如梵文 dya、dhya 等音节，而西夏僧侣使用“切身”字往往集中在梵文 tu、du、nu、dve 等音节，我们把西夏宝源译音与唐宋时期中原译音用字进行对比就会一目了然，如宝源译《大悲心总持功能依经录》中梵文 duhu 对音为“⿰鞞各护”，而《番大悲神咒》则为“哆呼”；梵文 dveṣa，

① 《大正藏》卷二〇，第 875 页上栏。

② 《大正藏》卷一九，第 408 页上栏。

宝源对音为“𩦐(切身)舍”，《番大悲神咒》则为“堆摄”；宝源译《胜相顶尊总持功能依经录》中梵文 bhavatu 对音是“末斡𬂧”，而宋法天译《佛说一切如来乌瑟腻沙最胜总持经》中对音是“婆嚩睹”。

密咒梵汉对音用字对照表

梵文	唐宋中原译	西夏译	元代译
ko	俱	光	俱
ga	诫	遏	葛/迦
ja	惹	啰	唖
jva	入嚩（二合）	嘬	撮
ji	疾	啨	
j-	日	唨	即
ña	娘	嘿	
ṭha	咤	达	塔/姹
ṭhi	致	提	提
ti /te	底/帝	丁/矴	底
tu	睹	𬂧	都
tha	他	达	答
du	哆	𩦐（切身）	
dha	达/驮	嗪/怛	他/荅
dhe/dhi	提	宁/殢	帝/的
dhya	䭾	涅	牒
dve	堆	𩦐（切身）	
pha	颇	拔	拔
phu	普	婆	补
bha	婆	末	把
bhi/bhe	毘	喻（重）	毘/毕
bhu	部	目	不/部
me	弥	铭	
ru	噜	哴	噜
re	哩	呤	哩
ve	吠	永	域
śo/śu	输	商	束
he	呬	形	兮

二　释智译《圣妙吉祥真实名经》为西夏译本

根据上述夏译密咒中梵汉对音的用字特点，我们不仅可以把西夏时期新译的汉文佛经与唐宋时期的中原汉译佛经区别开来，而且可以尝试把本来是西夏僧侣汉译的经典从通常认为是元代吐蕃僧侣所译的佛经中甄别出来。

长期以来，人们一直认为《圣妙吉祥真实名经》是元代吐蕃人释智的作品，根据是此经的题款“元讲经律论习蜜教土番译主聂崖沙门释智译”①。

仔细考察《圣妙吉祥真实名经》中陀罗尼的梵汉对音，我们会发现其对音用字明显带有夏译佛经的特点。

（1）古鼻音声母明、泥等类汉字与梵文 bh-、dh-对音。如梵文 garbha 对音为“葛啰末”，以“末”对 bha；梵文 śuddha 对音为“熟捺”，以“捺”对 dha，等等。

（2）用中古带鼻音韵尾-ŋ 的梗摄字与梵文元音 i/e 对音。如梵文 saṃgīti 对音为“捺机矴”②，以“矴”对 ti；梵文 śuddhi 对音为“说捺钉”，以“钉”对 dhi；梵文 śuddhitāmupādāyeti 对音为“说捺钉蒙巴怛影柢”，以“影”对 ye，等等。

（3）为清塞擦音声母汉字加上“口”旁表示同部位的梵语浊塞擦音。如梵文 vajra，对音为“末唧啰（二合）”，以“唧”对 j-。

（4）影母字“遏”与梵文 ga 对音。如梵文 tathāgata 对音为“怛他遏怛”，梵文 gagada，对音为“遏遏捺”，皆以“遏”译 ga。

（5）出现了《密咒圆因往生集》中常用的切身字“嚕（切身）”与梵文 du 对音。如梵文 tīkṣaṇaduḥ 对音为“帝疙折（二合）捺嚕（切身）”，以“嚕（切身）”与梵文 du 对音。

（6）以“嘿”对梵文ñā。如 jñāna 对音为“嘿捺”。

《圣妙吉祥真实名经》题款“元讲经律论习蜜教土番译主聂崖沙门释智译”，其中“聂崖”应为党项族称“弭药（mi-nyag）”的另外一种译法，如此说成立，则释智为西夏裔僧人。欧阳修《新五代史》卷七四《四夷附

① 《圣妙吉祥真实名经》，《大正藏》卷二〇，第 826 页中栏。

② 以“捺”对 saṃ，于例不合，可能有误。

录》中的有关记载就曾把西夏族称“弭药”译为“捻崖”。

欧阳修《新五代史》卷七四《四夷附录》曰：①

> 晋天福三年，于阗国王李圣天遣使者马继荣来贡红盐、郁金、氂牛尾、玉氎等，晋遣供奉官张匡邺假鸿胪卿，彰武军节度判官高居诲为判官，册圣天为大宝于阗国王。是岁冬十二月，匡邺等自灵州行二岁至于阗，至七年冬乃还。而居诲颇记其往复所见山川诸国，而不能道圣天世次也。
>
> 居诲记曰：“自灵州过黄河，行三十里，始涉沙入党项界，曰细腰沙、神点沙。至三公沙，宿月支都督帐。自此沙行四百余里，至黑堡沙，沙尤广，遂登沙岭。沙岭，党项牙也，其酋曰捻崖天子。”

《圣妙吉祥真实名经》的最后还收录了“十二因缘咒”，署“元讲经律论出家功德司判使铭个沙门道圆”译，其中的梵汉对音用字与《密咒圆因往生集》完全一致。② 此外，“十二因缘咒”后所附“圣者文殊师利一百八名赞”和“圣者文殊师利赞”，均署“元甘泉马蹄山中川守分真师侄智慧译”③，其中陀罗尼的梵汉对音用字与西夏宝源等所译佛经一致，如梵文 tadyathā 对音为“怛涅达（引）”，梵文 śodhaya 对音为“商𠰍也”，等等。俄藏黑水城文献中也曾发现《圣妙吉祥真实名经》的残片，编号 TK.184；宁夏拜寺沟方塔发掘的西夏文物中也有《圣妙吉祥真实名经》的残片，④ 这些情况无疑可以帮助我们确定《圣妙吉祥真实名经》的翻译时间要早于西夏天庆七年（1200）编定的《密咒圆因往生集》。

三 《圣妙吉祥真实名经》中陀罗尼的梵汉对音⑤

经题：ārya-mañjuśrī nāma saṃgīti

阿耶曼祖悉哩捺麻捺机矴

---

① （宋）欧阳修：《新五代史》卷七四《四夷附录》第 3，中华书局 1974 年点校本，第 917 页。

② 《大正藏》卷二〇，第 832 页中栏。又，《密咒圆因往生集》“十二因缘咒”：唵　英𠰍啰麻(二合引)形𠾂(切身)不啰(二合)末斡(引)形(引) 𠾂(舌齿) 矴善(引) 怛达(引)遏多　缬末𠰍怛(二合) 矴善(引)拶　养祢喃𠰍　𠸪梡(合) 斡(引)溺(引)　麻诃(引)实啰(二合)麻捺英　莎(引) 诃(引)。

③ 《大正藏》卷二〇，第 832 页中栏，833 页上栏。

④ 见宁夏文物考古研究所编《拜寺沟西夏方塔》，文物出版社 2005 年版，第 180—192 页。原拟题《初轮功德十二偈》，实为《圣妙吉祥真实名经》。

⑤ 本书《圣妙吉祥真实名经》陀罗尼中的对音汉字据《中华大藏经》第 71 册影印宋碛砂藏本。

陀罗尼：

a ā i ī u ū e ai o au aṃ aḥ
哑 阿(长呼) 依 倚(引) 乌 邬(引) 噗 嚷(引) 阿 嗃(引) 唵 哑

sthito hṛdi jñāna mūrti rahaṃ buddho
悉低(二合)哆 屹哩(二合)低 嘿捺 没隆(二合)低 啰(上) 嗙 没哆

buddhānāṃ tryadhvavartināṃ oṃ vajra
母怛嘿 怛啰(二合)咄不啰(二合)低嘿 唵 末唎啰(二合)

tīkṣaṇaduḥ khaccheda prajñā namūrtaye
帝疙折(二合)捺辂(切身) 渴情嗏 不啰(二合)嘿嘿 捺呣呤(二合)怛英

jñāna kāyavāgīśvara arapacanāyate namaḥ
嘿捺 葛(二合)也斡(引)宜说啰 啊啰钵拶捺拽矴 捺麻

Oṃ sarva dharmā abhāva svabhāva viśuddha vajra a ā āṃ āḥ
唵 萨末 捺麻 哑末瓦 娑末瓦 比熟捺 末日啰(二合) 哑 哑江 啊

prakṛiti pariśuddhāḥ sarvadharmā yaduta sarva tathāgata
不啰(二合)吉帝 巴利熟捺 萨麻捺马 拽恧怛 萨末 怛他遏怛

jñāna kāya mañjuśrī pariśuddhitā mupādāyeti āḥ oṃ sarva
嘿捺 葛野 曼祖悉哩 巴利熟捺钉 蒙巴怛影低 阿 唵 萨末

tathāgata hṛidaya hara hara oṃ hūṃ hrīḥ bhagavan
怛他遏怛 屹哩捺野 喝啰 喝啰 唵 吽 屹哩 末遏镂

jñāna mūrti vāgīśvara māhāpāca sarva- dharmāgagana
嘿捺 蒙佐 末机说啰 摩诃钵拶 萨末 捺麻遏遏捺

amalasupariśuddha	dharmātu	jñāna	garbha	āḥ
阿麻簳续巴哩熟捺	捺麻恧	哩捺①	葛啰(三合)末	啞

四 真智译《佛说大白伞盖总持陀罗尼经》为西夏译本

《佛说大白伞盖总持陀罗尼经》，② 题款“元天竺俊辩大师唧嗪铭得哩连得啰磨宁及译主僧真智等译”。此经与不空译《大佛顶如来放光悉怛多钵怛啰陀罗尼》、③元沙啰巴译《佛顶大白伞盖陀罗尼经》④ 及藏文《甘珠尔》中的 'phags-pa de-bshin-gshegs-pa thams-cad-kyi gtsug-tor-nas byung-ba gdugs-dkar-po-can zhes-bya-ba gzhan-gyis mi thub-ma phyir-zlog-pa'i rig-sngags-kyi rgyal-mo chen-mo，即“圣者一切如来顶髻中出现白伞盖无敌大回折大明咒佛母陀罗尼”同出一部佛典，梵文原题 Ārya-sarvatathāgatoṣṇīṣasitātapatrā-nāma-aparājitāpratyaṃgira-mahā- vidyārājñī。

题款中的“唧嗪铭得哩连得啰磨宁”实为两个人，即“唧嗪铭得哩”和“连得啰磨宁”，“连”上夺一“室”字。唧嗪铭得哩（jinamitra），藏语称“嘉哇协业”，华言“胜友”；［室］连得啰磨宁（śīlendrabodhi），藏语称“楚称旺波绛秋”，华言“戒王菩提”。⑤ 两人均来自印度，为藏传佛教史上著名的大译师，曾经传译过多部佛经。北京版《甘珠尔》即收有唧嗪铭得哩所著的《瑜伽行地解说》、⑥《正理滴摄义》，⑦ 以及他与室连得啰磨宁共译的《华严经》和《大宝积经》。⑧ 此外，唧嗪铭得哩还与

---

① 此处对音汉字“哩捺”之“哩”，疑为“嘿”之误。俄藏西夏文《圣妙吉祥真实名经》中相应位置的西夏文可标音为“惹（引）那”，可与之参证。参考林英津《西夏语译〈真实名经〉释文研究》，“中央研究院”语言学研究所，2006 年，第 289 页。

② 《大白伞盖总持陀罗尼经》，《大正藏》卷一九，第 404 页上栏。

③ 不空译：《大佛顶如来放光悉怛多钵怛啰陀罗尼》，《大正藏》卷一九，第 100 页上栏。

④ 沙啰巴译：《佛顶大白伞盖陀罗尼经》，《大正藏》卷一九，第 401 页上栏。

⑤ 布顿大师著，郭和卿译：《佛教史大宝藏论》，民族出版社 1986 年版，第 196 页。

⑥ Jinamitra 著：《瑜伽行地解说》，藏文标题 Rnal-'byor spyod-pa'i sa rnam-par bshad-pa，梵文原题 Yogacaryābhūmivyākhyā。北京版《甘珠尔》No. 4043。

⑦ 《正理滴摄义》，jinamitra 著，sulendrabodhi，ye-shes sde 翻译，藏文标题 Rigs-pa'i thigs-pa'i don bsdus-pa，梵文原题 Nyāyabindupiṇḍārtha。北京版《甘珠尔》No. 4233。

⑧ 大谷大学图书馆编《西藏大藏经甘珠尔勘同目录》，京都，1930—1932 年。

噶瓦白则（dpal brtsegs rakṣita）共译了《一切智成就颂》等佛经。[①]《大乘要道密集》第四册中《圣像内置总持略轨》署“天竺胜诸冤敌节怛哩巴上师述，持咒沙门莎南屹啰译”，其中“天竺胜诸冤敌节怛哩巴上师”也当指唧嗉铭得哩。

现藏俄罗斯科学院东方文献研究所的西夏文特藏中也有一部与《佛说大白伞盖总持陀罗尼经》同名的佛典，俄藏编号为 инв. No. 2899 和 инв. No. 7605，西田龙雄和克恰诺夫据西夏文直译为“圣如来一切之顶髻中出伞白佛母他者无大还转明咒大荫王总持”[②]，可惜原文中没有记录译者的相关信息。此外，俄藏西夏文典籍中还有几部译自藏文的佛经，所据的原本出自室连得啰磨宁，如《大密咒受持经典》和《菩提心发法事之诸根》。[③] 北京版《甘珠尔》中《佛说大白伞盖总持陀罗尼经》的藏文译本失译人名，[④] 据此题款，亦当为唧嗉铭得哩（嘉哇协业）和室连得啰磨宁（楚称旺波绛秋）译传。

关于《佛说大白伞盖总持陀罗尼经》的译者真智，汉文和西夏文佛教文献均未见记载。

藏传密教在西夏时期甚为流行，元代藏传密教与西夏有着千丝万缕的联系。首先，与西藏毗邻的西夏掌控的凉州、甘州在元朝建立之前即是藏传密教的交汇地。1240 年，蒙古王子阔端从凉州派多达那波带兵进藏，并招请噶举派止贡寺法台京俄扎巴迥乃到凉州时，扎巴迥乃转而推荐了萨迦班智达，此后遂有萨迦班智达携八思巴和元朝统治者于 1247 年在凉州的历史性会面，由此，萨迦派成就了藏传佛教在元朝宫廷的百年兴盛。西夏时期的甘州也是藏族僧人的汇聚之地，那里汉文、西夏文、藏文三种文字并行，建于仁宗乾祐七年（1176）的著名的《黑水建桥敕碑》即用汉、藏两种文字刻成。另据西夏仁宗乾祐二十年（1189）御制的《观弥勒菩萨上生兜率天经发愿文》，当时在西夏首都兴庆府附近的大度民寺所做的大法会，

① 《一切智成就颂》，藏文标题 Thams-cad-mkhyen-pagrub-pa’i tshig-le’ur-byas-pa，梵文原题 Sarvajñāsiddhikārikā。北京版《甘珠尔》No. 4243。

② Е. И. Кычанов, *Каталог тангутских буддийских памятников*, Киото: Универ- ситет Киото, 1999. стр.414.

③ 参考西田龙雄《西夏文华严经》III，第 19、57 页，京都大学文学部，1977 年。

④ 大谷大学图书馆编：《西藏大藏经甘珠尔勘同目录》第 103 页，No. 590，京都，1930—1932 年。

也要“念佛诵咒，读西蕃、番、汉藏经”，可见藏传佛教在西夏的流行程度。其次，西夏时期很早即有萨迦派和噶举派等教法传入，据藏文史书记载，夏仁宗仁孝（1140—1193）曾召请噶玛噶举派的创始人都松钦巴（dus-gsum mkhyen-pa，1110—1193）到西夏，都松钦巴派去了他的弟子臧波巴贡却僧格（gtsang-po-pa dkon-mchog seng-ge，？— 1218），臧波巴到西夏后号称臧巴底室哩（gtsang-pa ti-shrī），并被奉为帝师。仁宗去世不久，臧波巴离职，弟子底室哩喇实巴（ti-shrī ras-pa，1163—？）继任，后来于西夏灭亡前夕返回了西藏。① 此外，《观弥勒菩萨上生兜率天经发愿文》记载有“大乘玄密国师”，此人曾把《解释道果语录金刚句记》传至西夏，② 而据《大乘要道密集》第四册中的“大手印伽陀支要门”，大乘玄密帝师又是噶举派著名祖师米拉日巴的再传弟子。③ 再次，有很多西夏僧人翻译的经典，入藏时只署为宋代或元代。如《大元至元法宝勘同总录》中《文殊所说最胜名义经》署“宋西夏沙门金总持译”，而《大正藏》本则署“宋西天三藏明因妙善普济法师金总持等奉诏译”④；《巨力长者所问大乘经》署“宋西夏三藏智吉祥等译”，《大正藏》本则署“宋西天同译经宝法大师赐紫沙门智吉祥等奉诏译”⑤。

此外，由夏入元的僧人在元代也非常活跃。基于上述原因，人们把西夏中晚期翻译的佛经署为元人所译就不足为奇了。

仔细考察《佛说大白伞盖总持陀罗尼经》中陀罗尼的梵汉对音，我们会发现其对音用字明显带有夏译佛经的特点。

（1）古鼻音声母明、泥等类汉字与梵文 bh-、dh-对音。如梵文

① 邓如萍（Ruth W. Dunnell）著，聂鸿音、彭玉兰译：《党项王朝的佛教及其元代遗存》，《宁夏社会科学》1992 年第 5 期；E. Sperling, “Further Remarks Apropos of the ’Ba’-rom-pa and the Tanguts”, *Acta Orientalia Academiae Scientiarum Hungaricae*, Vol. 57 (1), 2004。

② 俄藏黑水城文献中有西夏文《道果语录金刚句之解具记》，编号为 инв. No. 913、инв. No. 914、инв. No. 4528，见 Е. И. Кычанов, *Каталог тангутских буддийских памятников*, Киото: Университет Киото, 1999， pp. 487—488。西田龙雄认为可与《大乘要道密集》第三册《解释道果语录金刚句记》勘同，《解释道果语录金刚句记》题为“北山大清凉寺沙门慧忠译，中国大乘玄密帝师传，西番中国法师禅巴集”，见西田龙雄《西夏文华严经》III，第 24 页，京都大学文学部，1977 年。

③ 陈庆英：《西夏及元代藏传佛教经典的汉译本——简论〈大乘要道密集〉（〈萨迦道果新编〉）》，《西藏大学学报》2000 年第 2 期。

④ 《大正藏》卷二〇，第 814 页下栏。

⑤ 《大正藏》卷一四，第 834 页下栏。

bhigasitātapatre 对音汉字为“喻遏(能)塞嗦怛末嘚哩(二合)”，以“喻”对 bhi；梵文 bandha 对音为“末能嗦”，以“嗦”对 dha，梵文 adhiṣṭhite 对音为“哑溺室提矴”，以“溺”对 dhi，等等。

（2）用中古带鼻音韵尾-ŋ 的梗摄字与梵文元音 i/e 对音。如梵文 sarvabhutebhyaḥ 对音为“萨嚛末母矴辟”，以“矴”对 te；梵文 rakṣarasebhyaḥ 对音为“啰塞屹啰星辟”，以“星”对 se；梵文 kaumāriyebhyaḥ 对音为“戈乌麻哩英辟”，以“英”对 ye，梵文 arthasādākebhyḥ 对音为“哑(冷)达萨怛京辟”，以“京”对 ke，梵文 khasame 对音为“渴萨铭”，以“铭”对 me，等等。

（3）为清塞擦音声母汉字加上“口”旁表示同部位的梵语浊塞擦音。如梵文 vajra，对音为“末唧啰(二合)”，以“即”加“口”对 j-。梵文 jvala，对音为“嘬辣”，以“撮”加“口”对 jva。

（4）影母字“遏”与梵文 ga 对音。如梵文 tathāgata 对音为“怛达遏哆”，以“遏”对 ga。

（5）出现了西夏其他新译佛经中常用的切身字“丁六”与梵文 du 或 tu 对音。如梵文 duṣṭanaṃ对音为“丁六(舌上)室达捺(能)”，以“丁六”对 du，梵文 caturaśītinān 对音为“拶丁六啰室帝捺(能)”，以“丁六”对 tu，等等。

（6）与梵文 ch、ṭh 等对音用汉语从、定等全浊声母字，如梵文 chindha 对音为“秦嗦”，以古从母字“秦”与梵文清送气音 chin 对音；梵文 adhiṣṭhite 对音为“哑溺室提碇”，以古定母字“提”与梵文 ṭhi 对音，等等。

由此，我们基本可判定《大正藏》中所收真智汉译本《佛说大白伞盖总持陀罗尼经》实为西夏译本。

五《佛说大白伞盖总持陀罗尼经》中陀罗尼的梵汉对音①

梵题：

Arya-tathāgata uṣṇīṣa siddhata patre namaḥ avalojita daraṇi.

哑呤耶 怛达遏哆 乌室祢折 西嗦(引)怛 末嘚哩 捺麻 哑末啰唧怛嗦啰祢

（“圣一切如来顶髻中出白伞盖佛母余无能敌总持”）

---

① 本书关于《佛说大白伞盖总持陀罗尼经》中陀罗尼的对音汉字据《中华大藏经》第 71 册影印宋碛砂藏本。

陀罗尼：

Oṃ sarvatathāgata uṣṇīṣa sitāta patre hūṃ phaṭ
唵 萨嚩斡(二合)怛达遏哆 乌室祢折 席嗦怛 末嘚哩 吽 发(怛)

itaṃ bali kha kha khāhi khāhi.
唻担 末哩 渴 渴 渴兮 渴兮

Oṃ, riśigaṇa praśataya [sarva] tathāgata- uṣṇīṣa
唵 吟室遏捺 不啰(二合引)折嗦 (引)也 怛达遏哆 乌室祢折

sitatapatre hūṃ druṃ jam bhanakari hūṃ druṃ
席嗦怛巴嘚哩(二合) 吽 喍隆(二合) 拶[1](没) 末捺葛啰 吽 喍隆(二合)

stambhanakari hūṃ druṃ mahā- vidyāsamabhakṣanakarī hūṃ
席怛(没)末捺葛啰 吽 喍隆(二合) 麻曷 觅(得)也三(合口)末室渴捺葛啰 吽

druṃ paravidya samabhakṣanakari hūṃ druṃ
喍隆(二合) 拨啰觅能(二合)惹(舌上) 三(合口)末室渴捺葛啰 吽 喍隆(二合)

sarvaduṣṭanaṃ staṃbhanakari hūṃ druṃ sarvayakṣarākṣasa
萨(没)斡丁六 (舌上)室达捺(能) 席担(没)末捺葛啰 吽 喍隆(二合) 萨斡也室渴啰室渴萨

grahanāṃ vidhanaṃsanakari hūṃ druṃ caturaśītinān graham
屹啰曷捺 觅(得) 嗦 (能)萨捺葛啰 吽 喍隆(二合) 拶丁六啰室帝捺(能) 屹啰曷

sahasra vidhanaṃ sanakari hūṃ drūṃ aṣṭabaṃśatinān
萨曷悉啰 觅嗦 (能) 萨捺葛啰 吽 喍隆(二合引) 哑室捺唅(能)折帝嗦 (能)[2]

---

① 按照对音规律，与梵文 jam 对音应该用“噂（没）”，这里“拶”没有加“口”，与例不合。

② 与梵文 nān 对音用“嗦（能）”，与例不合，“口”旁疑为误加。

nakṣatranāṃ　prasadanakarira　hūṃ　druṃ　aṣṭanāṃ
捺色曷(上腭引)得得[①]啰捺麻　不啰萨怛捺葛啰　吽　唵隆(二合引)　哑希怛捺麻

mahāgrahanān　viddhanan　sanakari　hūṃ　drūṃ　rakṣa rakṣa maṃ
麻曷屹啰曷捺(能)　觅(能)捺(能上腭)　萨捺葛啰　吽　唵隆(二合引)　啰塞剋啰　鹋(没)

Oṃ　asitānalākṣā　prabhasphuṭa　bhigasitātapatre　jvala
唵　哑席怛捺辢室渴　不啰末悉不怛　唅遏(能)塞嗦怛末嘚哩(二合)[②]　㘕辢

jvala　khāda　khāda　dhara　dhara　vidā[ra]　vidā[ra]　cchinda　cchinda　vindha
㘕辢　渴嗦　渴嗦　嗦啰　嗦啰　觅嗦　觅嗦　秦(能)捺　秦(能)捺　觅(能)捺

vindha　hūṃ　hūṃ　phaṭ　phaṭ　svāhā. he　he　phaṭ　ho　ho　phaṭ
觅(能)捺　吽　吽　发(怛)　发(怛)　莎曷　馨　馨　发(怛)　和　和　发(怛)

amogaya　phaṭ　apratihata　phaṭ　baraprada　phaṭ
哑母屹英　发(怛)　哑不啰帝曷怛　发(怛)　不啰末啰怛　发(怛)

asurabidrabanaka[ra]　phaṭ　sarvadevebhyaḥ　phaṭ　sarvanāgebhyaḥ
哑须啰唅嘚啰末渴　发(怛)　萨嚛末帝并辟　发(怛)　萨嚛末併京辟[③]

phaṭ　sarva　asurebhyaḥ　phaṭ　sarva　marugebhyaḥ　phaṭ
发(怛)　萨嚛末　哑须哩辟　发(怛)　萨嚛末　麻噜宁辟[④]　发(怛)

---

① 此处对音汉字衍一“得”字。

② 此处梵文 bhigasitātapatre 对音为“唅遏(能)塞嗦怛末嘚哩(二合)”，其中以“嗦”对 ta、以“末”对 pa 与例不合；下文梵文 baraprada 对音为“不啰末啰怛”，以“末”对 p-；“末唧啰钵祢遣魔拥护咒”中梵文 pāṇiye 对音为“末祢(英)”，以“末”对 pa；“摄受咒”中梵文 sitātapatre 对音为“席怛怛末嘚哩”，以“末”对 pa，均与之相同，这里的梵文 ta、pa 分别误读成了浊音 da、ba。

③ 此处梵文 sarvanāgebhyaḥ 对音为“萨嚛末併京辟”，其中以“併”对 na，与例不合。

④ 此处梵文 marugebhya 对音为“麻噜宁辟”，其中以“宁”对 ge，与例不合，下文梵文 mahoragebhyaḥ 对音为“麻和啰宁辟”，同此。以“宁”对 ge，可能的原因是在河西方音中把“宁”读同了疑母字。

sarva　　garuṭebhyaḥ phaṭ　sarva　　gandharbebhyaḥ　　　phaṭ　　　sarva

萨嘌末　割噜矴屏　发(怛)　萨嘌末　葛(能)嗦(冷)喻屏　发(怛)　　萨嘌末

skṛnarebhyaḥ　　　　phaṭ　sarva　　mahoragebhyaḥ phaṭ　　sarva　　yakṣebhyaḥ

悉屹哩(二合)捺(吟)屏　发(怛)　萨嘌末　麻和啰宁屏　　发(怛)　萨嘌末　也塞轻

phaṭ　　sarva　　rakṣarasebhyaḥ　phaṭ　　sarva　　pretebhyaḥ　phaṭ　　sarva

发(怛)　萨嘌末　啰塞屹啰星屏　发(怛)　萨嘌末　不哩矴屏　发(怛)　萨嘌末

biśācebhyaḥ　　　phaṭ　　sarvabhutebhyaḥ　phaṭ　　sarva　　kūmbhāṇḍebhyaḥ

喻听嘴屏　　发(怛)　萨嘌末母矴屏　发(怛)　萨嘌末　孤(能引)末(能引)宁屏

phaṭ　sarva　　pūtanebhyaḥ　phaṭ　　sarva　　katapūtanebhyaḥ　phaṭ　　sarva

发(怛)　萨嘌末　莫怛矴屏①　发(怛)　萨嘌末　葛怛布怛祢屏　　发(怛)　萨嘌末

skandhebhyaḥ　phaṭ　sarva　　unmandhebhyaḥ　phaṭ　sarva　　cchayebhyaḥ

厮葛(能)宁屏　发(怛)　萨嘌末　乌(能)麻(能)宁屏　发(怛)　萨嘌末　拶英屏

phaṭ　　sarva　apasmarebhyaḥ　phaṭ sarvaostarakebhyḥ　　　　　　　　phaṭ

发(怛)　萨嘌末　哑不塞麻哩屏　发(怛)　萨嘌末啊(喉音重)怛啰鸡帝屏　发(怛)

sarva　durlaṅghitebhyaḥ　　　　phaṭ　sarva　　durpragatebhyaḥ　　　phaṭ

萨嘌末　丁六(吟)辣(上腭)屹矴屏　发(怛)　萨嘌末　丁六(吟)并(吟)屹矴屏　发(怛)

sarva　　jvarebhyaḥ　phaṭ　sarva　　kridakarmanikākhortebhyaḥ　　　phaṭ

萨嘌末　撮(哩)屏　发(怛)　萨嘌末　屹哩怛葛啰麻祢葛戈(吟)矴屏　　发(怛)

---

① 此处梵文 pūtanebhyaḥ 对音汉字为"莫怛矴屏",其中以"莫"对 pu,与例不合,这里可能把梵文 pu 误读 bu 了。

kiraṇabetvāḍebhyaḥ phaṭ cīcchapraśaka duścaratitebhyaḥ phaṭ
屹啰捺併咄(怛) 辯 发(怛) 唧嘚擦不啰折葛 丁六(舌上)擦(冷)帝矴辯 发(怛)

durbhugatebhyaḥ phaṭ sarva tirthikebhyaḥ phaṭ sarva śramaṇebhyaḥ phaṭ
哆(冷直)布屹矴辯 发(怛) 萨嘌末帝哩提屹辯 发(怛) 萨嘌末 室啰麻祢辯 发(怛)

sarva bidyādharebhyaḥ phaṭ jayakara madhukarayabhyaḥ phaṭ
萨嘌末 嗡得夜嗦(哩)辯 发(怛) 拶耶葛啰 麻丁六(舌上)葛啰也辯 发(怛)

sarva arthasādākebhyḥ phaṭ vidyācarebhyaḥ phaṭ caturbhyo
萨嘌末哑(冷)达萨怛京辯[①] 发(怛) 觅嗦(舌上)拶哩辯 发(怛) 拶丁六(冷)灭(舌上重)

bhaginīyebhyaḥ phaṭ sarva kaumāriyebhyaḥ phaṭ bidhāraṇiyebhyaḥ phaṭ
末屹祢英辯 发(怛) 萨嘌末 戈乌麻哩英辯 发(怛) 嗡怛啰祢英辯 发(怛)

mahāpratyaṃgerabhyaḥ phaṭ vajra śraṃkalāya pratyaṃgira
麻曷不啰怛(上腭)屹哩辯 发(怛) 末唧啰(二合) 山(上腭)葛辣也 不啰怛(上腭)屹啰

rājāya phaṭ mahākalāya matrigaṇa namaskriteye phaṭ bisṇabiye phaṭ
啰拶也 发(怛) 麻曷葛辣也 麻得哩葛捺 捺麻塞屹哩怛英 发(怛) 嗡折嗦并英[②] 发(怛)

prahma niye phaṭ againiye phaṭ mahākaliye phaṭ kaladaṇḍeye
不啰黑末 祢也 发(怛) 哑屹爱祢英 发(怛) 麻曷葛哩英 发(怛) 葛辣嗦(上腭能)帝英

phaṭ aindriye phaṭ raudriye phaṭ kaumariye phaṭ
发(怛) 哝(能舌上)嘚哩英 发(怛) 哴(乌)得哩英 发(怛) 孤名哩英 发(怛)

---

① 此处梵文 arthasādākebhyḥ 对音为“哑(冷)达萨怛京辯”，其中以“达”对 dā 与例不合，可能把梵文 da 读同 dha 了。

② 此处梵文 bisṇabiye 对音为“嗡折嗦并英”，其中以“嗦”对 ṇa 与例不合，“捺”的“口”旁可能是误加。

bārāhīye phaṭ camundiye phaṭ ratriye phaṭ kālaratriye phaṭ
不啰屹英 发(怛) 拶摩(能)帝英 发(怛) 啰㖿哩英 发(怛) 葛辣啰㖿哩英 发(怛)

yamadanḍeye phaṭ kāpālīye phaṭ adhimugtismaśanabasanaye phaṭ
耶麻怛(能)帝英 发(怛) 葛巴哩英 发(怛) 哑帝么屹帝塞麻折捺末席捺英 发(怛)

tadyathā, oṃ anale anale biśadde biśadde baire vajra
怛(得)也达 唵 哑捺呤 哑捺呤 嗡折(得)帝 嗡折(得)帝 嗡(引)啰 末唧啰

dharibandha bandha vajra pāṇi phaṭ hūṃ hūṃ phaṭ phaṭ hūṃ
嗏哩末(上腭)嗏 末嗏 末唧啰 钵祢 发(怛) 吽 吽 发(怛) 发(怛) 吽

drūṃ bandha phaṭ svāhā
喍隆(二合) 末捺 发(怛) 莎曷

末唧啰钵祢遣魔拥护咒

Tadyathā, oṃ ṣṭoṃ bandha bandha svāhā rakṣa rakṣamaṃ.
宁(引)得也达[1] 唵 室哆(没) 末(上腭)嗏 末(上腭)嗏 莎曷 啰室渴 啰室渴麻(没)

oṃ hūṃ ṣṭoṃ bandha bandha vajra rakṣa rakṣamaṃ
唵 吽 室哆(没) 末能嗏 末能嗏 末唧啰(二合) 啰室渴 啰室渴麻(没)

vajra pāṇiye hūṃ phaṭ svāhā
末唧啰 末祢(英) 吽 发(怛) 莎曷

① 梵文 tadyathā 对音为“宁(引)得也达”，以“宁”对 ta 与例不合，这里可能把梵文 ta 读同 da 了。

恒常持心咒

Oṃ　sarva-　tathāgata-　uṣṇīṣa　avalokite　mūredhatejvorāśini
唵　萨嚟末　怛达遏哆　乌室祢折　哑斡浪屹帝　摩(冷)嗏叮嘁啰室祢

oṃ jvala　jvala　dhakha dhakha dara　dara　vidara　vidara　cchindha
唵 嚗辤 嚗辤　嗏渴　嗏渴　嗏啰　嗏啰 觅(能)嗏啰 觅(能)嗏啰　秦嗏

cchindha　bhindha　bhindha　hūṃ hūṃ　phaṭ　phaṭ　svāhā.
秦嗏　觅(没)嗏　觅(没)嗏　吽　吽　发(怛)　发(怛)　莎曷

增长身亲心咒

Oṃ, sarva　tathāgata-　uṣṇīṣa　hūṃ　phaṭ　phaṭ　svāhā
唵　萨嚟末　怛达遏哆 乌室祢折　吽　发(怛)　发(怛)　莎曷

摄受咒

Tadyathā,　oṃ anale　anale　khasame　khasame　baira　baira
宁得也达　唵 哑捺令 哑捺令 渴萨铭　渴萨铭　唥(引)啰 唥 (引)啰

saurne　saurne　sarva　buddha adhiṣṭhana　adhiṣṭhite　sarva
星(乌祢荣切身)星(上同) 萨嚟末　莫嗏　哑溺室达捺 哑溺室提矴　萨嚟末

tathāgata　uṣṇīṣa　sitātapatre　hūṃ　phaṭ　svāhā
怛达遏哆 乌室祢折 席怛怛末嘚哩　吽　发(怛)　莎曷

坚甲咒

hūṃ　mama　hūṃ　ni　svāhā
吽　麻麻　吽　祢　莎曷

第二章　西夏译佛经陀罗尼中的特殊标音汉字

密教特别强调对经典陀罗尼的翻译和诵读，由于梵语和汉语语音系统不同，梵语中有些音节很难在汉语中找到对当的字音，所以传统的汉译密咒从一开始就采用了很多注音辅助手段，以求所译陀罗尼能够原原本本地反映梵语的语音原貌。这些辅助手段同时被历代译经师沿用下来，逐渐形成了佛典翻译中的一套独有的标音用字规则，从夏译陀罗尼看，宝源等西夏译经师也秉承了唐代以来梵汉对音的这种传统。同时，《掌中珠》对音用字的使用规则也与汉译陀罗尼一脉相承，因此我们可根据佛经中对音汉字所标注的梵文来推知《掌中珠》中汉字所代表的西夏语音实际。

概言之，夏译陀罗尼梵汉对音所使用的特殊标音汉字可分为两种，第一种是新造字，其一是在当用汉字左面加“口”旁，如加“口”旁的“撮”和“拶”代表梵语的浊塞音 ja，加“口”旁的“精”代表梵语的浊塞音 ji，加“口”旁的“捺”代表梵语的 da/dha，加“口”旁的“浪”代表梵语的 ro，等等。其二是创制新的“切身”字。所谓“切身”即古人所说的“自反”，用两个当用汉字合成一个新字，其读音是自身的反切，前半表声，后半表韵，如“丁六”或“丁六（切身）”代表梵文的 tu，“寧六（切身）”代表梵文的 nu，等等。

第二种是在基本对音字后加注“二合”、“引”、“重”、“合口”、“紧”等，以描摹梵语的实际音色，如“厮啰（二合）”对应梵文的 sra，“不啰（二合）”对应梵文的 pra；“怛（引）”对应梵文的 tā，“钵（引）”代表梵文中的 pā；“唥（重）”对应梵文的 bhi/bhe；“啰（合口）”对应梵文的 raṃ，“涅（合口）”对应梵文的 dyāṃ；“没（紧）”对应梵文的 bha。[①]

下面就夏译密咒梵汉对音中的特殊标音汉字及其所代表的实际意义举例分析，通过这些实际字例与梵文音节的对应分析，无疑我们可以推定《掌中珠》中标音汉字的实际音值。

一　加“口”旁

1. 梵汉对音中给来母字加“口”旁用以比况梵语中的颤舌辅音 r-或颤舌元音 ṛ

对音汉字	梵文	对音举例
啰（罗，来歌开一平果）	ra	嚓啰 dhara
呤（令，来劲开三去梗）	re	么嚨呤（二合） mudre
唥（冷，来梗开二上梗）	r-	啊唥拽 ārya
哩（里，来止开三上止）	ri/ṛ	钵哩熟宁 pariśuddhe；屹哩（二合）嚓也 hṛdaya
嚨（隆，来东合三平通）	rūṃ	没嚨（二合） bhrūṃ
哴（浪，来宕开一去宕）	ro	末唎哴嚨（三合） vajrôdbhave
噜（鲁，来姥合一上遇）	ru	唔噜 guru

汉语中没有梵语中的颤舌辅音 r- 或颤舌元音 ṛ，人们为来母汉字加上“口”旁以比况此音。例如加上“口”旁的“罗”代表梵语的 ra，加上“口”旁的“辣”代表梵语的 ra，加上“口”旁的“令”代表梵语的 re/ri，加上“口”旁的“冷”代表梵语的 ri，加上“口”旁的“里”代表梵语的 ri/ṛ（>ri），加上“口”旁的“隆”代表梵语的 rūṃ，加上“口”旁的“浪”代表梵语的 ru/ro 等。无疑，《掌中珠》中出现的同类对音汉字所代表的西夏字的读音可根据上述梵语音节拟定。此外，《掌中珠》中还出现了加“口”的汉字“领”和“栗”，“领”《广韵》良郢切，来静开三上梗，与“呤”音

① 夏译陀罗尼中加注的特殊标音汉字原用小号字注出，为了醒目，下文引述时一律用（）标记。

近，可按其所对应的梵语拟定为 ri。“栗”《广韵》力质切，来质开三入臻，其读音可按照“嘌”字所对应的梵语拟定为 ri。

2. 为古鼻音声母字加上“口”旁以比况梵语同部位的浊塞音

对音汉字	梵文	对音举例
㖹(重)(命，明映开三去梗)	bheṃ bhi	啰也遏哩(二合)㖹(重) jayagarbhe 啊㖹(重)石该(引) abhiṣekair
㖠(捺，泥曷开一入山)	dha	目㖠(引)也 buddhāya
㘅(能，泥咍开一平蟹)	d-	么㘅啰 mudrā 钵㘅(二合)铭 padme
吃(仡，疑迄开三入臻)	g(ṛ)	三吃哩兮怛 saṃgṛhītā
唔(悟，疑暮合一去遇)	gu	唔噜 guru

梵汉对音中，为《切韵》中读鼻音声母的汉字加上“口”旁表示梵语的浊塞音，这种现象可以为我们揭示两个问题：（一）当时的汉语河西方音中浊塞音已经清化，已找不到相当的汉字与梵语的浊塞音相对；（二）当时汉语河西方音中的鼻音声母较《切韵》有了很大的变化，综合看来，《切韵》中的阴声韵、入声韵和失去鼻音韵尾-ŋ 的阳声韵字在河西方音中演变成 mb-、nd-，只有保留鼻音韵尾-n 的臻、山（深、咸可能已经并入臻、山）两摄的阳声韵字仍然读 m-、n-。此外，由于梵语没有 ŋ-开头的音节，所以根据梵汉对音来判断疑母字的读音比较困难，不过从加“口”旁的“仡”对应梵语的 g(ṛ)、加“口”旁的“悟”对应梵文的 gu 来看，疑母字的演化在河西方音中与其他鼻音声母有一致性。对照梵语，我们估计《掌中珠》中的夏汉对音字“吃”也读如 ga。

此外，夏译佛经的梵汉对音还有几个例子，如明母字“母”（《广韵》莫厚切，明厚开一上流）加“口”旁对译梵文 mu，梵文 muni 对音汉字为“呣你”，而明母字“磨”（《广韵》莫婆切，明戈合一平果）不加“口”旁对译梵文 bo，梵文 bodi 对音汉字为“磨溺”；泥母字“溺”（《广韵》奴历切，泥锡开四入梗）与“涅”（《广韵》奴结切，泥屑开四入山）不加“口”旁分别对应梵文 di 和 dya，梵文 bodi 对音汉字为“磨溺”，梵文 buddhya

对音汉字为“目涅”。

《掌中珠》中也屡屡出现加“口”旁的“命”和加“口”旁的“捺”，[①] 此前学界根据夏汉对音情况已基本认定这些明、泥母字加“口”旁所表示的西夏语音分别相当于中古汉语的並母或定母，而梵汉对音中加“口”旁的“命”代表梵语的 bhi/bhe，加“口”旁的“捺”代表梵语的 dha，无疑可帮助我们进一步确定上述结论。

3. 为清塞音或擦音声母汉字加上“口”旁表示同部位的梵语浊塞音

对音汉字	梵文	对音举例
噣（撮，清末合一入山）	jva	噣 辢 jvala
啨（精，精清开三平梗）	ji	永舍你吟（二合）啨怛 viṣanrijita
嘐（拶，精末合一入山）	ja	觅嘐也 vijaya
唄（则，精德开一入曾）	j[r]-	末唄吟（二合）vajre
嘚（得，端德开一入曾）	t[r]-	满嘚啰（二合）mantra
吃（纥，匣没开一入臻 ）	h[ṛ]	吃哩嗪也 hṛdaya

通过上述举例可知，梵汉对音中往往为塞音和擦音汉字加上“口”旁以表示同部位的浊塞音或梵语有 r-、ṛ 音节的第一个音素，梵语 tr-、hṛ-中的 t-、h-当是受颤舌音 r-、ṛ 的影响具有了浊音色彩。又如加上“口”旁的“撮”和“拶”代表梵语的浊塞音 ja，加上“口”旁的“精”代表梵语的浊塞音 ji，加上“口”旁的“则”代表梵语 jre 中的 j-；加上“口”旁的“得”代表梵语 trā 中的 t-，加上“口”旁的“纥”代表梵语 hṛ 中的 h-（传统上把梵文的 hṛ 读作 hri），等等。

唐宋时期中原汉译密咒多用日母字与梵文浊塞音 j-对音，很少用清塞音或擦音声母汉字加上“口”旁表示同部位的梵语浊塞音，如西夏宝源译《胜相顶尊总持功能依经录》中梵文 jaya 对音为“嘐也”，而宋代法天译《佛说一切如来乌瑟腻沙最胜总持经》中则对音为“惹野”；同样，梵文 vajre，宝源对音是“末唄吟（二合）”，法天则是“嚩日哩（二合）”。

---

① 黄振华等整理：《番汉合时掌中珠》，宁夏人民出版社 1989 年版，第 43、62 页。

《掌中珠》中的夏汉对音汉字屡屡出现加“口”旁的“精”、“拶”，此前学界据“啨”与“尼精”同为一个西夏字注音的情况曾推断“啨”、“噝”等字所注的西夏声母相当于中古汉语浊塞音从母，[①] 这一推论在夏译佛经的梵汉对音中可以得到进一步的验证。此外，《掌中珠》对音汉字还有加“口”旁的“隔”（《广韵》古核切，见麦开二入梗），其所对应的西夏语声母也当是浊塞音 g-。

4. 关于“嚩”、“嘿”两字的读音

夏译佛经中“嚩”字所代表的梵语是 va，如梵文 sarva 对音汉字为“萨嚩”，这种读法符合佛经对音的常例。“嚩”本来就是为陀罗尼标音而创制的新字，梵文四十九根本字中，善无畏、不空、慧琳等都用“嚩”对译梵文 va，反切注音为“无可反”，其字音并非“缚”（《广韵》符镬切，並药合三入宕）字加“口”旁。此外，居庸关西夏文《佛顶尊胜陀罗尼》中与梵文 va 相对应的西夏字是“𗖵”。由此，我们推知《掌中珠》中“嚩”字所对应的西夏字“𗹦”、“𗵘”等的读音也应是 va 或者 w。

“嘿”字见于德慧译《佛说圣佛母般若波罗蜜多心经》的梵文经题，与梵文 prajñā（汉字对音“不啰嘿”）中的 ñā 对音，梵文 prajñā 传统的译法是“般若”。汉字“若”，《广韵》人者切，日马开三上假，那么 12 世纪西夏境内汉语河西方音中“嘿”字的读音当与唐代“若”相近，读如梵文 ñā。此前，聂鸿音在其《黑水城所出〈般若心经〉德慧译本述略》一文中曾经注意过这个“嘿”字，[②] 并解释说：“‘黑’字照例无论怎么加口字旁也不会出现 ñā 的变音，我猜想这是受了西夏语或藏语影响的结果——在西夏语和藏语里，‘黑’这个词的读音都极像 ña，所以可以认为‘嘿’的口旁是要提示读者在这个地方要采用‘训读’，即按照西夏语或藏语‘黑’这个词的读音来念。以‘嘿’译 ñā 这种令人费解的方法不仅是德慧用过，它还见于 1190 年刊印的《番汉合时掌中珠》，在这部著名的西夏语汉语对照词汇集里，作者就用‘嘿’来为当‘黑’讲的西夏字注音”。正如聂先生所言，由梵汉对音，我们可推知《掌中珠》中注音为“嘿”的西夏字“𗍫”当读

① 李范文：《宋代西北方音》，中国社会科学出版社 1994 年版，第 133 页。

② 聂鸿音：《黑水城所出〈般若心经〉德慧译本述略》，甘肃省藏学研究所编《安多研究》第一辑，中国藏学出版社 2005 年版。

如 ñā，受此影响，“嘿”字在河西方音中也应读如 na。

5. 与梵文 ga 对音用汉语影母字“遏”

按照唐宋时期中原密咒的梵汉对音习惯，梵文 ga 对音用疑母字“诐”，如梵文 tathāgata，法天译《佛说一切如来乌瑟腻沙最胜总持经》中对音为“怛他（引）诐多”。夏译密咒中与梵文 v-对音的往往都是影母合口或明母字，唯影母字“遏”却与梵文 ga 对音，如 bhagavate，对音为“末遏斡帝”。“遏”字《广韵》影母曷韵乌葛切，宝源显然是把这个字读成了 ga。据此我们推定《掌中珠》中与疑母字一起为西夏字注音的影母字“嗢”、“乙”、“遏”的声母读为 g-。

二　“切身”字

佛典密咒的对音中，经常会遇到用汉字无法准确对译的梵语音节，出现这种情况，经师们遂硬性地找两个当用汉字左右并列拼合成一字，左字表声，右字表韵。由于这些新造字并非真正意义的汉字，而且其读音是自身两个构件的反切，所以人们一般把这些字习称为“切身”字，有的密咒还在这些字后标注“切身”二字以示区别。顾炎武《音论》卷下“南北朝反语”中曾经论及“切身”，认为佛经对音中的“切身”源自古人反切中的“自反”，曰：“赵宧光曰：‘释典译法真言中此方无字可当梵音者，即用二字聚作一体，谓之切身’，乃古人自反之字则已先有之矣。”[①] 由于“切身”字属于释典中的特殊标音字，所以权威字典中往往不予收录，只有像《龙龛手镜》这样的专门为研读佛经而编纂的俗字典才收录了一批这样的“切身”字。[②] 如：

《龙龛手镜·也部》：“⿰丁也，丁也反”、“⿸麻也，摩也反”。

《龙龛手镜·宁部》：“⿰宁吉，宁吉反”、“⿰宁也，宁也反”、“⿰宁立，宁立反”。

---

① （清）顾炎武：《音学五书》，中华书局 1982 年重印观稼楼仿刻本，第 52—53 页。

② 本书有关“切身”字的部分例证参考了郑贤章《龙龛手镜研究》，湖南师范大学出版社 2004 年版，第 74—75 页。

《龙龛手镜·亭部》："⿰亭夜，亭夜反，响梵音"、"⿰亭單，亭单反，响梵字"。

《龙龛手镜》中出现的这些"切身"字在佛经中都能找到使用的例证，如：

唐菩提流志译《不空罥索神变真言经》卷一〇有"怛⿰寧也他"，"⿰寧也"注音为"宁也反"，对译梵文 tadyathā。[①]

天息灾译《大方广菩萨藏文殊师利根本仪轨经》卷一一有"怛⿰儞也(切身)他(引)"，对译梵文 tadyathā，"⿰儞也(切身)"对应梵文 dya。[②]

法天译《佛说一切如来乌瑟腻沙最胜总持经》卷一有"没⿰孛也"，对译梵文 buddhya，"⿰孛也"对应梵文 dhya。[③]

法天译《七佛赞呗伽他》把释迦牟尼译为"设枳也(二合)母⿰寧吉"，梵文原文是 śākyamuni，"⿰寧吉"对应梵文 ni。[④]

夏译密咒中出现了几个"切身"字，有"⿰丁六"对译梵文 tu，"⿰寧六（切身）"对译梵文 nu，"⿰亭永（切身）"对译梵文 dve，"⿰亭婆（切身）"对应梵文 dve，"⿰亭洛（切身）"或"⿰丁洛（切身）"对译梵文 du/ḍu，等等。

上述"切身"字中"⿰丁六"的使用在西夏比较普遍，我们在《掌中珠》中也曾经见到，"诸佛菩萨"之"诸"（西夏字"[illegible]"）注音汉字即为"⿰丁六"。此前的研究曾把"⿰丁六"写成"六丁"，拟音为 riụ。[⑤] 对照梵文，我们知道此前人们对《掌中珠》中"⿰丁六"的理解可能有误，其所对应的西夏字应该拟定为 tu。

此外，《掌中珠》中还有一"⿰丁谷"，在"凌持打拷"中，为义为"打"的西夏字"[illegible]"注音。"谷"，《广韵》古禄切，见屋合一入通，按照河西方音的规律，宕摄和通摄一等入声字读 u，与"各"字（古落切，见铎开一入宕）同音，或许"⿰丁谷"也是一个切身字组，拟音当与"⿰丁洛"相同，为 tu。

① 《大正藏》卷二〇，第 277 页上栏。

② 《大正藏》卷二〇，第 875 页上栏。

③ 《大正藏》卷一九，第 408 页上栏。

④ 《大正藏》卷三二，第 769 页下栏。

⑤ 李范文：《宋代西北方音》，中国社会科学出版社 1994 年版，第 65 页。

三　加注"二合"、"三合"

与传统密咒的译音体例一致，宝源等所译陀罗尼中加注"二合"表示用两个汉字对译梵文带复辅音声母的一个音节，如"厮啰（二合）"对应梵文 sra。加注"三合"表示用三个汉字对译梵文的一个音节，这个音节包括复辅音声母、元音和韵尾（虽然梵语都是开音节，但古代经师总是习惯把后一音节的起首音当作前一音节的辅音韵尾来译），如"唎哴嚁（三合）"，对应梵文 jrōd。举例如下：

对音汉字	梵文	对音举例
嚁吟（二合）	dre	麻诃么嚁吟（二合）　mahāmudre
吃哩（二合）	hṛ	吃哩（二合）嗦也　hṛdaya
嘚吟（二合）	trai	嘚吟（二合）逻迦　trailokya
没嗵（二合）	bhrūṃ	没嗵（二合）　bhrūṃ
厮婆（二合）	sphu	觅厮婆（二合）怛　visphuṭa
厮麻（二合）	sma	厮麻（二合）啰　smara
唎哴嚁（三合）	jrôd	末唎哴嚁（三合）末永　vajrōdbhave

《掌中珠》中没有出现加注"二合"的对音体例，我们似可据以推知西夏语中没有复辅音声母，而这一结论也基本上是此前西夏语研究的共识。

四　加注"引"

宝源等梵汉对音沿用唐代以来密咒译音的传统，对译梵文长元音也采用在译音汉字后加"引"字的办法。如用"末（引）"代表梵文中的 bhā；用"麻（引）"代表梵文中的 mā；用"捺（引）"或 "嗦（引）"代表梵文的 dā 或 dhā，等等。

对音汉字	梵文	对音举例
逋（引）	pū	钵哩逋（引）啰祢 paripūraṇi
目（引）	bhū	目（引）怛 bhūta
怛（引）	tā	怛达怛（引） tathatā
须（引）	sū	须（引）嘚啰（二合引） sūtrā
嚓（引）	dhā	目嚓（引）也 buddhāya
咄（引）	tvā	磨彌萨咄（引）也 bodhisattvāya
诃（引）	hā	麻诃（引） mahā
莎（引）	svā	莎（引）诃 svāhā
麻（引）	mā	萨麻（引） samā
葛（引）	kā	葛（引）也 kāya
钵（引）	pā	钵（引）啰弥怛（引） pāramitā

《掌中珠》没有出现在对音汉字后加注“引”的情况，似可说明西夏语中没有长、短元音的对立。

五　加注“合口”

宝源等译密咒用在开音节字后加注“合口”表示梵语中-m、-ṃ收尾的音节，如“啰（合口）”对应梵文 raṃ；“涅（合口）”对应梵文 dyāṃ，等等，举例如下：

对音汉字	梵文	对音举例
嚓（合口）	dam	嗢嚓（合口） idam
啰（合口）	raṃ	折哩啰（合口） śarīraṃ 末唧啰（合口） vajraṃ
涅（合口）	dhyan/dyāṃ	觅涅（合口） vidyāṃ 星涅（合口）当 sidhyantu
端（合口）	tvāṃ	厮麻（二合）啰端（合口） smaratvāṃ

密咒为梵文-m、-ṃ收尾的音节对音一般用汉语深、咸两摄收-m 尾的字，如法天译《佛说一切如来乌瑟腻沙最胜总持经》中梵文 vajraṃ对音为“嚩日览(二合)”，梵文 śarīraṃ对音为“舍哩览”，梵文 raṃ用“览”相对；失译《番大悲神咒》梵文 vidyāṃ，对音为“微店”，dyāṃ用-m 尾字“店”来标注。有时遇到没有相当的汉字，译经师也用加注的办法加以比况，如梵文 smaratāṃ，失译《番大悲神咒》对音为“思麻啰端(含口呼)”，梵文 tvāṃ用“端(含口呼)”来对，[1] 此法与西夏宝源用收-n 尾的“端”加注“合口”的办法有异曲同工之妙。

《掌中珠》中没有出现加注“合口”的对音字，而居庸关《佛顶尊胜陀罗尼》的夏梵对音用两种办法表示梵文有-m、-ṃ的音节，一是用明母字单独与-m、-ṃ对音，如梵文 vajraṃ中的 raṃ，对应的西夏字是“[illegible][illegible]”，其中梵文-ṃ单独用音“迷”的西夏字注音；二是用收-m 尾的汉语借词对音，如：梵文 vajrasambhave 中的 sam，用表示汉语借词“三”的西夏字“[illegible]”相对。上述对音情况似可说明西夏语中没有辅音韵尾-m，这与学界通过对遗存西夏韵书的反复研究所得出的结论基本吻合。[2]

六　加注“重”

宝源译音中的特殊标音汉字还有“重”，即在加注了“口”旁的汉字后再加注“重”代表梵语的送气浊塞音，如“唥（重）”对应梵文 bhi / bhe，对照鼻音声母汉字加上“口”旁表示梵语浊塞音的对音体例，加了“口”旁的鼻音声母汉字后再加“重”字表示的实际意义应该是浊送气，举例如下：

对音汉字	梵文	对音举例
唥（重）（明映开三去梗）	bhi	嘇也遏哩(二合)唥（重） jayagarbhe 啊没哩（二合）怛啊唥（重）石该（引） amṛtâbhiṣekair 啊唥（重）伸餞丁六 abhiṣiñcantu

---

① 《大正藏》卷一八，第 339 页上栏。

② 李范文主编：《西夏语比较研究》，宁夏人民出版社 2004 年版，第 42—45 页。

加注“重”字在宋以前密咒的梵汉对音中比较常见，往往也是加在浊塞音声母汉字的后边表示梵语的浊送气音，如法显译《大般泥洹经文字品》用“伽（重）”、“阇（重）”、“茶（重）”、“陀（重）”、“婆（重）”分别与梵文 gha、jha、ḍha、dha、bha 对音；善无畏译《大毗卢遮那成佛神变加持经百字成就持诵品》把“重”写成“重声”，如“伽（重声）”、“茶（重声）”、“驮（重声）”分别对应梵文 gha、ḍha、dha；而智广《悉昙字记》用“重音”加注，如“伽（重音渠我反）”、“社（重音音近昨我反）”、“茶（重音音近幢我反）”、“陀（重音音近陀可反）”、“婆（重音薄我反）”分别代表梵文 gha、jha、ḍha、dha、bha 五个音；不空译《瑜伽金刚顶经释字母品》用“婆（去重）”与梵文 bha 对音。[①] 据此，马伯乐在《唐代长安方言考》中曾经指出，全浊声母字加注“重”字对译梵文的送气浊音，“重”代表的意义是送气：[②]

> 通常的情况是，汉语的全浊音不加区别地既用来对译梵文的不送气浊音，又用来对译梵文的送气浊音，并不考虑多写几个字来限制一下，就像下面的例子：
>
> 勃驮喃　Buddhānām
> 婆伽婆帝　Bhagavate
> 勃地　bodhi
> 毗目帝　bhimukte
>
> 可是有些经文就译得更为精确，当需要用汉语的全浊音来对译梵文的送气浊音时，就在后面跟着写一个“重”字，附注云“重者带喉声读”，这指的是送气，在中国的语音学家看来是一种“喉声”。

马伯乐还在注释里进一步说明：

> 我据上引的注释把密咒中的“重”字解为“送气”，另把“二合”解为“缩合”，把“引”字（参看《大云经请雨品》，缩册藏经，XXVII，

① 除特别说明外，此单元梵汉对音的例证均引自罗常培《罗常培语言学论文集》附表三“四十九根本字诸经译文异同表”，商务印书馆 2004 年版。

② Henri Maspéro, Le dialecte de Tch'ang-ngan sous les T'ang, *Bulletin de l'Ecole française d'Extrême-Orient*, XX, 2, 1920。聂鸿音译：《唐代长安方言考》，中华书局 2005 年版，第 26—27 页。

成，6, 7b：注引字者皆须引声读之）和“长”字解为“长音”（参看杜行顗译《佛顶尊胜陀罗尼经》61 b 的注）。

与“重”相对，梵汉对音还在全浊塞音字后加注“轻”比况梵语的不送气浊塞音或在来母字后加注“轻”比况梵语辅音 l-，如智广《悉昙字记》用“轻音”与“重音”相对，上文所举的五个例证分别加注“轻音”代表梵文的不送气浊音，如“伽（渠下反轻音音近其下反余国有音疑可反）”、“社（杓下反轻音音近作可反余国有音而下反）”、“荼（宅下反轻音余国有音搦下反）”、“陀（大下反轻音余国音近陁可反）”、“婆（罢下反轻音余国有音么）”分别代表梵文 ga、ja、ḍa、da、ba 等不送气浊音。法显译《大般泥洹经文字品》用“轻罗”与梵文 la 相对。当然也有例外的情况，僧伽婆罗译《文殊师利问经字母品》则用“轻多”、“轻他”、“轻陀”、“轻檀”、“轻那”分别表示梵文 ta、tha、da、dha、na 一组辅音，以区别于用“多”、“他”、“陀”、“檀”、“那”对应的梵文 ṭa、ṭha、ḍa、ḍha、ṇa 五母。

《掌中珠》中加注“重”的对音汉字共有五个：“马”、“能”、“讹”和“领”、“浪”，加注“轻”的对音汉字有八个：“么”、“没”、“末”、“磨”、“莾”、“遏”、“普”和“缧”，这些汉字可分为两类：一类是来母字；另一类是西北方音中读 mb-、nd、ŋg-的鼻音字。根据传统的梵汉对音用字体例，我们似可推知《掌中珠》中来母字加注“重”表示的是西夏语的颤舌辅音 r-，如“领（重）”、“浪（重）”等，来母字后加注“轻”表示的是边音 l-，如“缧（轻）”，此推论可以与学界的相关结论互相验证。至于《掌中珠》中“马”、“能”、“讹”、“么”、“没”、“末”、“磨”、“莾”、“遏”等加注“重”、“轻”所代表的西夏语实际语音，似与梵汉对音体例不甚相合。[①]

七　加注“紧”

宝源译经中的特殊标音汉字有“紧”，仅见两例：

① 聂鸿音：《〈番汉合时掌中珠〉里的“重”与“轻”》，祁庆富主编《民族文化遗产》第一辑，民族出版社 2004 年版，第 100—103 页。

对音汉字	梵文	对音举例
嚹（紧）（特，定德开一入曾）	ṭha	祢嚹干嚹（紧）nīlakaṇṭha
没（紧）（没，明没合一入臻）	bha	钵喃麻（二合）捺（引）没（紧）padmanābha

对照梵文，我们似可认为加注“紧”所表示是梵语的送气。唐代密咒的梵汉对音少见加注“紧”字的体例，清代《同文韵统·天竺字母谱》曾用加注“紧”和“缓”来区别声母的清浊，加注“紧”对应梵语的清辅音，加注“缓”对应梵语浊辅音，如用“嘎（古黠切今用哥阿切牙紧）”、“答（得阿切舌头紧）”、“巴（逋阿切重唇紧）”分别与梵文 ka、ta、pa 相对，用“噶（歌阿切牙缓）”、“达（德阿切舌头缓）”、“拔（铺阿切重唇缓）”分别与梵文 ga、da、ba 对音，不过《同文韵统》的这种体例似乎很难说明夏译佛经中的梵汉对音。

通过上面的对照和分析，我们知道《掌中珠》中夏汉对音特殊标音汉字的使用与佛经梵汉对音有一致的地方，明确两种材料的这种一致性，对西夏语和汉语西北方音的研究无疑都具有重大的意义。首先，我们可以把两种材料联系起来，使同时代的汉语和西夏语语音材料更加丰富。其次，我们可以借助梵文的音值，还原《掌中珠》中标音汉字所代表的实际语音，从而检讨此前的构拟，进一步深化西夏语的研究。再次，由于宝源等译陀罗尼都有同名汉译本存世，所以我们可以通过不同时代、不同译者对同一经典陀罗尼所做梵汉对音的比较，再参照对音汉字在《掌中珠》中的使用情况，明确汉语西北方音从中古到近古的发展脉络。

第三章　西夏译佛经陀罗尼的梵汉对音研究

与唐五代语音的研究相比，两宋时期汉语语音的研究较为薄弱。目前所见两宋时期的韵书材料基本是承袭或改定的《切韵》体系，很少反映宋代的时音，此前学界通过分析诗歌押韵等材料对宋代的汴洛音做过一些钩稽和研究，代表作是周祖谟的《宋代汴洛音与〈广韵〉》，[①] 此文通过把北宋洛阳和开封人邵雍、程颢、宋庠等的诗文用韵和《广韵》加以比较，认为宋代韵部通押的情况跟《广韵》的同用、独用例已大不相同，而跟唐代大北方语音的分韵极为接近。此前的梵汉对音研究对唐五代的语音关注较多，对宋代及其以后的梵汉对音材料研究较少，究其原因主要有两方面：一是现存宋代译经的翻译时间多为北宋初年，其对音体例大多承袭唐五代；二是宋初佛经翻译经历短暂的辉煌以后，佛教逐渐走向衰落。正如周叔迦所言："中国的佛教，自宋代开始离开了纯一精湛的条理，而进入调和混同的步调而逐渐导致退化。"[②]

仔细对照《佛顶尊胜陀罗尼经》的各种汉译本，西夏宝源译《胜相顶尊总持功能依经录》与宋代法天译《佛说一切如来乌瑟腻沙最胜总持经》最为接近，[③] 特别是经咒部分的内容所差无几，显然它们据以翻译的原典是一样的。据勘同，宋代法天译《佛说一切如来乌瑟腻沙最胜总持经》译自藏文经典 De-bzhin-gshegs-pa thams-cad-kyi gtsug-tor rnam-par-rgyal-ba zhes-bya-ba'i gzungs rtog-pa-dang bcas-pa，华言"一切如来顶髻尊胜咒思惟陀罗尼"，梵

---

① 周祖谟：《宋代汴洛音与〈广韵〉》，载《文字音韵训诂论集》，北京大学出版社 2000 年版，第 189—196 页。

② 周叔迦：《周叔迦佛学论著集》（上），中华书局 1991 年版，第 247 页。

③ 法天译：《佛说一切如来乌瑟腻沙最胜总持经》，《大正新修大藏经》卷一九，第 409 页。

文原题：Sarvatathāgatoṣṇīṣavijayā-nāma-dhāraṇī-kalpasahitā。[①] 这个藏文译本也是西夏宝源译《胜相顶尊总持功能依经录》的底本。上述事实启发我们，在总结宝源梵汉对音规律的基础上，把宝源和法天译“尊胜陀罗尼”中同一个梵文词语所用对音汉字加以详细比较，我们不仅可以了解 12 世纪河西方音的语音规律，而且可以据以认识汉语西北方音的内部差异。

佛教传译事业自唐德宗以后中断了近两百年，北宋初年得到恢复，当时印度密教正受到外来侵害，许多大德经尼泊尔、西藏来到汉族地区。开宝四年（973），中天竺沙门法天来华，开始翻译《圣无量寿经》等。太平兴国二年（977）法天被拜为朝散大夫试鸿胪少卿。太平兴国七年（982）太宗于太平兴国寺西建译经院，法天又奉命与天息灾、施护等一起从事佛经翻译，太宗赐天息灾为“明教大师”，法天为“传教大师”。法天一生翻译的佛经非常多，《大正藏》中收录有四十多部。《佛说一切如来乌瑟腻沙最胜总持经》的具体翻译时间缺载，当在 973—1001 年间。

尽管北宋时期定都汴梁，随之流行的语音亦为汴洛音，但一看便知，法天译《佛说一切如来乌瑟腻沙最胜总持经》中“尊胜陀罗尼”的梵汉对音，秉承的是唐不空等长安音的对音传统，[②] 如：梵文 c 组对汉语精组，梵文 vimocaya，法天对音“尾谟左野”，以精组字“左”对 ca；汉语鼻辅音兼与梵文鼻音与浊塞音相对，如梵文 karma，法天对音“迦哩摩（二合）”，以鼻音字“摩”对 ma；梵文 pade 法天对音“波祢（去）”，以鼻音字“祢（去）”对 de；汉语全浊声母对梵文送气浊音，如梵文 bhumi 法天对音“部弥”，以並母字“部”对 bhu，等等。[③]

法天译音与宝源译音相比较，两者有许多共同点，同时又有很多不同，反映出南宋中晚期的河西方音较之北宋初期的长安音有很大变化。

《掌中珠》刊布以后，人们即根据其中为西夏字注音的汉字，并参考西夏字的藏文标音，对汉语河西方音中汉字的音值以及声韵规律进行了拟定和

---

① 日本大谷大学图书馆编：《西藏大藏经甘珠尔勘同目录》，日本大谷大学图书馆，1930—1932 年，第 81—82 页。

② 据《佛祖统纪》卷四三记载：“河中府沙门法进，请三藏法天译经于蒲津，（蒲州河中府）守臣表进，上览之大说，召入京师始兴译事。”蒲津，在现在的西安附近。

③ 参考刘广和《不空译咒梵汉对音研究》，载《音韵比较研究》，中国广播电视出版社 2002 年版，第 1—118 页。

分析，较有影响的文章有王静如的《西夏文汉藏译音释略》、[①]聂历山的《西藏文字对照西夏文字抄览》[②]与桥本万太郎的《掌中珠之夏汉对音研究法》和《文海韵之音韵组织》。[③] 最近二十几年人们更是用音韵学研究方法对《掌中珠》中的两类字，即为西夏字标音的汉字和为汉字译音的西夏字进行了系统分析，并且取得了具有相当价值的研究成果。龚煌城的系列论文、[④] 李范文的《宋代西北方音》都是这方面的力作。[⑤] 夏译密咒中梵汉对音材料有些比成书于 12 世纪末的《番汉合时掌中珠》（1190）时间略早一些，有些时代相当，可以说两种材料所反映的河西方音的语音规律是一致的。

第一节　梵语单辅音与河西方音声母的对应

一　梵汉对音规律

k 见	kh 溪	g 疑/影		
c 精	ch 从	j 嘴/日		ñ泥
ṭ 端	ṭh 定			ṇ 泥
t 端	th 定	d 泥	dh 泥/定	n 泥/娘
p 帮	ph 並	b 明	bh 明	m 明
y 余	r 来	l 来	v 明/影/云	ś 船/书/禅
ṣ 船（书、禅）	s 心	h 晓/匣		

二　梵汉对音举例

k-　ka 葛　　kh-　kha 渴　　g-　ga 吃/ga 遏

c-　ca 拶　　ch-　che 齐　　j-　ja 嘐/j-日

① 王静如：《西夏文汉藏译音释略》，《中央研究院历史语言所集刊》第二本第二分，1930 年。

② 聂历山：《西藏文字对照西夏文字抄览》，译文载孙伯君编《国外早期西夏学论集》（二），民族出版社 2005 年版，第 1—98 页。

③ 桥本万太郎：《掌中珠のタングート・汉对音研究の方法》，《中国语学》109，第 113—116 页，1961 年；《文海の韵の音韵组织について》，《东方学》30，第 1—42 页，1965 年。

④ 龚煌城：《汉藏语研究论文集》，北京大学出版社 2004 年版；龚煌城：《西夏语言文字研究论集》，民族出版社 2005 年版。

⑤ 李范文：《宋代西北方音》，中国社会科学出版社 1994 年版。

ñ-	ño 浓	ṭ-	ṭa 怛	ṭh-	ṭhi 提
ṇ-	ṇi 你	t-	te 丁	th-	tha 达
d-	de 宁	dh-	dhya 涅/ dhi 殢	n-	na 捺/ nāṃ喃
p-	pa 钵	ph-	pha 拔	b-	bo 磨
bh-	bhu 目	m-	ma 麻	y-	ya 也
r-	ra 啰	l-	la 辢	v-	va 斡/ vi 觅/ ve 永
ś-	ś-实/śo 商/ śa 舍	ṣ-	ṣ-实/ ṣiñ伸/ ṣe 石	s-	sa 萨
h-	ha 诃/ he 形				

说明：

本书所考察的夏译密咒中没有出现梵文 gh、ṅ、jh、ḍ、ḍh 等单辅音开头的音节。①

三 对音讨论

（一）与梵文 ch、th、ṭh、ph 对音用汉语从、定、並等全浊声母字

che 齐，chedana 齐啮捺

ṭhi 提，pratiṣṭhite 不啰帝实提（二合）矴

tha 达，tathatā 怛达怛（引），tadyathā 怛涅达（引）

pha 拔，spharaṇa 厮拔啰捺

phu 婆，visphuṭa 觅厮婆（二合）怛

从对音情况看，与作为送气清声母的溪母字“渴”（对应梵文 kha）所译梵文辅音一样，中古汉语並、定、从等全浊声母汉字“拔”、“婆”、“达”、“提”、“齐”等，在夏译佛经中分别与梵文 ph-、th-、ṭh-、ch-等相对，显然，这些汉字在 12 世纪的河西方音中已经变入送气清音。

桥本万太郎在《掌中珠之夏汉对音研究法》中通过比较西夏字和汉字标音与藏文标音，早就指出过河西方音的上述特点。②

龚煌城在《十二世纪末汉语的西北方音（声母部分）》一文中，通过

① 梵语复辅音相当丰富，而用没有复辅音的汉语对音时，梵汉对音往往采用两个汉字加注“二合”等手段。由于本书主要考察汉语声母与梵文辅音的对应关系，所以这里暂不罗列梵文的复辅音与汉字对音的例证。

② 桥本万太郎：《掌中珠のタングート・汉对音研究の方法》，《中国语学》109，第 113—116 页，1961 年。

分析《掌中珠》的夏汉对音，认为"从对音资料观察，中古汉语的浊塞音与浊塞擦音，不分声调，均变成送气的清塞音与清塞擦音，浊擦音则变成清擦音"①。夏译陀罗尼中的梵汉对音所显示的规律与此一致。

法天"尊胜陀罗尼"的对音与宝源有所不同，梵文的清送气音选用滂、透等母字，如 sphara 法天对音"娑颇（二合）啰"，以滂母字"颇"对梵文 pha；tadyathā 对音为"怛儞（二合）他（引）"，以透母字"他"对梵文 tha，说明法天译经时期的长安话还没有发生这种演化。

（二）与梵文 b/bh、d/dh 和 m、n 对音多用汉语明、泥、娘母字

现存西夏字的藏文标音告诉我们，西夏语有 m-、n-、ŋ-和 b-、d-、g-两组声母，而这两组声母在西夏文献的夏汉对音中都与汉语的明、泥、疑相对应，这似乎表明，宋代西北方音的这三类声母的读音与唐代有很大不同。夏译陀罗尼中明、泥、疑母汉字与梵文的对音情况与之类似。

中古鼻音声母汉字既有单独对梵文 m-的，如"弥"对应梵文 mi、"铭"对应梵文 me；又有单独对梵文 b-的，如"磨"对应梵文 bo、"目"对应梵文 bhu/bu、"末"对应梵文 bha；也有同时对应梵文 m-、bh-的，如"没"与梵文 m-/bh-相对。这些情况都促使我们得出 12 世纪汉语西北方音明母字读 mb-的结论。不过，似乎西北方音保持的-n 尾阳声韵明母汉字是个例外，其声母所对应的梵文一般都是 m-，如"满"对梵文 man。具体例证如下：

bhu/bu 目，bhumi 目弥，buddhi 目殢
mi 弥，raśmi 啰实弥（二合）
m-/bh-没，amṛta 啊没哩（二合）怛，bhrūṃ 没嚧（二合）
bha/va 末，bhagavate 末遏斡帝，vajra 末日啰（二合）
mo/mu 么，mocaya 么拶也，mudre 么唃吟（二合）
bo 磨，bodhaya 磨嗦也
ma 麻，karma 葛哩（二合）麻，namaḥ 捺（引）麻
bhi/bhe 哈（重），abhiṣiñcantu 啊哈（重）伸饿𠆢，garbhe 遏哩（二合）哈（重）②
me 铭，padme 钵唃（二合）铭
mu 㖞，muni 㖞你
man 满，samantān 萨满怛（引）捺（二合引）

---

① 龚煌城：《汉藏语研究论文集》，北京大学出版社 2004 年版，第 253—260 页。

② 夏译密咒中，特殊标音汉字"哈（重）"只与梵文 bh-相对。

中古鼻音声母字“溺”、“涅”分别与梵文 di、dhya 相对，同是蟹摄的阴声字“祢”和“泥”所对应的梵文分别是 ṇi 和 de，梗摄的“宁”与梵文 de/dhe 相对，这些情况说明 12 世纪的汉语西北方音泥母字一般读为 nd-。例外的只有收-n 尾的泥母字，它们当仍然读 n-，否则我们很难理解“大悲心陀罗尼”中与梵文 dyān/dyāṃ等对音用“涅”，并加“合口”两字说明，而既没有像失译《番大悲神咒》那样用-m 尾咸摄字“店”与梵文 dyāṃ对音，也没有找一个发音似梵文 dyān 的泥母山摄字如“年”等与之对音。具体对音字例如下：

ni/ṇi/ṇī你，muni 嘚你，dhāraṇi 嗦（引）啰（引）你，uṣṇīṣa 呜实你（二合）舍ṇi 祢，paripūraṇi 钵哩逋（引）啰祢

d-嚨，mudre 么嚨呤（二合），padme 钵嚨（二合）铭

dhya 涅，siddhya 西涅

dhyan/dyāṃ涅（合口），vidyāṃ觅涅（合口），sidhyantu 星涅（合口）当

na/ṇa/dha 捺，namo 捺么，spharaṇa 厮拔啰捺，dhāraṇī 捺呤祢[①]

da/dha嗦，[②] daśa 嗦舍，buddhāya 目嗦（引）也

de/dhe/dai/dhi 宁，pade 钵宁，viśuddhe 觅熟宁，padaiḥ 钵宁，pariśuddhir 钵哩熟宁

di 溺，bodi 磨溺

nāṃ喃，satvānāṃ 萨咄喃

中古疑母字“宜”、“吃”所对应的梵文辅音往往是 g-。唐代慧琳译音往往用疑母字与梵文 ṅ 对音，[③] 而由于受所考察材料的限制，我们没有在上述夏译密咒中找到疑母字与梵文 ṅ 对应的例子，因此很难遽下结论认为当时的疑母字读为 g-或 ŋg-，不过从“宜”、“吃”、“ 嵒”对应梵语的 ga/g-来看，疑母字的对音体例与其他鼻音声母有一致性，我们可以推测其在西北方音中的演化规律也与其他鼻音声母一致，具体例证如下：

---

① 西夏宝源译陀罗尼中多用加“口”旁的“捺”对应梵文 da/dha，用没加“口”旁的“捺”与 na/ṇa 相对，而用“捺”与 dha 相对仅见一例，即宝源译《圣观自在大悲心总持功能依经录》经题，“捺呤祢”对梵文 dhāraṇī，这让我们怀疑此例中“捺”的“口”旁有可能是译经人忘加了。

② 夏译密咒中“嗦”作为特殊标音汉字只与梵文 d/dh-相对。

③ 聂鸿音：《慧琳译音研究》，《中央民族学院学报》1985 年第 1 期。

ge 宜，yogeśvara 养宜说啰

ga/g-屹，maṃ-gama嚩屹麻，saṃgṛhītā 三屹哩兮怛

gu唔，guru "唔噜" ①

k-屹，namaskṛtvā 捺麻厮屹呤（三合）胆 ②

法天译音的特点中鼻音声母字也兼与梵文鼻音和浊塞音相对，下面我们比较一下宝源与法天的译音情况：

梵文	法天译音	举例	宝源译音	举例
ṇ	ṇī 腻	uṣṇīṣa 乌瑟腻（二合）沙	ṇī 你	uṣṇīṣa 呜实你（二合）舍
n	nāṃ难（引）	sattvanāṃ萨埵难（引）	nāṃ 喃	sattvanāṃ 萨咄喃
m	ma 摩	karma 迦哩摩（二合）	ma 麻/ man 满	karma 葛哩（二合）麻； mantra 满嘚啰（二合）
ṭ	ṭa 吒/ ṭi 致	visphuṭa 尾娑普（二合）吒；koṭi 俱致	ṭa 怛/ ṭi 帝	visphuṭa 觅斯婆（二合）怛 koṭi 光帝（引）
ṭh	ṭhi 致	pratiṣṭhite 钵啰（二合）底瑟致（二合）帝（引）	ṭhi 提	pratiṣṭhite 不啰帝实提（二合）矴
t	te 帝/ tu 睹/ ntu 睹	bhavatu 婆嚩睹； abhiṣiñcantu 阿毘诜左睹	te 丁/ tu 玎	bhavatu 末斡玎； abhiṣiñcantu 啊喻（重）伸錢玎
th	tha 他	tadyathā 怛你也（二合）他（引）	tha 达	tadyathā 怛涅达（引）
d	de 祢（去）	pade 波祢（去）	de 宁	pade 钵宁
dh	dhya驮/ dhi 提	siddhya 悉驮； buddhi 没提	dhya 涅/ dhi 殢	siddhya 西涅； buddhi 目殢
p	pa 波	pade 波祢（去）	pa 钵	pade 钵宁
ph	pha 颇	sphara 娑颇（二合）啰	pha 拔	sphara 斯拔（二合）啰
b	bo 冒	bodhaya 冒达野	bo 磨	bodhaya 磨嵘也
bh	bhu 部	bhumi 部弥	bhu 目	bhumi 目弥

两相比较可以看出，法天和宝源的对音中，梵文鼻音和浊塞音均兼用汉语鼻音声母字对音是一致的，除此之外，两者的对音还有一些区别，即对梵文 ṭ 和 ṭh 的译音，法天用知组字"吒"、"致"等，这与唐代梵汉对音传统

① 此例见于《密咒圆因往生集》中的《药师琉璃光佛咒》。

② "屹"，《广韵》鱼迄切，疑母迄韵，与见母字"讫"、溪母字"乞"、晓母字"迄"等谐声，从"屹"与梵文 k-对音的情况看，汉语河西方音"屹"读同见母字"讫"。

一致，如慧琳《一切经音义》中梵文 ṭa 译“吒”、ta 译“多”。[①] 而宝源用端组字“怛”、“帝”、“提”等。梵文的这组舌音古来梵汉对音多数用汉语的知组字与之对音，也有用端组字的，[②] 12 世纪的宝源采用端组字与之相对，涉及的可能只是译音原则的问题，敦煌梵汉对音资料即用端组字与梵文 t-、ṭ-类对音，如梵文 da、ḍa、ta、ṭa、ṭha 对音都用“多”，梵文 ti、ṭi 对音都用“帝”。[③]

此前，通过对《掌中珠》中汉语鼻音声母字及其与西夏字的对音分析，龚煌城认为明母字阳声韵的声母保持 m-，入声韵的声母变为 mb-，至于阴声韵则两者兼有，单高元音多作 mb-，复元音则多作 m-。泥母字阳声韵也大致作 n-（如“南”、“男”、“能”、“囊”、“年”、“念”等字），入声韵也都作 nd-（如“涅”、“诺”、“溺”、“纳”等字）。而疑母字的情形要复杂一些，只有一个 ŋg。[④]

综合看来，梵汉对音所反映的情况与龚先生的上述结论大体一致，如西北方音中阴声韵、入声韵和失落韵尾-ŋ 的阳声韵鼻音声母应读 mb-、nd-、ŋg-，稍有不同的是，汉语河西方音臻、山两摄保存-n 尾，其声母读 m-、n-、ŋ-。

上述对音规律使我们认识到 12 世纪的汉语河西方音的鼻音声母较《切韵》和唐五代西北方音有了很大的变化，尤其是保存-n 尾的臻、山等摄的阳声韵声母读 m-、n-、ŋ-，而失落韵尾-ŋ 的阳声韵鼻音声母读 mb-、nd-、ŋg-，这种情况启发我们推想河西方音鼻音声母字的演化或许与阳声韵尾的脱落有很大关系。在河西方音中，明、泥、疑母字的阳声韵尾-ŋ 失落，促使鼻音声母演化为 mb-、nd-、ŋg-，受其影响，阴声韵、入声韵的鼻音声母也读如失落阳声韵尾-ŋ 的阴声韵，只有保留鼻音韵尾-n 的臻、山两摄的阳声韵字没有变化，声母仍然读 m-、n-、ŋ-。

马伯乐《唐代长安方言考》中把明、泥母字的声母 mb-、nd-中浊音前的 m-、n-解释为是 b-、d-除阻之前的成阻和持阻，认为“鼻音的发音极为特别：鼻音的除阻换成了口音的除阻，而成阻和持阻还保留着鼻音，即 n＞nd、m＞mb、ŋ＞ŋg，除非在鼻韵尾的影响下才有助于保持鼻声母发音过程的完整，

---

① 聂鸿音：《慧琳译音研究》，《中央民族学院学报》1985 年第 1 期。

② 罗常培：《知彻澄娘音值考》，《中央研究院历史语言研究所集刊》第三本第一分，1931 年。

③ 详见本书附录三。

④ 龚煌城：《汉藏语研究论文集》，北京大学出版社 2004 年版，第 261—266 页。

似乎是位于两个鼻音之间的元音本身产生了鼻化，以致软颚在从头到尾的发音过程中都处于低位”[①]。

（三）与梵文 b、bh、v 对音均用河西方音明母字

夏译密咒与梵文 v 对音多用西北方音影母合口字，如 va 斡，bhagavate 末遏斡帝；vi 委，viśuddhe 委商宁，此为正例，但有时也与 b、bh 一样用明母字对音，如：va 末，vajra 末日啰（二合）。这种译法与传统密咒对音一致，早期汉译佛经 b、v 往往不分，唐代密咒对音多用微母字与梵文 v 对音，如慧琳译音中梵文 vi 用汉字“尾”对音，但也有用并母字译 v 的情况，如：慧琳译音中梵文 licchava，对音为“栗呫婆”，va 对“婆”。结合藏译经咒中梵文 v 一律译 b 来看，这一译法恐怕与梵语的读音有关。

（四）与梵文 dhe/dhi 对音用河西方音定母字“殢”

夏译佛经中与梵文送气浊音 dh-对音往往用泥母字，用定母字“殢”与梵文 dhe/dhi 对音与例不合，却符合唐、宋时期汉译密咒传统，如唐代慧琳译音中用定母字“驮”与梵文 dha 对音，宋代法天译音中用定母字“提”与 dhe 对音，夏译密咒用定母字“殢”与梵文 dh-对音当是沿用旧例。此外，夏译《佛顶尊胜陀罗尼》中有一例，梵文 sañcodite，对音汉字为“珊左殢矴”，“殢”对 di，与译音规律不符。

（五）与梵文 ga 对音用汉语西北方音影母字“遏”

如前所述，夏译密咒中与梵文 v-对音的往往都是影合口或明母字，但有一例对音比较特别，梵文 ga 用汉字“遏”与之对音，如 bhagavate，对音为“末遏斡帝”。“遏”字《广韵》影母曷韵乌葛切，宝源显然是把这个字读成了 ga。部分影母字带有衍生出的舌根音声母，似乎是西夏时期汉语河西方音的特例。

法天译音中，梵文 tathāgata 对音为“怛他(引)诫多”，以疑母字“诫”与梵文 ga 对音，说明北宋初年长安话的疑母字与 m、n 等鼻音字的读音一致，读为同部位的浊塞音。

《掌中珠》中有“嗢”、“乙”、“遏”三个影母字与疑母字一起为西夏字注音。龚煌城认为混乱之所以发生，可能是这些当时都已丢掉了其声母的影母和疑母字在实际发音的时候产生了一个非音位性的 ŋ-或ɣ-，因而被用于注

① Henri Maspéro, “Le dialecte de Tch’ang-ngan sous les T’ang”, *Bulletin de l’Ecole française d’Extrême-Orient*, XX, 2, 1920。聂鸿音译：《唐代长安方言考》，中华书局 2005 年版，第 26—27 页。

西夏语有音位性的/ ŋ /、/ ɣ /，甚至/g/（即以ɣ 注 g）。[①]

第二节 梵语元音与汉语河西方音韵母的对应

一 对音规律与举例

（一）与梵文元音 a 对音的韵摄有：臻、山、果、假摄字

臻摄：tva 咄

山摄：pha 拔；pa 钵；jva 撮；bha/va 末；va 斡；ca 拶；tha 达；dha/ta/ ṭa 怛；ga 遏；ka 葛；da/dha嚓；la 辢；na/ṇa 捺；sa 萨；śa/ṣa 折；śva 说；dya/dhya 涅

果摄：a 啊；ha 诃；ra 啰；sva 莎

假摄：kya 迦；ma 麻；śa/ṣa 舍；ya 也

（二）与梵文元音 i/e 对音有汉语河西方音的止、蟹、梗摄字

止摄：rī/ri 哩；ni/ṇī/ṇi 你；mi 弥；vi 委

蟹摄：te/ti/ṭi 帝；dhe/dhi/ di 殢；kai 该；ṇi 祢；ṭhi 提；ki 鸡；si 西

梗摄：vi 觅；śi/ṣe 石；te 丁；te/ti 矴；bhe/bhi喻；rai/re 呤；me 铭；dai/de/dhe/dhi 宁；he 形；ve 永

（三）与梵文 o/u 对音选用河西方音的果、遇、流、宕、通摄字

果摄：lo 逻；mo/mu 么；bo 磨；phu 婆；co 左

遇摄：pu 逋；u 呜；su 须；yu 瑜

流摄：mu 呣

宕摄：ko 光；rō 哴；śo/śu 商；tu 当；tu丁洛(切身)；du/ ḍu 䡄/䡄 (切身)

通摄：bhu/bu 目；śu 熟；tu丁六；nu𨋢（切身）

二 对音讨论

（一）河西方音鼻音韵尾-ŋ 失落

历代梵汉对音显示，梵语中的 i 与 e 往往通用，唐宋时期总是混用齐韵

---

① 龚煌城：《十二世纪末汉语的西北方音（声母部分）》，《西夏语言文字研究论集》，民族出版社 2005 年版，第 503 页。

字、祭韵三四等字与之对音，安然在《悉昙十二例》中曰：“诸梵语中伊翳通用”，[①] “伊”对 i，“翳”对 e。夏译密咒与梵文元音 i/e 对音用汉语西北方音止、蟹、梗摄字，说明西北方音的梗摄字已经失落韵尾-ŋ，其中三、四等字的韵母为 i，与止、蟹两摄字合流。

而与梵文 o/u 对音选用汉语西北方音的果、宕等摄字，如：lo 逻、mo/mu 么、bo 磨、phu 婆、co 左、ko 光、rō 哴、śo/śu 商、tu 当，等等，说明 12 世纪汉语西北方音中宕摄字已失落韵尾-ŋ，同时元音高化，与果摄合流。

夏译陀罗尼中未见通摄阳声字与梵文元音对应的情况。

宕、梗两摄字不带鼻韵尾是唐、宋时期汉语西北方音的普遍现象，敦煌唐代汉藏对音《千字文》、11 世纪的回鹘汉对音《玄奘传》以及 12 世纪的夏汉对音《掌中珠》等文献都可以提供此类例证。如：《千字文》汉藏对音显示，唐、阳两韵大部分字-ŋ 尾消失，主要元音变成 o；庚、清、青韵的大部分字-ŋ 尾失落。[②]《玄奘传》中宕摄字“汤、唐”对音为 to，“藏、奘”为 tso，“纲”为 qa，“光”为 qo；梗摄字“明”对音为 mi，“敬”为 ki，“丁”为 ti，“经”为 ki，等等。[③] 《掌中珠》中宕摄的“刚”、“姜”与果摄的“哥”、“果”、“个”为同一个西夏字标音，梗摄的“庚”、“更”、“耕”、“粳”与蟹摄的“皆”、“芥”、“界”为同一个西夏字标音。[④]

龚煌城曾经全面考察过《掌中珠》中用以注西夏字的-ŋ 尾汉字，其分布情形如下：[⑤]

宕摄一等 唐 旁傍当汤唐康苍仓藏桑郎莽党浪光
　　三等 阳 张长常庄将相娘良梁量丈养尚样亡冈
梗摄二等 庚 更庚硬杏狞冷永
　　　　 耕 争耿
　　三等 庚 兵丙命京庆迎
　　　　 清 倾顷精井请名正征成圣盈冷领

① 《大正藏》卷八四。

② 罗常培：《唐五代西北方音》，中研院史语所单刊甲种之十二，1933 年，第 37—38 页。

③ 聂鸿音：《回鹘文〈玄奘传〉中的汉字古音》，《民族语文》1998 年第 6 期。

④ 李范文：《宋代西北方音》，中国社会科学出版社 1994 年版，第 245—246 页。

⑤ 龚煌城：《十二世纪末汉语的西北方音（韵尾问题）》，《汉藏语研究论文集》，第 322—323 页。

四等 青 酩丁顶宁甯青星扃
江摄二等 江 瘥
曾摄一等 登 崩能
通摄三等 东 梦

龚先生据《掌中珠》中的上述标音情况，认为："十二世纪末汉语西北方音所经历的过程可重建如下：所有的鼻音韵尾都在使前面的元音变成鼻化元音后消失，后来这鼻化元音在宕、梗摄与江摄中，也随之失去其鼻化成分，在其他原有韵尾的各韵中，则仍然保持鼻化元音。"

王洪君在《山西闻喜方言的白读层与宋西北方音》一文中也根据《掌中珠》的夏汉对音指出过宋代西北方音的上述特点，[①] 其中论及宋代西北方音宕、果合流还涉及江摄字，曾、通摄阳声与臻、深摄阳声可为西夏同韵字注音，此外还注意到梗摄二等与三等分韵，曾摄与梗摄分立等问题，并与山西闻喜话白读层中相同的语音现象做了对比。由于夏译密咒字例较少，在此，我们无法为上述现象补充例证。

法天译音中未见梗摄字与止、蟹混用对应梵文 i/e 的情况，如：te/ti 帝；bhe/bhi 毘；re 哩；me 弥；de/dhe 提；he 呬；ve 吠。同时法天译音中与梵文元音 o/u 对音一般用遇摄字，未见用宕摄字与之对音的例子，如：koṭi 对音为"俱致"，viśuddhe 对音为"尾戍提（引）"，viśodhaya 对音为"尾输达野"，sañcodite 对音为"散祖祢帝（引）"，以遇摄字"俱"、"戍"、"输"和"祖"分别与梵文 ko、śu、śo 和 co 对音。宕摄字与梵文元音 a 对音仅见一例，以"曩"对梵文 na，如 gagana 对音"诚诚曩"，namo 对音为"曩谟"，kāyasaṃhatana 对音为"迦（引）野僧贺（引）多曩"，古来译师即用"曩"与梵文 na 对音，如 namo，唐慧琳译音为"曩谟"，此处可能是沿用旧例。

上述对音情况并不能说明法天当时的长安话没有失落鼻音尾，只能说他在"尊胜陀罗尼"的对音中没有采用古阳声韵字与梵文阴声韵字对音。唐代不空密咒的译音显示，当时宕、梗两摄的韵尾已经有消变，如有用"莽"、"忙"对梵文 ma，"铭"、"迷"对梵文 me 的例证。[②] 不过，宝源与法天译音相比较，我们可以肯定 12 世纪的河西方音的阳声韵尾较之北宋时期的长

① 王洪君：《山西闻喜方言的白读层与宋西北方音》，《中国语文》1987 年第 1 期。
② 刘广和：《音韵比较研究》，中国广播电视出版社 2002 年版，第 60 页。

安话发生了进一步的消变，而且宕摄字伴随韵尾的脱落元音发生了高化。

（二）河西方音入声韵并入阴声韵

如所周知，梵语音节均是开音节，而密咒传统对音往往把后一音节的起首辅音当作前一音节的辅音韵尾来对译，尽管我们在切分音节时并未完全遵从这一习惯，但考察梵语后一音节的起首辅音与入声字韵尾的对应可以帮助我们认清西北方音塞音韵尾的实质。入声字的对音字例如下：

山摄入声字：

pha 拔，spharaṇa 厮拔啰捺

pa 钵，padaiḥ 钵宁

jva 撮，jvala 撮辣

bha/va 末，bhagavate 末遏斡帝，vajra 末日啰（二合）

va 斡，bhagavate 末遏斡帝

ca 拶，vacana 斡拶捺

tha 达，tathatā- 怛达怛（引）

dha/ta/ṭa 怛，buddha 目怛，tathāgata 怛达（引）遏怛，visphuṭa 觅厮婆（二合）怛

ga 遏，gagana 遏遏捺

ka 葛，kāyasaṃhatana 葛（引）也三诃怛捺

da/dha嗏，hṛdaya 吃哩（二合）嗏也，śodhaya 商嗏也

la 辣，jvala 撮辣

na/ṇa 捺，namo 捺么，avaraṇa 啊斡啰捺

sa 萨，sahasra 萨诃厮啰（二合），sarva 萨嚩

śa/ṣa 折，śarīraṃ 折哩啰（合口），ṣaṭ 折怛

śva 说，samāśvāsayantu 萨麻（引）说（引）萨衍𠆙

dya/dhya 涅，tadyathā 怛涅达（引），buddhya 目涅

臻摄入声字：tva 咄，sattvanāṃ 萨咄喃

梗摄入声字：vi 觅，viśuddhe 觅熟宁

śi/ṣe 石，viśiṣṭāya 觅石实怛（二合引）也，abhiṣekair 啊喻（重）石该（引）

通摄入声字：bhu/bu 目，bhumi 目弥，buddhya 目涅

śu 熟，pariśuddhirbhavatu 钵哩熟宁末斡𠆙

上述梵汉对音中比较有意味的是为梵语词末音节对音的例子，如：buddha“目怛”、jvala“撮辣”、buddhya“目涅”，其中的“怛”、“辣”、“涅”几个入声字所对应的梵文 dha、la、dhya 都在词末。此外，kāyasaṃhatana“葛(引)也三诃怛捺”、śodhaya “商嗦也”，其中“葛”、“嗦”所对应梵文 ka、dha 后的起首音为 y-；ṣaṭ“折怛”中单独用“怛”对应梵文 ṭ，而通摄入声字“熟”、梗摄入声字“觅”所对应梵文 śu、vi 后的起首音却是-d，等等，这些都说明 12 世纪汉语西北方音入声韵的塞音韵尾已经失落。

夏译密咒中出现的两例“切身”字，也可以佐证西北方音入声的消失。如：tu⿰丁六，bhavatu“末斡⿰丁六”；nu⿰𠦝六（切身），anuśaṃsa“啊⿰𠦝六（切身）蟾萨”。法天译音中与梵文 tu 对音用“睹”，如梵文 bhavatu，对音是“婆嚩睹”，说明梵文 tu 与宋代长安方音“睹”（《广韵》当古切，端姥合一上遇）音近。

梵汉对音显示，早在唐代，不论是在中原汉语还是西北方音中，入声字的-p、-t、-k 韵尾尽管都还保留着，但已经开始混淆，如不空译音中就有这样的例子，山摄字“设”对梵文 śak，宕摄字“索”对 sat，咸摄字“摄”对 śad。[①] 法天译音当较之进了一步，唐代大量的用入声字对音的梵文音节改用开音节，如遇摄字“戍”对 śud、“输”对 śod；最有意思的是梵文 namo 对音“曩谟”，而 namaḥ 对音为“曩莫(入)”，显然当时的宕摄入声字“莫”已经失去入声尾，否则不用作特别标记。不过，北宋初期的长安话入声韵尾的失落还没有宝源译经时期的河西话失落得那么厉害，例如梵文 sid，法天用臻摄字“悉”，宝源则用蟹摄字“西”。

上述结论与龚煌城考察《掌中珠》中为西夏字标音的汉语入声字所得结论一致。[②]

（三）宕摄一等铎韵字和通摄三等屋韵入声字读*u

如上所述，12 世纪河西方音中的宕摄阳声字失落了鼻音韵尾之后元音又进一步高化，与果摄合流，读为 o/u，而有例证表明，宕摄一等入声字变入阴声韵后其读音也是 u。此外，梵汉对音显示，通摄三等屋韵入声字的读音也是 u。

夏译密咒中使用了很多切身字，如：梵文 hetu 对音为“形⿰丁各(切身)”，“⿰丁各

① 刘广和：《音韵比较研究》，中国广播电视出版社 2002 年版，第 63 页。

② 龚煌城：《十二世纪末汉语的西北方音（韵尾问题）》，《汉藏语研究论文集》，第 285—296 页。

(切身)” 对 tu；梵文 duniduni 对音为“韇 (切身)你韇 (切身)你”、梵文 duhu 对音为“韇护”，“ 韇”或“韇(切身)” 对 du，梵文 bhavatu 对音为“末斡丁六”，“丁六”对 tu；梵文 anuśaṃsa，对音为“啊嫩（切身）蟾萨”，“嫩（切身）”对 nu，等等。

我们知道，梵汉对音中对梵语的某个音节选用切身字的形式往往是出于迫不得已，即梵语中的某种音节在汉语中无法找到与之对应的声韵组合，遂创制切身字临时拼合。上述切身字涉及与梵文两类音节——du/tu、nu 对音，说明在河西方音中没有这类音节。此外，我们还注意到有些“切身”字的声韵组合在汉语中是矛盾的，如：“丁”《广韵》当经切，端青开四平梗，“六”《广韵》力竹切，来屋合三入通，“丁六”这样的四等端母字和三等“六”字的声韵组合在汉语中本来是不存在的，所以宝源等才用创制“切身”字的办法表示相应的梵语。

通过上述切身字与梵文 du/tu、nu 等音节对音的事实，我们可以知道河西方音中“各”(《广韵》古落切）和“六”的韵母与梵文元音 u 一致。此外，参证“目”（莫六切）对 bhu/bu，“熟”（殊六切）对 śu，我们可以进一步推知河西方音的宕摄一等铎韵入声字和通摄三等屋韵入声字的读音同为 u。

（四）止摄三等、蟹摄四等和梗摄三、四等字读为 i

我们首先看下面的例子：

对音汉字	梵文	对音举例
哩（来止开三上止）	rī/ri	钵哩熟殢（引） pariśuddhe
你（泥止开三上止）	ni/ṇī/ṇi	啊斡逻鸡你 avalokini
弥（明支开三平止）	mi	啰实弥 raśmi
委（影纸合三上止）	vi	委商宁 viśuddhe
韈（切身）	dve	嘚呤 (二合)也韈 (切身) driyadve
帝（端霁开四去蟹）	te/ti/ṭi	末遏斡帝 bhagavate
殢（透霁开四去蟹）	dhe/dhi	钵哩熟殢（引） pariśuddhe； 啊殢实达捺 adhiṣṭhāna
祢（泥霁开四上蟹）	ṇi	钵哩逋（引）啰祢 paripūraṇi
提（定齐开四平蟹）	ṭhi	不啰帝实提（二合）矴 pratiṣṭhite
鸡（见齐开四平蟹）	ki	啊斡逻鸡你 avalokini

续表

对音汉字	梵文	对音举例
西（心齐开四平蟹）	si	西涅 siddhya
嘀(重)(命，明映开三去梗)	bhi/bhe	嘐也遏哩（二合）嘀（重）jayagarbhe 啊嘀（重）石该（引）abhiṣekair
永（云梗合三上梗）	ve	末日啰（二合）三末永 vajrasambhave
𫏋（切身）	dve	𫏋（切身）舍 dveṣa
昤（令，来劲开三去梗）	re	么嚨昤（二合）mudre
嘴（精，精清开三平梗）	ji	永舍你昤（二合）嘴怛 viṣanrijita
丁（端青开四平梗）	te	丁 te
矴（端径开四去梗）	ti	斯拔啰捺遏矴 spharaṇagati
铭（明青开四平梗）	me	铭 me
形（匣青开四平梗）	he	形形 he he
星（心青开四平梗）	sid	麻诃星嚨 mahāsiddha
觅（明锡开四入梗）	vi	觅熟宁 viśuddhe
定（定径开四去梗）	thi	斡(引)麻斯定(二合)怛 vāmasthita

刘广和曾经提醒人们在根据对音材料分析汉语止、蟹两摄字时应注意两点：（1）元音变换。i在弱音节是i，在重音音节（guṇa）是e，到强重音音节（vṛdhi）是ai。（2）字形混淆。悉昙字ti、te、tai因为形近，i、e易混，e、ai易混，抄手难免偶误。① 因此，由上面的例证我们可以认为汉语河西方音中，止摄三等止、支、纸韵字读为i；蟹摄四等齐、霁韵字读为i；梗摄三、四等字中阴声韵和失落韵尾的阳声韵字也读为i。

（五）遇摄模、虞韵一、三等字和流摄厚韵一等字主元音为u

夏译佛经中往往用遇摄字"逋"（博孤切）对pu；"呜"（哀都切）对u；"须"（相俞切）对su；"瑜"（羊朱切）对yu，说明河西方音的遇摄模、虞韵一、三等字主元音为u。此外，流摄字"㖨"（莫厚切）对mu，说明流摄厚韵一等字读为u。

综上所述，夏译佛经中的梵汉对音显示，12世纪的河西方音中宕、梗两

① 刘广和：《音韵比较研究》，中国广播电视出版社2002年版，第66页。

摄的鼻音韵尾-ŋ 已经失落，宕摄字韵尾失落后，元音高化，与果摄合流，梗摄三、四等字与止、蟹两摄字合流，读为 i；入声字全部失去-p、-t、-k 韵尾并入阴声韵。

第三节　梵语音节末辅音与河西方音鼻音韵尾的对应

一　梵汉对音规律与举例

山摄阳声字对应梵文-n：sañ/san 珊；can 馔；man 满；yan 衍

臻摄阳声字对应梵文-ñ：ṣiñ伸

咸（通）摄对应梵文-m/-ṃ：oṃ唵；nāṃ喃；saṃ/sam 三；rūṃ噜

二 对音讨论

（一）韵尾-m

唐宋时期密咒对音中，为梵文-m、-ṃ对音一般用汉语深、咸两摄收-m 尾的字，法天对音中，梵文 vajraṃ对音为“嚩日览（二合）”，梵文 śarīraṃ对音为“舍哩览”，梵文 raṃ用“览”相对，有一个比较特别的例子，梵文 sattvanāṃ对音为“萨埵难（引）”，梵文 nāṃ用山摄字“难（引）”对音。失译《番大悲神咒》中梵文 vidyāṃ，对音为“微店”，dyāṃ用-m 尾字“店”来标注。有时遇到没有相当的汉字，译经师也用加注的办法加以比况，如梵文 smaratvāṃ，失译《番大悲神咒》对音为“思麻囉喘（含口呼）”，梵文 tvāṃ 用“喘（含口呼）”来对。

夏译密咒中为梵文-m、-ṃ对音与传统译法有一致性，也有不同。如用咸摄字“唵”与“三”分别与梵文 oṃ、saṃ/sam 对音；在开音节或-n 尾字后加注“合口”表示梵语中有-m、-ṃ的音节，dam嗏（合口），嗢嗏（合口）idam；raṃ啰（合口），śarīraṃ折哩啰（合口），vajraṃ末唎啰（合口）；dhyan/dyām 涅（合口），vidyāṃ 觅涅（合口），sidhyantu 星涅（合口）当；tvāṃ 端（合口），smaratvāṃ 厮麻（二合）啰端（合口），等等。对照法天译音和失译《番大悲神咒》，夏译密咒为梵文-m、-ṃ对音加注“合口”的地方要明显多一些，如梵文 raṃ，《佛说一切如来乌瑟腻沙最胜总持经》用“览”相对，夏译密咒则用“啰（合口）”对音。

上述情况说明 12 世纪的河西方音中-m 与-n 尾的混并较之宋初进了一步。

（二）韵尾-n

夏译密咒的梵汉对音中，臻、山两摄-n尾字没有像宕、梗等摄字一样与阴声韵混并，而是与梵文-n、-ñ尾音节对应，举例如下：

臻摄阳声字：ṣiñ伸，abhiṣiñcantu 啊哈（重）伸錢𠆙

山摄阳声字：

sañ/san 珊，sañcodite 珊左殢矴，ayuḥsandhāraṇi 啊瑜珊㖔（引）啰（引）你

can 錢，abhiṣiñcantu 啊哈（重）伸錢𠆙

man 满，samantān 萨满怛（引）捺（二合引）

yan 衍，samāśvāsayantu 萨麻（引）说（引）萨衍𠆙

根据上述对音例证，佐以对音字例中没有用臻、山两摄字与梵文开音节对音的情况，我们基本可以肯定汉语河西方音中臻、山两摄字仍有-n韵尾。带韵尾-ñ的梵文音节传统上即用臻、山二摄阳声字与之对音，唐代慧琳和宋代法天对音莫不如此。[①] 如：梵文 abhiṣiñcantu，法天对音为“阿毘诜左睹”、sañcodite 对音为“散祖祢帝（引）”，“诜”、“散”均为山摄字。

（三）臻、山两摄字的读音

臻摄字“伸”（真韵三等）对梵文 ṣiñ，我们可以推知汉语河西方音的真韵三等字读为 in。由山摄字“珊”（寒韵一等）对 sañ/san，“錢”（先韵四等）对 can，“满”（缓韵一等）对 man ，“衍”（狝韵三等）对 yan，我们可以推知汉语河西方音中的山摄寒、先、缓韵一、四等字韵母为 an，而狝韵三等字读为 ian。

早在 1931 年，伯希和在《评<西夏文汉藏译音释略>》一文中即根据《掌中珠》和西夏字的藏文注音猜测过 12 世纪的汉语北方话里已发生了从-m 到-n 的变化。[②]

在-ng 前面元音的鼻化导致外民族对音字不带-ng，同样可以拿宋代以前的中亚文献来验证，这在我从敦煌携回的藏汉对音《千字文》里就

① 聂鸿音：《慧琳译音研究》，《中央民族学院学报》1985 年第 1 期。

② *T'oung Pao*, Vol. 28（1931）, pp. 490–491。聂鸿音译文见孙伯君编《国外早期西夏学论集》（二），民族出版社 2005 年版，第 168—169 页。

> 已经屡见不鲜了。可是，相反地我认为从 12 世纪末以后汉语北方话里的-m 不会“完全”变成-n，13、14 世纪的对音提供了反证。我目前的印象是，当同一个西夏字兼与汉字“那”(na)、“难”(nan)及藏文 gna’对音时，我们应该考虑到西夏语的原形是*na^{n}；而当同一个西夏字兼与汉字“你”(ni)、“宁”(ning)及藏文 ne、gne、gne’对音时，则指明西夏语的原形是*ne，等等。把西夏语形式错误地标为鼻音，或许不如单纯地把它前面的元音标为鼻化音，正是这种鼻化音，由于它并不读作真正的鼻辅音，故而就可以解释同一个西夏字兼与“人”(ren, *ȵʑĭĕn)和“壬”(ren, *ȵʑĭĕm)对音的情况(=西夏*ʐ̩i^{n}, *ʐ̩ĩ)，除非在 12 世纪的汉语北方话里已发生了从-m 到-n 的变化。

上述结论与龚煌城考察《掌中珠》注音汉字后所得结论有所不同，《掌中珠》为西夏字注音的汉字没有-m 韵尾字，据此，龚煌城得出结论：“我们唯一可能的假设是汉语-m、-n、-ŋ 三个韵尾虽然都已消失，但是在-m、-n 韵尾前却引起元音的鼻音化，而西夏语因为只有纯元音而无鼻化元音，故注西夏字音时不能使用汉语鼻化元音的字（即-m、-n 韵尾字），只有偶然的疏失，才会以汉语像 pã（板）的音来注西夏 pa^{1} 的音，这样假设便可以了解何以汉语-m、-n 韵尾字不会出现（或很少出现）在西夏字的注音里。”①

下面是西夏宝源译《胜相顶尊总持功能依经录》与法天译《佛说一切如来乌瑟腻沙最胜总持经》中“尊胜陀罗尼”的译音对照：

西夏宝源对音	北宋法天对音
visphuṭa 觅厮婆（二合）怛	visphuṭa 尾娑普(二合)吒
vimuni 觅呣你	vimuni 尾牟你
vimocaya 觅么拶也	vimocaya 尾谟左野
vijaya 觅啰也	vijaya 尾惹(仁左反)野
vijaya 觅啰也	vijaya 尾惹野
vijaya 觅啰也	vijaya 尾惹野

① 龚煌城：《十二世纪末汉语的西北方音（韵尾问题）》，《汉藏语研究论文集》，第 321 页。

续表

西夏宝源对音	北宋法天对音
vibodhaya 觅磨嗦也	vibodhaya 尾冐达野
viśuddhe 觅熟宁	viśuddhe 尾成提(引)
viśodhaya 觅商嗦也	viśodhaya 尾输达野
viśiṣṭāya 觅石实怛（二合引）也	viśiṣṭāya 尾始瑟咤(二合引)野
vara 斡啰	vara 嚩啰
vajrôdbhave 末唎哴嚨（三合）末永	vajrôdbhave 嚩日噜(二合)捺婆(二合)吠(引)
vajriṇi 末唎哩（二合）你	vajriṇi 嚩咏尼
vajre 末唎唥（二合）	vajre 嚩日哩(二合)
vajraṃ 末唎啰（合口）	vajraṃ 嚩日览(二合)
vajra 末日啰（二合）	vajra 嚩日啰(二合)
vacana 斡拶捺	vacanā 嚩左曩(引)
uṣṇīṣa 呜实你（二合）舍	uṣṇīṣa 乌瑟腻(二合)沙
trailokya 唃唥（二合）逻迦	trailokya 怛嚇(二合)路枳也(二合)
te 丁	te 帝
tathāgatā 怛达（引）遏怛（引）	tathāgatā 怛他(引) 诫多(引)
tathāgatamāte 怛达（引）遏怛麻矴	tathāgatamāte 怛他(引) 诫多摩(引)帝
tathāgataś ca 怛达（引）遏怛实 拶（二合）	tathāgataś ca 怛他诫多(引)室左(二合)
tathāgata 怛达（引）遏怛	tathāgata 怛他(引) 诫多
tathatā- 怛达怛（引）	tathatā- 怛他(引)多(引)
tadyathā 怛涅达（引）	tadyathā 怛你也(二合)他(引)
svāhā 莎诃	svāhā 娑嚩(二合)贺
svabhāva 莎末斡	svabhāva 莎婆(引) 嚩
svabhava 莎末斡	svabhava 莎婆嚩
suvajre 须末唎唥	suvajre 苏嚩日哩(二合)
sumati 须麻帝	sumati 苏摩底
sugata 须遏怛	sugata 酥诫多

续表

西夏宝源对音	北宋法天对音
spharaṇa 斯拔啰捺	spharaṇa 萨颇(二合)啰拏
sphara 斯拔（二合）啰	sphara 娑颇(二合) 啰
smara 斯麻（二合）啰	smara 娑摩(引)啰
siddhya 西涅	siddhya 悉驰
sattvanāṃ 萨咄喃	sattvanāṃ萨埵难(引)
sarva 萨嚩	sarva 萨哩嚩(二合)
samāśvāsayantu 萨麻(引)说(引)萨 衍丁六	samāśvāsayantu 三摩(引)湿嚩(二合引)娑演睹
sambhave 三末永	sambhave 三婆吠(引)
samaya 萨麻也（引）	samaya 三摩野(引)
samantān 萨满怛（引）捺（二合引）	samantānmocaya 三满多(引)哩谟(二合)左野
samanta 萨满怛（引）	samanta 三满多
sahasra 萨诃斯啰（二合）	sahasra 娑贺萨啰(二合)
sadā 萨嗦（引）	sadā 萨那(引)
sañcodite 珊左殢矴	sañcodite 散祖祢帝(引)
raśmi 啰实弥（二合）	raśmi 啰湿弥(二合)
āhara 啊（引）诃啰	āhara 阿(引)贺啰
pratinivartaya 不啰帝你斡哩（二合）怛也	pratinivartaya 钵啰(二合)底你嚩哩多(二合)野(引)
pratiṣṭhite 不啰帝实提（二合）矴	pratiṣṭhite 钵啰(二合)底瑟致(二合)帝(引)
prati 不啰（二合）帝	prati 钵啰(二合)底
paripūraṇi 钵哩逋（引）啰祢	paripūraṇi 波哩布啰尼
pariśuddhirbhavatu 钵哩熟宁末斡丁六	pariśuddhirbhavatu 波哩成提哩婆(二合) 嚩睹
pariśuddhiś ca 钵哩熟殢实 拶（二合）	pariśuddhiś ca 波哩成提室左(二合)
pariśuddhe 钵哩熟宁	pariśuddhe 波哩成提(引)
pade 钵宁	pade 波祢(去)

续表

西夏宝源对音	北宋法天对音
padaiḥ 钵宁	padaiḥ 波奈
oṃ 唵	oṃ 唵(引)
namo 捺么	namo 曩谟
namaḥ 捺（引）麻	namaḥ 曩莫(入)
muni 㖇你	muni 牟你
mudre 么𠴨呤（二合）	mudre 母捺哩(二合)
mudra 么𠴨啰	mudra 母捺啰(二合)
māṃ 𠽾	māṃ 铪
mocaya 么㨜也	mocaya 谟左野
me 铭	me 弥
mati 麻帝	mati 摩底
mantra 满㖿啰（二合）	mantra 母捺啰(二合)
mamati 麻麻帝	mamati 摩摩多(引)
mama 麻麻	mama 摩摩
mahā 麻诃（引）	mahā 摩贺(引)
mahā 麻诃（引）	mahā 摩贺(引)
kāyasaṃhatana 葛（引）也三诃怛捺	kāyasaṃhatana 迦(引)野僧贺(引)多曩
kāya 葛（引）也	kāya 迦(引)野
koṭi 光帝（引）	koṭi 俱致
karma 葛哩（二合）麻	karma 迦哩摩(二合)
jvala 撮辣	jvala 入𡁠(二合引)攞(引)
jaya 㗄也	jaya 惹野
he 形	he 呬
hṛdaya 屹哩（二合）𠽽也	hṛdaya 纥哩(二合)那野(引)
gati 遏帝	gati 诫底
garbhe 遏哩（二合）喻（重）	garbhe 诫哩昆(二合)
gagana 遏遏捺	gagana 诫诫曩
daśa 𠽽舍	daśa 捺舍

续表

西夏宝源对音	北宋法天对音
buddhya 目涅	buddhya 没喸
buddhāya 目嗦（引）也	buddhāya 没驮(引)野
buddhi 目殢	buddhi 没提
buddhe 目宁	buddhe 戍提
bodhaya 磨嗦也	bodhaya 冒达野
bhūta 目（引）怛	bhūta 部多
bhumi 目弥	bhumi 部弥
bhavatu 末斡亣	bhavatu 婆嚩睹
bhagavate 末遏斡帝	bhagavate 婆诫嚩帝
ayur 啊瑜哩（二合）	yur 欲
ayuḥsandhāraṇi 啊瑜珊嗦（引）啰（引）你	āyuḥsandhāraṇi 阿(引)欲散驮(引)啰尼
avaraṇa 啊斡啰捺	varaṇa 嚩啰拏
avalokini 啊斡逻鸡你	valokini 嚩路吉你
avabhāsa 啊斡末（引）萨	vabhāsa 嚩婆(引)娑
asama 啊萨麻	asama 阿三摩
amṛta 啊没哩（二合）怛	mṛta 没哩(二合)多
adhiṣṭhāna 啊殢实达（二合引）捺	dhiṣṭhāna 地瑟咤(二合)曩(引)
adhiṣṭhite 啊殢实提（二合）矴	dhiṣṭhite 地瑟致(二合)帝(引)
abhiṣiñcantu 啊喻（重）伸篯亣	abhiṣiñcantu 阿毘诜左睹
abhiṣekair 啊喻（重）石该（引）	bhiṣekair 毘试厮
ṣaṭ 折怛	ṣaṭ 沙咤
śuddhe 熟宁	śuddhe 戍提
śodhaya 商嗦也	śodhaya 输达野
śarīraṃ 折哩啰（合口）	śarīraṃ 舍哩览

第四章　西夏新译佛经陀罗尼的梵夏对音研究

第一节　概述

据西夏仁宗乾祐二十年（1189）御制的《观弥勒菩萨上生兜率天经发愿文》记载，当时在西夏首都兴庆府附近的大度民寺所做的大法会，要“念佛诵咒，读西蕃、番、汉藏经及大乘经典”①。由此可知，西夏仁宗时期做法会时散施和念诵的咒语一般至少有番文（西夏文）和汉文两种，有时还要诵读藏文经典。

此外，天盛二年（1150）夏仁宗仁孝敕准颁行的《天盛改旧新定律令》（《天盛革故鼎新律令》）卷一一“为僧道修寺庙门”为我们记载了当时番、汉以及藏族童行成为正式僧人必须念诵的十一种经典的名称，即：②

> 一等番、羌所诵经颂：
>
> 仁王护国、文殊真实名、普贤行愿品、三十五佛、圣佛母、守护国吉祥颂、观世音普门品、竭陀般若、佛顶尊胜总持、无垢净光、金刚般若与颂全。
>
> 一等汉僧所诵经颂：
>
> 仁王护国、普贤行愿品、三十五佛、守护国吉祥颂、佛顶尊胜总持、圣佛母、大随求、观世音普门品、孔雀经、广大行愿颂、释迦赞。

---

① 俄罗斯科学院东方研究所圣彼得堡分所、中国社会科学院民族研究所、上海古籍出版社《俄藏黑水城文献》第2册，第315页上图，1996年。

② 史金波、聂鸿音、白滨：《天盛改旧新定律令》，法律出版社2000年版，第404—405页。

从这段记载可以知道，《文殊真实名经》（又名《圣妙吉祥真实名经》）、《佛顶尊胜陀罗尼经》等在西夏时期曾被藏、汉、党项僧侣广泛念诵。据克恰诺夫编著的《西夏佛典目录》，这些经典大多有西夏文译本存世。[①] 这些译本不仅为我们勘同同名经典提供了宝贵的范本，而且其中陀罗尼的梵夏对音也为我们研究西夏语音提供了弥足珍贵的资料。至为可惜的是，黑水城出土的西夏文佛经大多没有刊布，这使得我们通过梵夏对音研究西夏语音的设想大受限制。尽管如此，目前我们还是有几种已经刊布的陀罗尼可资利用：

（一）西夏文"佛顶尊胜陀罗尼"，目前所见有居庸关云台券洞东壁所刻本、保定经幢本和黑水城出土本。西田龙雄曾在《居庸关》一书中对居庸关东壁西夏文"佛顶尊胜陀罗尼"做过梵夏对照和解读，[②] 保定"胜相幢"上的"佛顶尊胜陀罗尼"一直没有全文刊布，王静如曾举例与居庸关本做过对照。[③] 本书所选"佛顶尊胜陀罗尼"的梵夏对音是根据保定"胜相幢"拓片，同时对照原幢所做的校录本，所阙部分据俄藏 инв. № 6821 予以补足。[④]

（二）《吉祥遍至口合本续》，宁夏自治区文物考古研究所于1991年8月至9月在宁夏贺兰山拜寺沟的西夏方塔废墟中发现，为木活字印本，蝴蝶装。原为五卷，现存第三、第四、第五卷，其中第四、五卷为完本，全书存四节十五品。卷首款题"西天大班智达迦耶达啰师之座前、中国大宝桂路赞讹库巴拉拶蕃译、报恩利民寺院副使白菩提福番译"。内容讲述的是萨迦派道果法中的喜金刚修法，其藏文原本已佚，内容与现存迦耶达啰（Gāyadhara）和卓弥·释迦益西（'brog-mi shākya ye-shes）所译《真实相应大本续》非常接近。原件刊布于宁夏文物考古研究所编著的《拜寺沟西夏方塔》，[⑤] 孙昌盛在其博士论文《西夏文<吉祥遍至口合本续>研究》中对卷四做了解读，包括根据藏文转写对梵语真言做了试拟。[⑥] 本书的研究是在对《吉祥遍至口合

① Е. И. Кычанов, *Каталог тангутских буддийских памятников*, Киото: Университет Киото, 1999.

② 村田治郎编著：《居庸关》第一卷，第 219 页，京都大学工学部，1957 年。

③ 郑绍宗、王静如：《保定出土明代西夏文石幢》，《考古学报》1977 年第 1 期。

④ 俄藏 инв. № 6821 据上海古籍出版社蒋维崧、严克勤二位先生在圣彼得堡所摄照片。

⑤ 宁夏文物考古研究所编著：《拜寺沟西夏方塔》，文物出版社 2005 年版。

⑥ 孙昌盛：《西夏文<吉祥遍至口合本续>研究》，南京大学博士论文，2006 年。

本续》中的梵文陀罗尼复原的基础上进行的。

（三）释智译《圣妙吉祥真实名经》，俄藏编号 инв. № 7578、728、695、707，西夏文题直译为“圣柔吉祥之名真实诵”，林英津在《西夏语译〈真实名经〉释文研究》一书中对存世的几个本子做过全面的释读和研究，[①] 其中有几段陀罗尼可以为我们提供梵夏对音字例。

（四）西夏文《金光明最胜王经》，现藏中国国家图书馆，据汉文义净本翻译，王静如早在 1933 年出版的《西夏研究》第二、三辑中就做过释读。[②] 其中陀罗尼的梵夏对音曾被认为是据汉字转译的，故向来为学界所忽略，但仔细比对梵文和西夏字我们会发现，其中无论是西夏字与梵文的对应规则还是对音所用大部分西夏字，都与《吉祥遍至口合本续》等陀罗尼颇为一致。显然，西夏在翻译这部佛经时，陀罗尼部分并非完全依照汉字翻译，而是据梵本或藏文转译写本校核过，因此西夏文《金光明最胜王经》中的梵夏对音也可以为我们分析西夏字音提供参考。

本书的梵夏对音分析主要选用“佛顶尊胜陀罗尼”和《吉祥遍至口合本续》中的例证。

第二节　“佛顶尊胜陀罗尼”的汉、梵、夏对音[③]

没隆（二合）莎诃（引）　唵　捺么　末遏斡帝　萨嚩唃呤（二合）逻迦不啰（二合）帝

bhrūṃ　svāhā.　oṃ　namo bhagavate. sarva-trailokyaprati-

觅石实怛（二合引）也　目嗦（引）也丁　捺（引）麻　怛涅达（引）

viśiṣṭāya　buddhāya　te　namaḥ.　tadyathā,

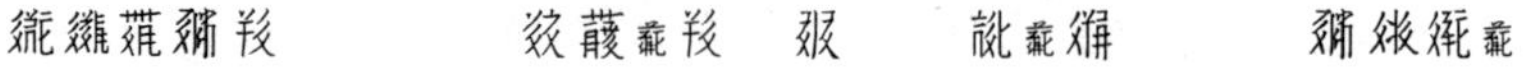

① 林英津：《西夏语译〈真实名经〉释文研究》，台北中研院语言学研究所，2006 年。

② 王静如：《西夏研究》第二、三辑，中研院史语所单刊甲种之十三，1933 年。

③ 保定经幢漫漶处对照俄藏 инв. № 6821 西夏文《胜相顶尊总持功能依经录》照片加以补全，并加方括号予以标记。

唵 没嚨（二合）没嚨（二合） 商嚓也 商嚓也 觅商嚓也 觅商嚓也
oṃ bhrūṃ bhrūṃ[bhrūṃ]. śodhaya śodhaya, viśodhaya viśodhaya.
[illegible]

啊萨麻萨满怛 啊斡末（引）萨 斯拔啰捺遏矴 遏遏捺 莎末斡 觅熟宁
asama-samantā avabhāsa- spharaṇa-gati- gagana-svabhāva- viśuddhe,
[illegible]

啊哈（重）伸钱𠆙 嚩 萨嚩 怛达（引）遏怛（引）须遏怛 斡啰斡拶捺
abhiṣiñcantu māṃ sarva- tathāgata- sugata- vara-vacana
[illegible]①[illegible]

啊没哩（二合）怛 啊哈（重）石该（引）麻诃（引）么嚨啰 满嘚啰（二合）钵宁
amṛta abhiṣekair mahā- mudrā- mantra- padaiḥ
[illegible]

啊（引）诃啰 啊（引）诃啰 麻麻 啊瑜珊嚓（引）啰（引）你 商嚓也
āhara āhara, mama ayuḥ-sandhāraṇi, śodhaya
[illegible]

商嚓也 觅商嚓也 觅商嚓也 遏遏捺 莎末斡 委商宁
śodhaya, viśodhaya vi1odhaya. gagana- svabhāva- viśuddhe,
[illegible]

呜实你（二合）舍 觅嘢也 钵哩熟殢（引） 萨诃斯啰（二合）啰实弥 珊左殢矴
uṣṇīṣa- vijaya-pariśuddhe, sahasra- raśmi- sañcodite,
[illegible]

① [illegible]对梵文 ṣi 恐怕有误，此字在《同音》中属第九品来日音。

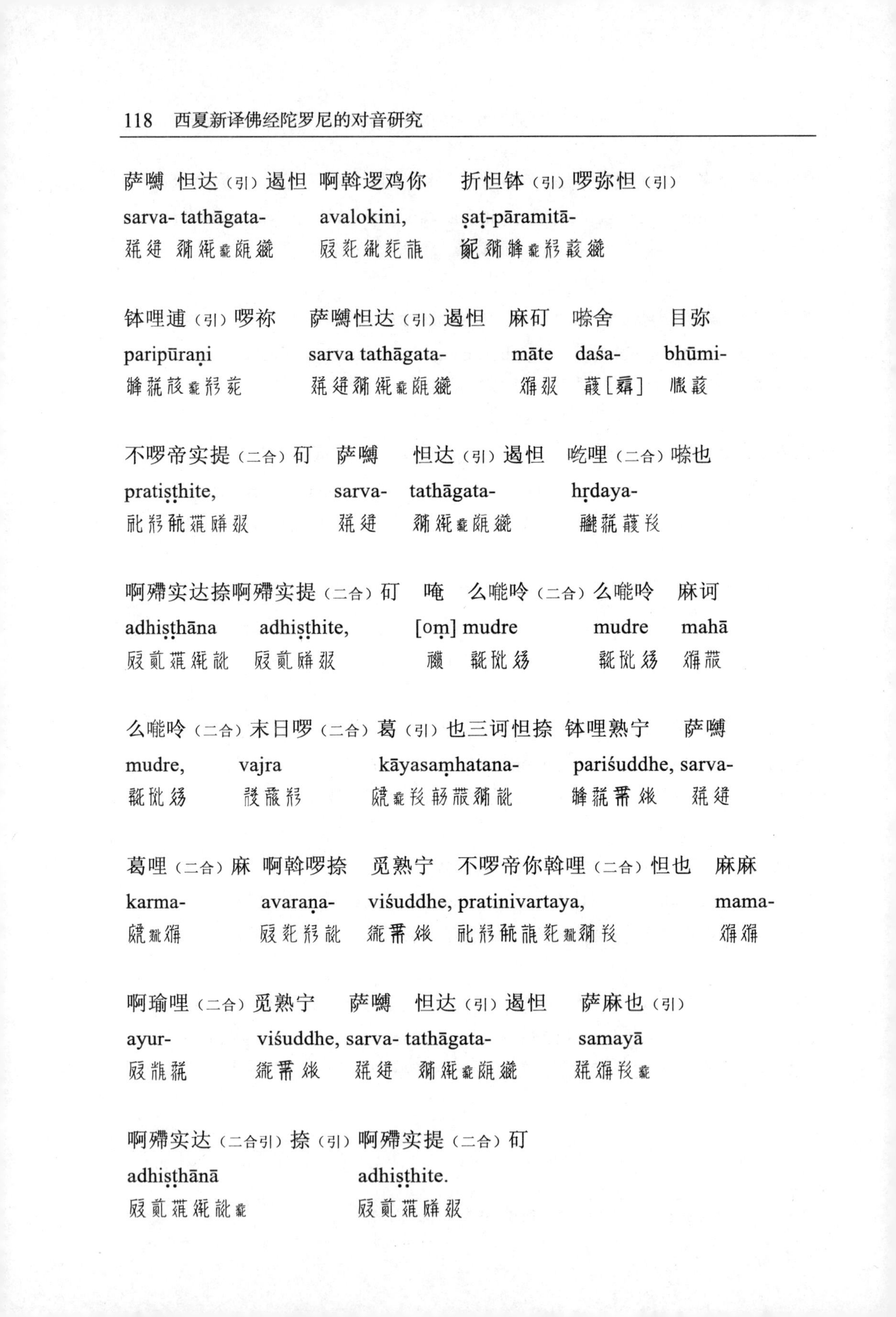

萨嚩 怛达（引）遏怛 啊斡逻鸡你 折怛钵（引）啰弥怛（引）
sarva- tathāgata- avalokini, ṣaṭ-pāramitā-
[illegible]

钵哩逋（引）啰祢 萨嚩怛达（引）遏怛 麻矴 啉舍 目弥
paripūraṇi sarva tathāgata- māte daśa- bhūmi-
[illegible]

不啰帝实提（二合）矴 萨嚩 怛达（引）遏怛 屹哩（二合）啉也
pratiṣṭhite, sarva- tathāgata- hṛdaya-
[illegible]

啊殢实达捺啊殢实提（二合）矴 唵 么嚨吟（二合）么嚨吟 麻诃
adhiṣṭhāna adhiṣṭhite, [oṃ] mudre mudre mahā
[illegible]

么嚨吟（二合）末日啰（二合）葛（引）也三诃怛捺 钵哩熟宁 萨嚩
mudre, vajra kāyasaṃhatana- pariśuddhe, sarva-
[illegible]

葛哩（二合）麻 啊斡啰捺 觅熟宁 不啰帝你斡哩（二合）怛也 麻麻
karma- avaraṇa- viśuddhe, pratinivartaya, mama-
[illegible]

啊瑜哩（二合）觅熟宁 萨嚩 怛达（引）遏怛 萨麻也（引）
ayur- viśuddhe, sarva- tathāgata- samayā
[illegible]

啊殢实达（二合引）捺（引）啊殢实提（二合）矴
adhiṣṭhānā adhiṣṭhite.
[illegible]

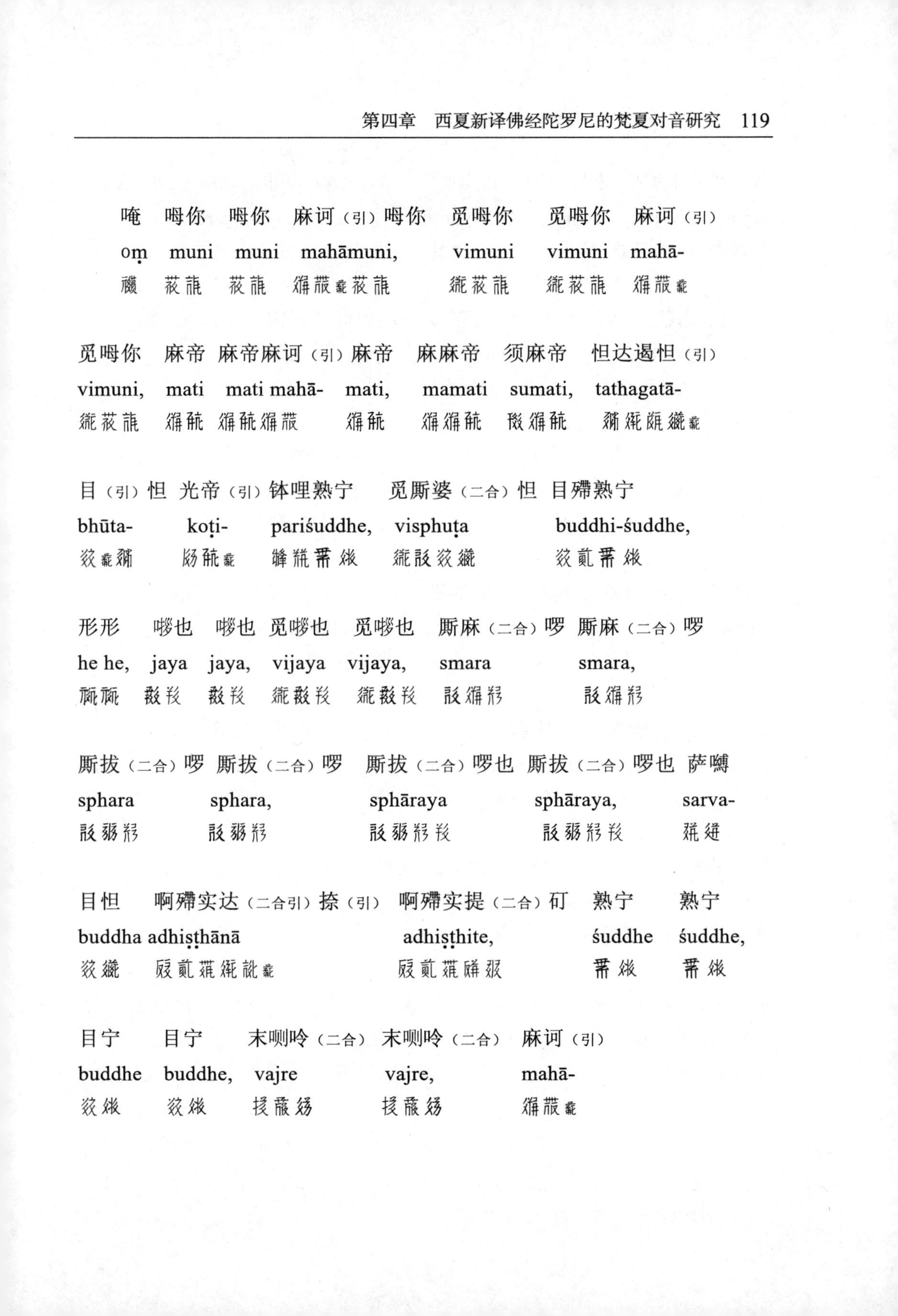

唵　嘚你　嘚你　麻诃（引）嘚你　觅嘚你　觅嘚你　麻诃（引）
oṃ　muni　muni　mahāmuni,　vimuni　vimuni　mahā-
[illegible]

觅嘚你　麻帝　麻帝麻诃（引）麻帝　麻麻帝　须麻帝　怛达遏怛（引）
vimuni,　mati　mati mahā-　mati,　mamati　sumati,　tathagatā-
[illegible]

目（引）怛　光帝（引）钵哩熟宁　觅斯婆（二合）怛　目殢熟宁
bhūta-　koṭi-　pariśuddhe,　visphuṭa　buddhi-śuddhe,
[illegible]

形形　嘮也　嘮也　觅嘮也　觅嘮也　斯麻（二合）啰　斯麻（二合）啰
he he,　jaya　jaya,　vijaya　vijaya,　smara　smara,
[illegible]

斯拔（二合）啰　斯拔（二合）啰　斯拔（二合）啰也　斯拔（二合）啰也　萨嚩
sphara　sphara,　sphāraya　sphāraya,　sarva-
[illegible]

目怛　啊殢实达（二合引）捺（引）　啊殢实提（二合）矴　熟宁　熟宁
buddha adhiṣṭhānā　adhiṣṭhite,　śuddhe　śuddhe,
[illegible]

目宁　目宁　末唎呤（二合）末唎呤（二合）　麻诃（引）
buddhe　buddhe,　vajre　vajre,　mahā-
[illegible]

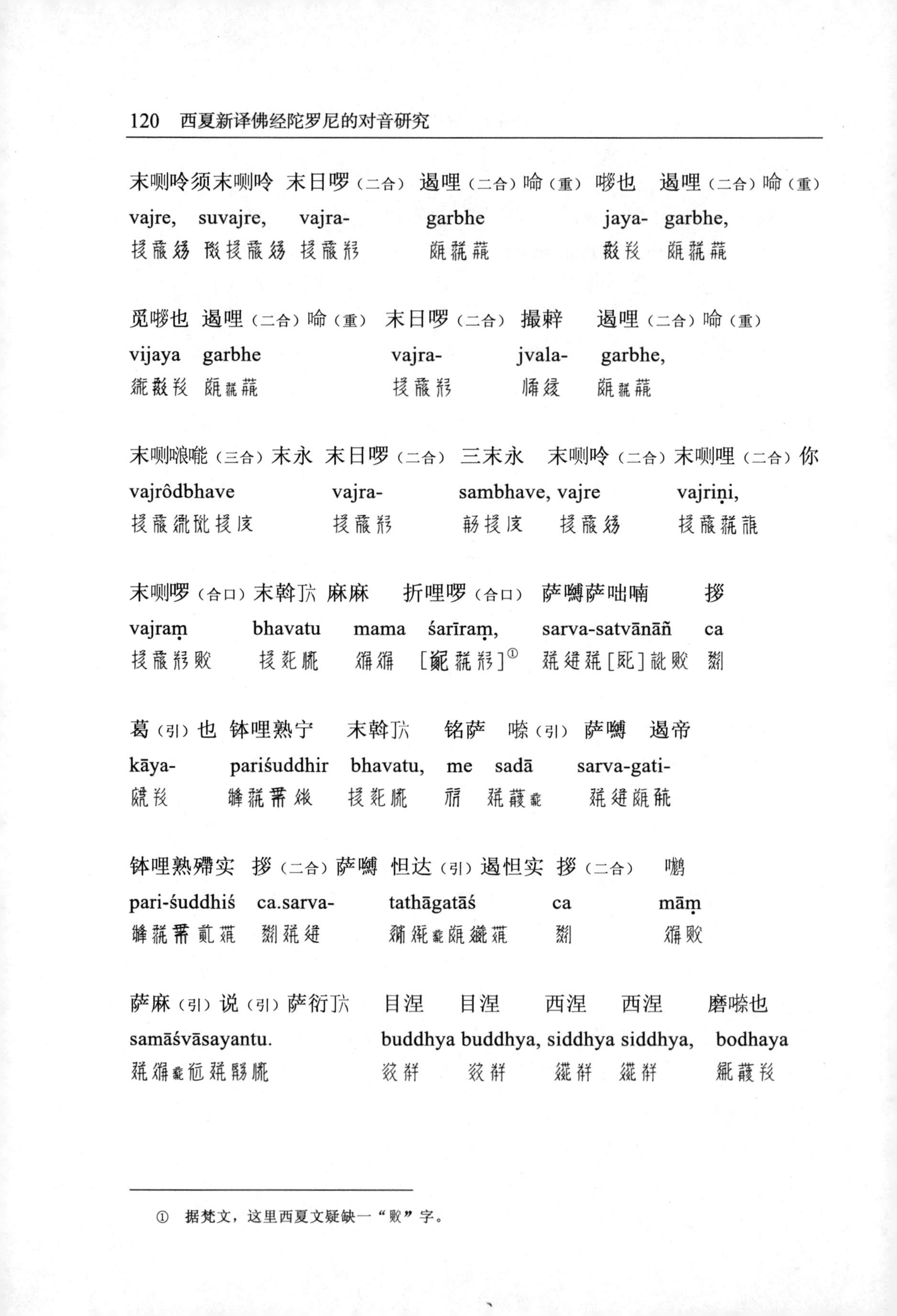

末唎呤须末唎呤 末日啰（二合） 遏哩（二合）喻（重） 嘇也 遏哩（二合）喻（重）

vajre, suvajre, vajra- garbhe jaya- garbhe,

[illegible]

觅嘇也 遏哩（二合）喻（重） 末日啰（二合） 撮辣 遏哩（二合）喻（重）

vijaya garbhe vajra- jvala- garbhe,

[illegible]

末唎哴嚨（三合）末永 末日啰（二合） 三末永 末唎呤（二合）末唎哩（二合）你

vajrôdbhave vajra- sambhave, vajre vajriṇi,

[illegible]

末唎啰（合口）末斡顶 麻麻 折哩啰（合口） 萨嘶萨咄喃 拶

vajraṃ bhavatu mama śarīraṃ, sarva-satvānāñ ca

[illegible] [[illegible]][1] [illegible] [[illegible]] [illegible]

葛（引）也 钵哩熟宁 末斡顶 铭萨 嗏（引） 萨嘶 遏帝

kāya- pariśuddhir bhavatu, me sadā sarva-gati-

[illegible]

钵哩熟殢实 拶（二合）萨嘶 怛达（引）遏怛实 拶（二合） 嚩

pari-śuddhiś ca.sarva- tathāgatāś ca māṃ

[illegible]

萨麻（引）说（引）萨衍顶 目涅 目涅 西涅 西涅 磨嗏也

samāśvāsayantu. buddhya buddhya, siddhya siddhya, bodhaya

[illegible]

① 据梵文，这里西夏文疑缺一“[illegible]”字。

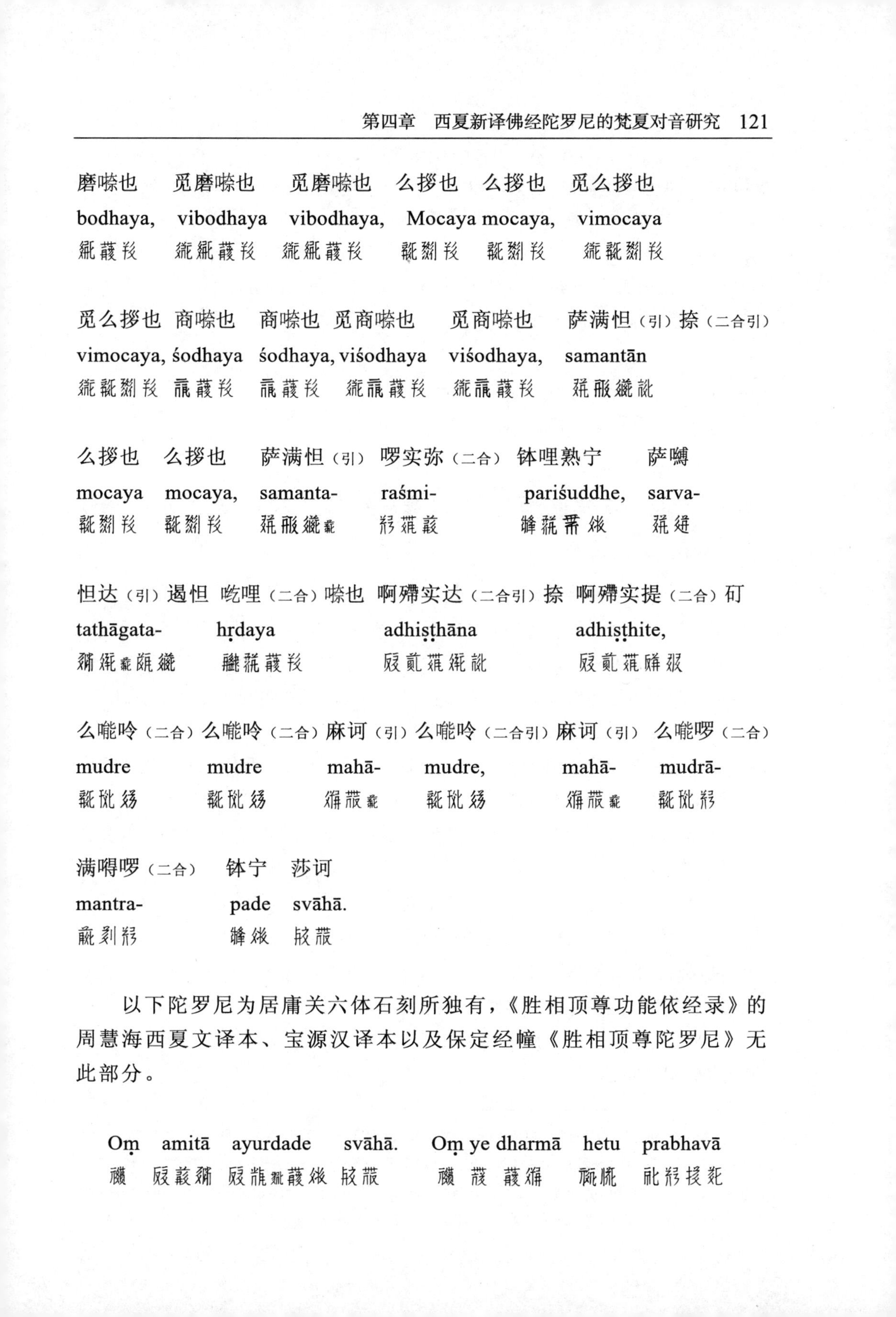

磨[口奈]也	觅磨[口奈]也	觅磨[口奈]也	么拶也	么拶也	觅么拶也
bodhaya,	vibodhaya	vibodhaya,	Mocaya	mocaya,	vimocaya
[illegible]	[illegible]	[illegible]	[illegible]	[illegible]	[illegible]

觅么拶也	商[口奈]也	商[口奈]也	觅商[口奈]也	觅商[口奈]也	萨满怛（引）捺（二合引）
vimocaya,	śodhaya	śodhaya,	viśodhaya	viśodhaya,	samantān
[illegible]	[illegible]	[illegible]	[illegible]	[illegible]	[illegible]

么拶也	么拶也	萨满怛（引）	啰实弥（二合）	钵哩熟宁	萨嚩
mocaya	mocaya,	samanta-	raśmi-	pariśuddhe,	sarva-
[illegible]	[illegible]	[illegible]	[illegible]	[illegible]	[illegible]

怛达（引）遏怛	吃哩（二合）[口奈]也	啊殢实达（二合引）捺	啊殢实提（二合）矴
tathāgata-	hṛdaya	adhiṣṭhāna	adhiṣṭhite,
[illegible]	[illegible]	[illegible]	[illegible]

么[口能]呤（二合）	么[口能]呤（二合）	麻诃（引）	么[口能]呤（二合引）	麻诃（引）	么[口能]啰（二合）
mudre	mudre	mahā-	mudre,	mahā-	mudrā-
[illegible]	[illegible]	[illegible]	[illegible]	[illegible]	[illegible]

满嘚啰（二合）	钵宁	莎诃
mantra-	pade	svāhā.
[illegible]	[illegible]	[illegible]

以下陀罗尼为居庸关六体石刻所独有，《胜相顶尊功能依经录》的周慧海西夏文译本、宝源汉译本以及保定经幢《胜相顶尊陀罗尼》无此部分。

Oṃ	amitā	ayurdade	svāhā.	Oṃ	ye	dharmā	hetu	prabhavā
[illegible]	[illegible]	[illegible]	[illegible]	[illegible]	[illegible]	[illegible]	[illegible]	[illegible]

hetuṃ te ṣāṃtathagāto hy avadat, te ṣāṃ cayonirodha

[illegible]

evaṃ vādīmahā śramaṇaḥ svāhā. oṃ supratiṣṭha

[illegible]

vajraye svāhā. oṃ a hūṃ

[illegible]

第三节 《吉祥遍至口合本续》的夏、藏、梵、汉对音

2006 年，孙昌盛率先对《吉祥遍至口合本续》卷四做了全面的研究，除给出西夏字的逐字对译外，还参照藏文《真实相应大本续》对其进行了汉文翻译，并对其中的很多专有名词作出了详尽的注释。正如作者在“后记”中所言，解读这样一部原本已经佚失的藏传密教典籍，不仅需要扎实的西夏语文基础，还需要深厚的藏学、佛学知识，其中的艰难自不待言，而作者敢于涉猎这一艰深的领域并做出这样的成绩，筚路蓝缕，实属不易。同时，我们也应看到论文中涉及梵文陀罗尼的翻译存在两点不足：一是作者只是根据藏文转写对梵语真言做了试拟，没有结合考虑梵文的相关词义还原成真正的梵文；二是对音写梵文的西夏字进行汉字对译时没能采用西夏时期梵汉对音的规范用字。

下面我们尝试对《吉祥遍至口合本续》卷四中的西夏字音写的梵文陀罗尼进行重新复原，并主要根据《胜相顶尊总持功能依经录》、《密咒圆因往生集》中的梵汉对音重新给出西夏字的汉字标音。同时在西夏字下边附有孙昌盛在其博士论文中对《真实相应大本续》中相应陀罗尼的藏文转写，以资对照。[①]

F018—9 第六叶左面：

---

① 按，本书的藏文转写对孙昌盛博士论文中的个别地方做了一些改动。梵文转写参考了林光明编修《新编大藏全咒》，台北：嘉丰出版社 2001 年版。此外，西夏汉译陀罗尼表示梵语中以-m、-ṃ收尾的音节，往往用在开音节字后加注“合口”，如“啰（合口）”对应梵语的 raṃ，而用西夏字对译梵文中-n、-ṃ、-ṇ、-ṭ、-r 收尾的音节时则分别用小字“[illegible]”、“[illegible]”、“[illegible]”、“[illegible]”、“[illegible]”来表示，本书在翻译时照顾了西夏字的标音习惯。

[illegible]	[illegible]	[illegible]①	[illegible]
oṃ	ba dzra	be ro tsa ni②	swāhā
oṃ	vajra	vairocaniye	svāhā
唵	末日啰（二合）	嚩嚧揔祢英	莎（引）诃（引）

F018—10第七叶左面：

[illegible]	[illegible]	[illegible]	[illegible]		[illegible]	[illegible]	[illegible]
oṃ	dzwala	dzwala	hūṃ	[hūṃ]③	phaṭ	bhyo	swāhā
oṃ	jvala	jvala	hūṃ		phaṭ	bhyo	svāhā
唵	嚩辢	嚩辢	吽		发（怛）	灭（舌上重）④	莎诃

F018—11 第八叶右面：

[illegible]	[illegible]	[illegible]	[illegible]	[illegible]
oṃ	ba dzra	dha rmā	hri	swāhā
oṃ	vajra	dharma	hrīḥ	svāhā
唵	末日啰（二合）	嗏呤麻（二合）	屹哩（二合）	莎（引）诃（引）

F018—11 第八叶左面—F018—12 第九叶右面：

---

① 西夏字“[illegible]”，保定经幢和居庸关石刻“尊胜陀罗尼”往往用于为梵文 bhe 或 be 对音，宝源译《胜相顶尊总持功能依经录》“陀罗尼”中对音汉字为“嚩”，此处用于与梵文 vai 对音恐怕是受藏传译经传统的影响，即梵文 v 一律译 b。实际上，早期汉译佛经 b、v 也往往不分，唐代密咒对音多用微母字与梵文 v 对音，如慧琳译音中梵文 vi 用汉字“尾”对音，但也有用并母字译 v 的情况，如：慧琳译音中梵文 licchava，对音为“栗呫婆”，va 对“婆”。因此，学者推测这一译法与梵语的读音有关。下文也有以藏文 b 译梵文 v 的情况，如梵文 vajra，藏文转写为 ba dzra。

② 藏文疑脱 ye 字，见北京版《藏文大藏经》第二卷，第 268 页，第三栏，第三行。

③ 藏文 hūṃ重言，疑有衍文，见北京版《藏文大藏经》第二卷，第 268 页，第三栏，第八行。

④ 梵文 bhyo 对音为“灭（舌上重）”，为真智等译《佛说大白伞盖总持陀罗尼经》中的译法，见《中华大藏经》第 71 册影印宋碛砂藏本。

[illegible]	[illegible]	[illegible]	[illegible]	[illegible]	[illegible]	[illegible]
oṃ	ka ra	ka ra	ku ru	ku ru	bandha	bandha
oṃ	kara	kara	kuru	kuru	bandha	bandha
唵	葛啰	葛啰	孤噜	孤噜	末舌齿嗦	末(舌齿)嗦

[illegible]	[illegible]	[illegible]	[illegible]
trā sa ya	trā sa ya	kṣo bha ya	kṣo bha ya
trasaya	trasaya	kṣobhya	kṣobhya
嘚啰（二合）萨也	嘚啰（二合）萨也	阏钵也（二合）	阏钵也（二合）

[illegible]	[illegible]	[illegible]	[illegible]	[illegible]	[illegible]	[illegible]	[illegible]
hrauṃ	hrauṃ	hraḥ	hraḥ	pheṃ	pheṃ	phaṭ	phaṭ
hroṃ	hroṃ	hraḥ	hraḥ	pheṃ	pheṃ	phaṭ	phaṭ
吃哴（二合祢）	吃啰（二合祢）	吃啰（二合）	吃啰（二合）	呲（没）	呲（没）	发(怛)	发(怛)

[illegible]	[illegible]	[illegible]	[illegible]	[illegible]	[illegible]①	[illegible]
da ha	da ha	ba tsa	ba tsa	bha kṣa	bha kṣa	bha sa ru dhi rā
daha	daha	paca	paca	bhakṣa	bhakṣa	bhasarudhir
嗦诃	嗦诃	钵拶	钵拶	末吃折	末吃折	末萨噜殢（哩二合）

[illegible]	[illegible]	[illegible]	[illegible]
ndra mā lā	bī līpi ni	gri han	gri han
nāndramala	vilaṃ- vini	grihan	grihan
捺啊(你)嘚啰（二合）麻辢	觅辢(没)觅尼	吃哩（二合）诃捺	吃哩（二合）诃捺

[illegible]	[illegible]	[illegible]	[illegible]
sa pta pa ta la	ga ta bhu dzanggā	sar ba	ta dzdza ya
saptapatala	gatabhujaxga	sarva	trijaya
萨不(怛)钵怛辢	遏怛末嘭(祢)遏	萨哩嚩	嘚哩（二合）嘭也

① 西夏字"[illegible]"未见于保定和居庸关"尊胜陀罗尼"，这里对译梵文 kṣa。此字又见《同音》。

[illegible]

ta dzdza ya　　ā ka ḍḍha ya　　ā ka ḍḍha[①]　　hrīṃ

trijaya　　agaḍḍhaya　　agaḍḍhaya　　hrīṃ

嘚哩（二合）嘇也　啊遏嘚（怛二合）也　啊遏嘚（怛二合）也　诃哩（二合祢）

[illegible]

hrīṃ　　dznyauṃ　　dznyauṃ　　kṣmaṃ　　kṣmaṃ

hrīṃ　　jñaṃ　　jñaṃ　　kṣamaṃ　　kṣamaṃ

诃哩（二合祢）谒娘（二合祢）谒娘（二合没）屹折（二合）麻(祢)　屹折（二合）麻(祢)

[illegible]

hāṃhāṃ　　hrīṃ　　hrīṃ　　hūṃ hūṃ　　ki li ki li　　shi li

hāṃhāṃ　　hrīṃ　　hrīṃ　　hūṃ hūṃ　　kili kili　　sili

含含　　诃哩（二合祢）　诃哩（二合祢）　吽　吽　　鸡哩鸡哩　　呬唎

[illegible]

shi li　tsi li　tsi li　dhi li　dhi li　hūṃ　hūṃ　phaṭ[②]　　swāhā

sili　cili　cili　dhili　dhili　hūṃ　hūṃ　phaṭ　phaṭ　svāhā

呬唎　至哩　至哩　殢哩　殢哩　吽　吽　发(怛)　发(怛)　莎诃

F018—13第十叶左面—F018—14第十一叶右面：

[illegible]

oṃ bra sa nām　　tā re[④]　　a mri ta mu khri　　a mri ta lo

oṃ prasanaṃ　　trema　　amṛtamu　　amṛtalo

唵　不啰（二合）萨捺　嘚哈（二合）麻　啊弥哩（二合）怛嗕　　啊弥哩（二合）怛罗

---

① 藏文疑脱 ya 字，见《藏文大藏经》第二卷，第 268 页，第五栏，第一行。

② phaṭ，藏文本原脱，见《藏文大藏经》第二卷，第 268 页，第五栏，第二行。

③ 此处原文无西夏字“[illegible]”，据藏文补。

④ 藏文疑脱 ma 字，见《藏文大藏经》第二卷，第 269 页，第一栏，第三行。

[illegible]	[illegible]	[illegible]	[illegible]	[illegible]
tsa ne	sar ba	artha sā dha ni	sar ba	satwa
cani	sarva	arthasadhani	sarva	sattva
拶你	萨嚩	啊哩达萨嗦你	萨嚩	萨咄

[illegible]	[illegible]	[illegible]	[illegible]	[illegible]
ba sha d①	ka ri stri	ba bu ru	ṣo	bārā dṇā no
vaśaṃ	griśri	paburu	ṣaṭ	parajano
斡折（称）	遏哩（二合）实哩（二合）	钵布噜	折怛	钵啰嘐诺

[illegible]	[illegible]	[illegible]	[illegible]
bā basham̩	ku ru	taṇ	swāhā
pabhaṣaṭ	kuru	taṇ	svāhā
钵末折怛	枯噜	怛（称）	莎诃

F018—15第十二叶左面：

[illegible]	[illegible]	[illegible]	[illegible]	[illegible]	[illegible]
oṃ	sarba	mo ha	ni tā re	tu ttā re tu re	sarba
oṃ	sarva	moha	nitare	tutare	sarva
唵	萨嚩	么诃	你怛呤	丁六怛呤	萨嚩

[illegible]	[illegible]	[illegible]	[illegible]
du ṣṭān	mo ha ya	mo ha ya	bha ga wa ti
duṣṭān	mohāya	mohāya	bhagavate
辂（切身）厮怛（二合你）	么诃也	么诃也	末遏斡帝

---

① 藏文 d 疑误，见《藏文大藏经》第二卷，第 269 页，第一栏，第三行。

[illegible]	[illegible]	[illegible][1]	[illegible]	[illegible]	[illegible]
sarba	dusṭa	nā ma	bandha	bandha[2]	hūṃ hūṃ hūṃ
sarva	tuṣṭan	namaḥ	bandhaya	bandhaya	hūṃ hūṃ hūṃ
萨嚩	丁六斯怛你	捺麻	末（你）嗏也	末（你）嗏也	吽　吽　吽

[illegible]	[illegible]	[illegible]	[illegible]
phaṭ	phaṭ	phaṭ	swāhā
phaṭ	phaṭ	phaṭ	svāhā
发(怛)	发(怛)	发(怛)	莎诃

F018—16第十三叶右面：

[illegible]	[illegible]	[illegible]	[illegible]	[illegible]	[illegible]	[illegible]	[illegible]
oṃ	hūṃ hūṃ	buddha	Buddha	khā da	khā da	tshin dha	
oṃ	hūṃ hūṃ	buddha	buddha	khadha	khadha	cchindha	
唵	吽　吽	目嗏	目嗏	伽嗏	伽嗏	秦嗏	

[illegible]	[illegible]	[illegible]	[illegible]	[illegible]	[illegible]	[illegible]
tshindha	dhuna	dhuna	matha	matha	baṃ dha	baṃ dha
cchindha	dhuna	dhuna	matha	matha	bandha	bandha
秦嗏	辂(切身)捺	辂(切身)捺	麻达	麻达	末(你)嗏	末(你)嗏

[[illegible]][3]	[illegible]	[illegible]	[illegible]	[illegible]	[illegible]
[a mu kaṃ a mu ke na sa ha bi dhe ṣa ya]	hūṃ	hūṃ	phaṭ	phaṭ	swāhā
	hūṃ	hūṃ	phaṭ	phaṭ	svāhā
[某甲及某甲愿分离]	吽	吽	发(怛)	发(怛)	莎诃

F018—16第十三叶左面：

---

① 西夏“[illegible]”字原脱，据藏文补。

② 藏文 bandha 后疑脱呼格标记 ya，见《藏文大藏经》第二卷，第 269 页，第三栏，第一行。

③ 此段西夏文义为“愿某甲及某甲分离”，非陀罗尼原有内容。

[illegible]	[illegible]	[illegible]	[illegible]
oṃ	pa tā[①]	pa tāni	swāhā
oṃ	patani	patani	svāhā
唵	钵怛你	钵怛你	莎诃

[illegible]	[illegible]	[illegible]	[illegible]
oṃ	dza mbhe ni	dza mbhe ni	swāhā
oṃ	jaṃbhani	jaṃbhani	svāhā
唵	嵺（没）末你	嵺（没）末你	莎 诃

[illegible]	[illegible]	[illegible]	[illegible]
oṃ	mo ha	mo ha ni	swāhā
oṃ	mahāni	mahāni	svāhā
唵	麻诃你	麻诃你	莎 诃

[illegible]	[illegible]	[illegible]	[illegible]
oṃ	staṃ bha	staṃ bha ni	swāhā
oṃ	staṃbhani	staṃbhani	svāhā
唵	斯怛（二合没）钵你	斯怛（二合没）钵你	莎诃

F018—17第十四叶右面：

[illegible]	[illegible][②][illegible]	[illegible][③]	[illegible]	[illegible]
oṃ	pa dā kri ma si	bar kri ma si	ūd ya ma si	ne ra ma si
oṃ	badākramasi	parakramasi[hṛ]	udayamasi	nairamasi
唵	把打吃（剌）马斯	巴啰吃（剌）马斯	呜打耶马斯	唏啰马斯

---

① 藏文疑脱 ni 字，见《藏文大藏经》第二卷，第 269 页，第四栏，第四行。

② 此处西夏字“[illegible]”(ra)，与藏文和梵文 da 均无法对应，疑误。按，此咒的汉字对音完全依照《密咒圆因往生集》中的“摩利支天母咒”，见《大正藏》卷四六，第 1012 页下栏。梵文转写依照林光明编修《新编大藏全咒》，台北：嘉丰出版社 2001 年版。

③ 西夏字“[illegible]”往往用于音写梵文 hṛ，对音汉字是“吃哩（二合）”，《密咒圆因往生集》“摩利支天母咒”中此处梵文无 hṛ 字。

[illegible]	[illegible]	[illegible][①]	[illegible]	[illegible][②]
ar ka ma si	mar ka ma si	ūr ma ma si	ba na ma si	gul ma ma si
arkamasi	markamasi	urmamasi	banāmasi	gulamamasi
哑（哩）骨马斯	马（哩）骨马斯	呜哩麻马斯	末捺马斯	古噜麻马斯

[illegible]	[illegible][③]	[illegible]	[illegible]
tsi ba ra ma si ma hā	tsi bar ma si	a na tar dha na ma si	swāhā
cībaramasi mahā	cibaramasi	andhardhanamasi	svāhā
啨巴啰马斯马合	执巴啰马斯	暗嗪捺呐马斯	莎诃

F018—20第十七叶右面：

[illegible]	[illegible]	[illegible]	[illegible]	[illegible]	[illegible]
oṃ	ma ṇi dha ri	ba dzri ṇi	ma hā	pra ti sa re	hūṃ
oṃ	maṇidhari	vajriṇi	mahā	pratiśari	hūṃ
唵	麻祢嗪哩	末日哩(二合)祢	麻诃	不啰(二合)帝萨呤	吽

[illegible]	[illegible]	[illegible]	[illegible]
hūṃ	phaṭ	phaṭ	swāhā
hūṃ	phaṭ	phaṭ	svāhā
吽	发（怛）	发（怛）	莎诃

[illegible]	[illegible]	[illegible]	[illegible]	[illegible]
oṃ	a mri ta	bi lo ka ni	ga rba saṃ	ra kṣi ni
oṃ	amṛta	avalokini	kṛpāsaṃ	rakṣaṇi
唵	啊没哩（二合）怛	啊斡逻机祢	遏（哩）钵萨（没）	啰屹折祢

---

① 西夏字“[illegible]”往往与梵文 ku 对音，此处用于对译 u，与例不合。

② 根据藏文、梵文以及《密咒圆因往生集》中“摩利支天母咒”的汉字对音，此处疑脱一西夏字。

③ 西夏字“[illegible]”一般用为梵文 bhi 或 vi 对音，《尊胜陀罗尼》中对音汉字为“觅”，此处与梵文 ba 对音，与例不合，同时对照相应的梵文和对音汉字，此字上似脱一字。

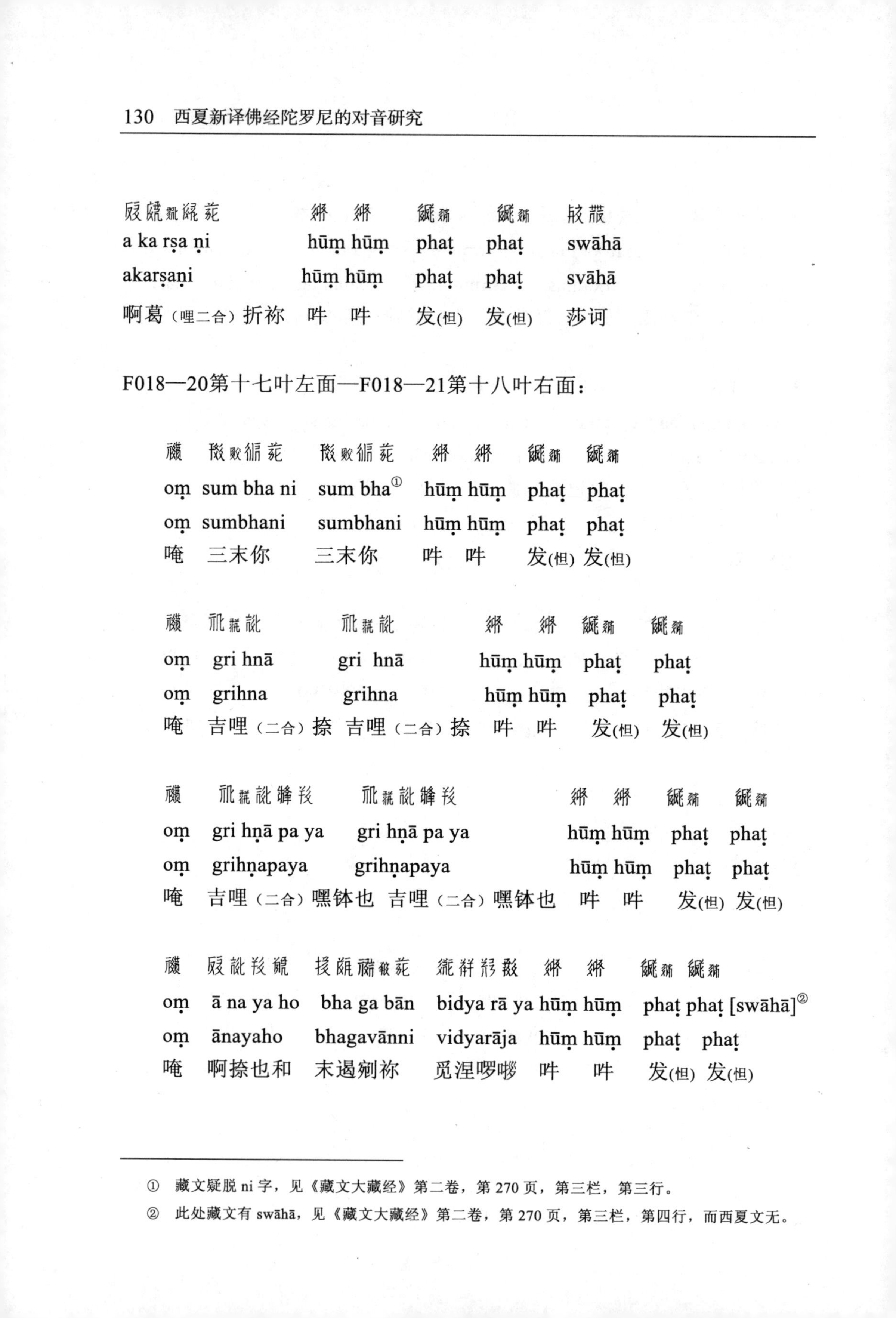

[illegible]

a ka rṣa ṇi hūṃ hūṃ phaṭ phaṭ swāhā

akarṣaṇi hūṃ hūṃ phaṭ phaṭ svāhā

啊葛（哩二合）折祢 吽 吽 发(怛) 发(怛) 莎诃

F018—20第十七叶左面—F018—21第十八叶右面：

[illegible]

oṃ sum bha ni sum bha[①] hūṃ hūṃ phaṭ phaṭ

oṃ sumbhani sumbhani hūṃ hūṃ phaṭ phaṭ

唵 三末你 三末你 吽 吽 发(怛) 发(怛)

[illegible]

oṃ gri hnā gri hnā hūṃ hūṃ phaṭ phaṭ

oṃ grihna grihna hūṃ hūṃ phaṭ phaṭ

唵 吉哩（二合）捺 吉哩（二合）捺 吽 吽 发(怛) 发(怛)

[illegible]

oṃ gri hṇā pa ya gri hṇā pa ya hūṃ hūṃ phaṭ phaṭ

oṃ grihṇapaya grihṇapaya hūṃ hūṃ phaṭ phaṭ

唵 吉哩（二合）嘿钵也 吉哩（二合）嘿钵也 吽 吽 发(怛) 发(怛)

[illegible]

oṃ ā na ya ho bha ga bān bidya rā ya hūṃ hūṃ phaṭ phaṭ [swāhā][②]

oṃ ānayaho bhagavānni vidyarāja hūṃ hūṃ phaṭ phaṭ

唵 啊捺也和 末遏剜祢 觅涅啰哕 吽 吽 发(怛) 发(怛)

---

① 藏文疑脱 ni 字，见《藏文大藏经》第二卷，第 270 页，第三栏，第三行。

② 此处藏文有 swāhā，见《藏文大藏经》第二卷，第 270 页，第三栏，第四行，而西夏文无。

F018—22第十九叶左面：

[illegible]	[illegible]	[illegible]	[illegible]
oṃ bra san tā re	a mri ta	lo tsa ni	sarba
oṃ prasanture	amṛta	locani	sarva
唵 不啰（二合）萨（你）丁六吟	啊没哩（二合）怛	逻拶你	萨嚩

[illegible]	[illegible]
a rthā sā dha ni	swāhā
arthāsādhani	svāhā
啊哩达萨嗦你	莎诃

F018—22 第十九叶左面：

[illegible]	[illegible]	[illegible]	[illegible]	[illegible]
oṃ	sar ba	mohā ni tā re	tu ttā re [tu re][1]	sar ba
oṃ	sarva	mahānitre	tuttre	sarva
唵	萨嚩	麻诃你怛吟（二合）丁六	怛吟（二合）	萨嚩

[illegible]	[illegible]	[illegible]	[illegible]
du ṣṭa na	mo ha [ya] mo ha [ya]	bha ga ba di	sar ba
duṣṭanaṃ	māha māha	bhagavate	sarva
丁各（切身）厮怛（二合）喃	麻诃麻诃	末遏斡帝	萨嚩

[illegible]	[illegible]	[illegible]	[illegible]	[illegible]	[illegible]	[illegible]
du ṣṭa ṇaṃ	bandha	bandha	hūṃ	hūṃ	phaṭ	swāhā
duṣṭanaṃ	bandha	bandha	hūṃ	hūṃ	phaṭ	svāhā
丁各（切身）厮怛（二合）喃	末(你)嗦	末(你)嗦	吽	吽	发(但)	莎诃

F018—25 第二十二叶右面—左面：

---

① 此处藏文有 tu re，见《藏文大藏经》第二卷，第 270 页，第五栏，第一行，而西夏文无。

[illegible]
oṃ e hye hi ma hā de bi pri thbi lo ka mā① ta re sar ba
oṃ ehyehi mahādeve prithiviloka mahātare sarva
唵 嗢形兮 麻诃宁觅 布哩（二合）提觅逻葛 麻诃怛呤 萨嚩

[illegible] □□□ [illegible]
rat na saṃ bu ṇe di pya alaṃ ka ra pu ṣi te hā rnū pū ra ni rgho she
ratnasaṃburṇedhibhyaḥ alaṃkara budhaṣite hārnūbusuranirghośe
啰捺萨（没）布（哩）你瓕辟 啊辣（没）葛啰 目怛石帝 诃（哩）努目苏啰你（哩）匡世

[illegible] □□ [illegible]
badzra sātwa pra pūdzate gritī tā idaṃ
vajrasattva prabujate gritīdā idaṃ
末日啰（二合）萨咄 不啰（二合）目嘐帝 吉哩（二合）帝嵘 嗢嵘没

[illegible]
arga hoṃ kar ma su sa dha ye ta hrī hī hī hī būṃ swāhā
argamhoma karma susadhayet hrḥ hī hī hī bāṃ svāhā
啊（哩）遏（没）和麻 葛（哩）麻 苏萨达英（怛） 屹哩（二合）兮 兮 兮 末（没）莎诃

F018—27 第二十四叶右面：

[illegible]
[oṃ]ehye hi mahā bhū ta de ba ri ṣi dwa di san ta [gri]② hī tā [ma hā]
[oṃ]ehyehi mahābuddha depariśiddhe disata matrehitva
[唵] 嗢形兮 麻诃目怛 宁钵哩石瓕 瓕萨怛 麻怛呤(二合)兮咄

① 藏文疑脱 hā 字，见《藏文大藏经》第二卷，第 271 页，第三栏，第一行。

② 此咒由此以下有些西夏字对音与藏文对应不上，见《藏文大藏经》第二卷，第 271 页，第五栏，第二行。

[illegible]	[illegible]	[illegible]	[illegible]
hu ti	[1]ra	sā smin	sanin hi to bha ba
ahuti	ahara	asmin	sanihitobhava
啊呼帝	啊诃啰	啊斯弥（二合你）	萨你兮多末斡

[illegible]	[illegible]	[illegible]	[illegible]	[illegible]	[illegible]
oṃ	agne	dī bya	dī bya a	bi shu	mahā shrī ye
oṃ	agneni	dhibhyaḥ	dhibhyaḥ	viśoddhe	mahāśrīya
唵	啊遏你（二合）祢	殢辟	殢辟	觅商嗱	麻诃石哩（二合）也

[illegible]	[illegible]	[illegible]
ha bya	ka bya bā ha na ya	swāhā
habhyaḥ	kabhyaḥbhāhanaye	svāhā
诃辟	葛辟末诃捺英	莎诃

F018—34 第三十一叶右面：

[illegible]	[illegible]	[illegible]	[illegible]	[illegible]
oṃ	ba dzara	ḍā ki nī	a mu ka sya[3]	ra kta mā
oṃ	vajra	ḍākinī	amukatya	ragatāṃ
唵	末日啰（二合）	嗱鸡你	啊么葛怛（上腭）	啰遏怛(没)

[illegible]	[illegible]	[illegible]
ra kṣa [4]ya	hūṃ	phaṭ
rakṣakriṣaya	hūṃ	phaṭ
啰折葛哩折也	吽	发(怛)

---

① 藏文疑脱 aha 二字，见《藏文大藏经》第二卷，第 271 页，第五栏，第二行。

② 西夏字“[illegible]”读音为“斡”，与藏文和梵文对应不上，疑误。

③ 此处藏文 sya 所对应的西夏字为 tya，藏文疑误，见《藏文大藏经》第二卷，第 273 页，第二栏，第五行。

④ 此处藏文无 kriṣa，见《藏文大藏经》第二卷，第 273 页，第二栏，第五行。

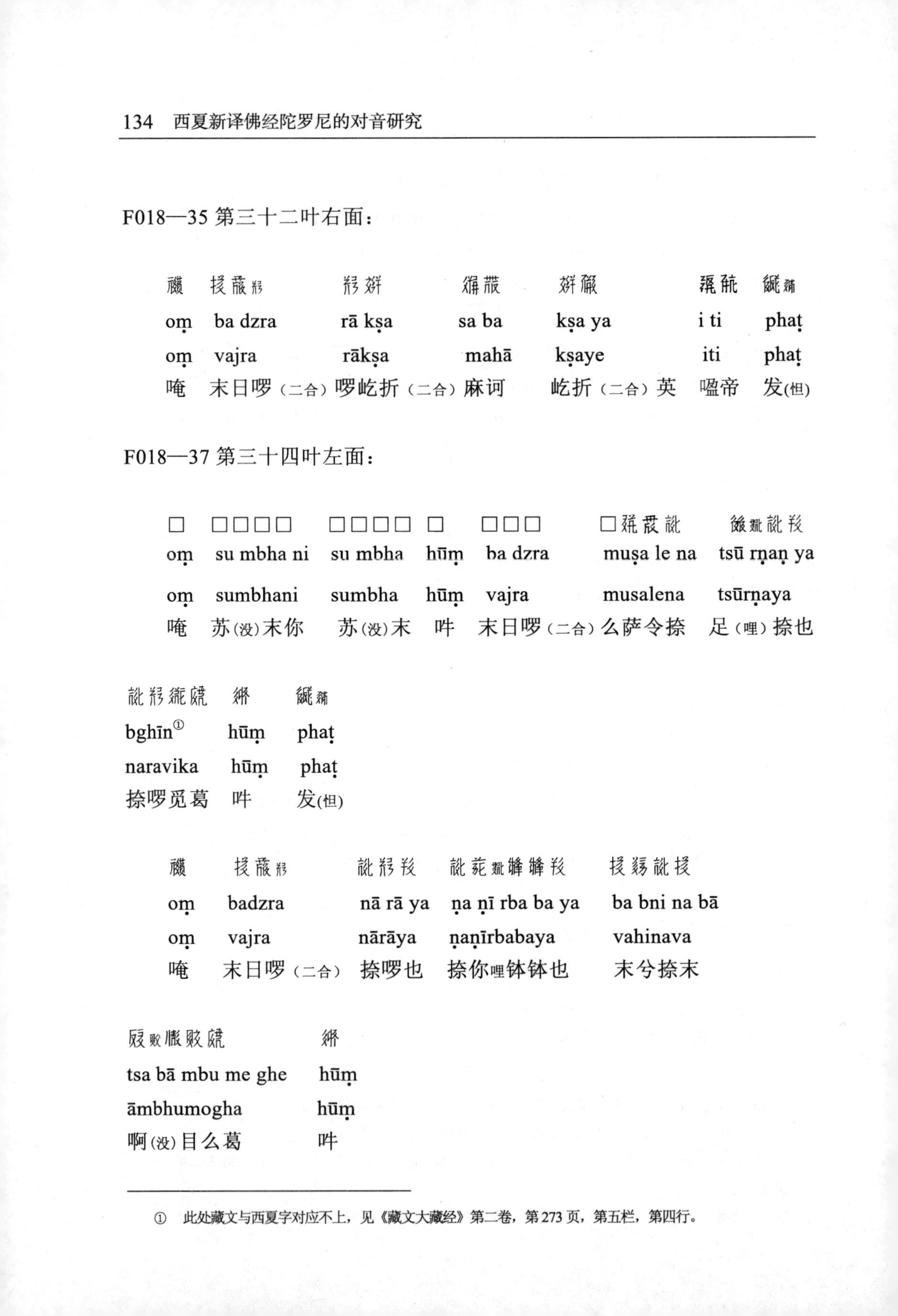

F018—35 第三十二叶右面：

[illegible]	[illegible]	[illegible]	[illegible]	[illegible]	[illegible]	[illegible]
oṃ	ba dzra	rā kṣa	sa ba	kṣa ya	i ti	phaṭ
oṃ	vajra	rākṣa	mahā	kṣaye	iti	phaṭ
唵	末日啰（二合）	啰屹折（二合）	麻诃	屹折（二合）英	嚧帝	发(怛)

F018—37 第三十四叶左面：

□	□□□□	□□□□	□	□□□	□[illegible]	[illegible]
oṃ	su mbha ni	su mbha	hūṃ	ba dzra	muṣa le na	tsū rṇaṇ ya
oṃ	sumbhani	sumbha	hūṃ	vajra	musalena	tsūrṇaya
唵	苏(没)末你	苏(没)末	吽	末日啰（二合）	么萨令捺	足（哩）捺也

[illegible]	[illegible]	[illegible]
bghīn①	hūṃ	phaṭ
naravika	hūṃ	phaṭ
捺啰觅葛	吽	发(怛)

[illegible]	[illegible]	[illegible]	[illegible]	[illegible]
oṃ	badzra	nā rā ya	ṇa ṇī rba ba ya	ba bni na bā
oṃ	vajra	nārāya	ṇaṇīrbabaya	vahinava
唵	末日啰（二合）	捺啰也	捺你哩钵钵也	末兮捺末

[illegible]	[illegible]
tsa bā mbu me ghe	hūṃ
āmbhumogha	hūṃ
啊(没)目么葛	吽

① 此处藏文与西夏字对应不上，见《藏文大藏经》第二卷，第273页，第五栏，第四行。

F018—38 第三十五叶左面：

[illegible]	[illegible]	[illegible]	[illegible]
oṃ	mahāsuka	badzre te dza[1]	hūṃ
oṃ	mahāsukya	vajratiṣṭha	hūṃ
唵	麻诃苏伽	末日啰（二合）帝实怛（二合）	吽

F018—39 第三十六叶左面：

[illegible]	[illegible]	[illegible]	[illegible]	[illegible]	[illegible]
oṃ	tsan dra	a rka mā	tsa la mā	tsa la	ti ṣṭha
oṃ	candra	arkama	calama	cala	tiṣṭha
唵	拶祢怛啰（二合）	啊哩葛麻	拶辣麻	拶辣	帝实怛（二合）

[illegible]	[illegible]	[illegible][2]	
ti ṣṭha he	ba dzra ya[3]		[swāhā]
tiṣṭha he	vajraya	phaṭ	[svāhā]
帝实怛（二合）形	末日啰（二合）也	发（怛）	[莎诃]

[illegible]	[illegible]	[illegible]	[illegible]	[illegible]	[illegible]
oṃ	ba dzra	kartta ri	he	ba dzrā ya	swāhā
oṃ	vajra	artari	he	vajrāya	svāhā
唵	末日啰（二合）	啊（哩）怛呤	形	末日啰（二合）也	莎诃

F018—40第三十七叶右面：

---

① 此处藏文与梵文对应不上，见《藏文大藏经》第二卷，第274页，第二栏，第一行。

② 据藏文和梵文，此后西夏文当有“[illegible]”。

③ 藏文无 phaṭ，见《藏文大藏经》第二卷，第 274 页，第二栏，第七行。

[illegible] [illegible] [illegible] [illegible] [illegible]
oṃ ba dzra kuḍtha ra sphāṭaya sphāṭaya
oṃ vajra kuḍthara spāṭaya spāṭaya
唵 末日啰（二合） 孤达啰 斯菩（二合）怛也 斯菩（二合）怛也

[illegible] [illegible]
phaṭ [phaṭ][①] swāhā
phaṭ phaṭ svāhā
发(怛) 发(怛) 莎诃

F018—40第三十七叶右面—左面：

[illegible] [illegible] [illegible] [illegible] [illegible] [illegible] [illegible]
oṃ ghu ru ghu ru ghu ṭa ghuṭa[②]
oṃ ghuru[③] ghuru ghuḍu ghuḍu ghudhya ghudhya
唵 唔噜 唔噜 唔㗨（切身） 唔㗨（切身） 唔涅 唔涅

[illegible] [illegible]□□ □□ □□□ □□□ [illegible] [illegible]
sha ma sha ma gha ṭa gha ṭa gho ṭa ya gho ṭa ya a nā nta kṣo bha ka rā ya
sama sama ghaṭa ghaṭa ghoṭaya ghoṭaya anantakṣobha karaya
萨麻 萨麻 遏怛 遏怛 匡怛也 匡怛也 啊捺你怛阏钵 葛啰也

□□□□□□ □□ □□ □□ □□□□□ [illegible] [illegible][④][illegible]
nā gā dhi pa ta ye hehe ru ru kaṃ subta bāta la gta nan gā nān
nāgādhipataye hahe ruru kaṃ sapatapāya [kabatala][⑤] gatānanagānā
捺遏殢钵怛也 诃兮 噜噜 葛（没）萨钵怛钵也 葛钵怛辣 遏怛捺遏捺

① 此处藏文有 phaṭ，见《藏文大藏经》第二卷，第 274 页，第三栏，第二行。

② 此处藏文较梵文和西夏文少 ghudhya ghudhya，见《藏文大藏经》第二卷，第 274 页，第三栏，第七行。

③ 按，此咒的梵文据宋法护《佛说大悲空智金刚大教王仪轨经》拟定，见《大正藏》卷一八，第 589 页上栏。

④ 对照梵文，西夏疑脱一“[illegible]”字。

⑤ 据宋法护《佛说大悲空智金刚大教王仪轨经》，此处梵文无 kabatala。

[illegible]	[illegible]	[illegible]	[illegible]	[illegible]	[illegible]	[illegible]	[illegible]
kar ṣa ya	bar ṣa ya	gardza ya	tar dza ya	phūḥ	phūḥ	phūḥ	phūḥ
karṣaya	barṣaya	garjaya[1]	tarjaya	phūḥ	phūḥ	phūḥ	phūḥ
啊葛（哩）折也	啊葛（哩）折也	怛哩嗲也	怛哩嗲也	扑	扑	扑	扑

[illegible]	[illegible]	[illegible]	[illegible]	[illegible]	[illegible]	[illegible]	[illegible]	[illegible]	[illegible]	[illegible]
phūḥ	phūḥ	phūḥ	phūḥ	hūṃ	hūṃ	hūṃ	phaṭ	phaṭ	phaṭ	swā hā
phūḥ	phūḥ	phūḥ	phūḥ	hūṃ	hūṃ	hūṃ	phaṭ	phaṭ	phaṭ	svāhā
扑	扑	扑	扑	吽	吽	吽	发(怛)	发(怛)	发(怛)	莎诃

[illegible]	[illegible]	[illegible]	[illegible]	[illegible]	[illegible]	[illegible]
oṃ	ta rdza ya	ta rdza ya	shma shā na	pri yā ya	phaṭ	swā hā
oṃ	tarjaya	tarjaya	samasana	priyaya	phaṭ	svāhā
唵	怛(哩)嗲也	怛（哩）嗲也	萨麻萨捺	布哩（二合）嗲也	发(怛)	莎诃

第四节　从梵夏对音看西夏语的语音系统

一　梵夏对音的标音用字规则

西夏时期夏汉对音中标音汉字的使用严格遵循了当时佛学界约定的规范。通过对现存西夏文陀罗尼梵夏对音用字的分析，我们了解到用西夏字音写梵文陀罗尼时所依从的对音规则是梵汉对音规范的翻版，因此，我们可以依照梵汉对音规律来总结梵夏对音规律，切分西夏字所对应的梵文音节，从而分析和解释西夏字所代表的实际语音。

概言之，西夏时期用西夏字为梵文陀罗尼标音的用字规则有以下几种：

1. 为梵文陀罗尼译音大多使用原有西夏字，只有遇到西夏语里没有的音时，才自造一些专用译音字。我们知道，《文海》中收录了许多专

① 此处藏文和梵文同，均为 garjaya，唯西夏字对译的是 tarjaya。

门用于对译梵咒的译音字，但在《吉祥遍至口合本续》中大部分未见使用，如：

□（la），《文海》26.141 注："真言中用。"可以认为是为梵文 la 而造的译音字，而《本续》卷四第七叶左面有"□□"（jvala），[①] 其中与 la 对音的却是"□"。

□（bu/bhu），《文海》65.132 注："经典真言中用之谓。"也是对译梵文的译音字，而《本续》卷四第九叶右面有"□□□□□□"（gatabhujaṅga），第十一叶右面有"□□□"（paburu），其中与 bu/bhu 对音的却是"□"。[②]

2. 表示梵语中的复辅音声母用两个西夏字，并把其中后一西夏字小写，与汉译密咒加注"二合"的形式相当，如：□□对应梵文 jra；□□对应梵文 gri；□□对应梵文 mṛ-。

3. 在基本西夏字后加注"□"表示梵文的长元音，相当于汉字"引"，如□□□□对应梵文 svāhā，□□对 svā、□□对 hā；□□□□对应梵文 tadyathā，□□对 thā。

4. 梵文中-n、-ṃ、-ṇ、-ṭ、-r 收尾的音节分别用小字□、□、□、□、□来表示，如：□□对应梵文 ban；□□对应梵文 pheṃ；□□□对应梵文 hrīṇ；□□对应梵文 phaṭ；□□对应梵文 sar。

5. 个别西夏语中没有的梵文音节用新造西夏字对音，如：□对梵文 kya；□对梵文 oṃ；□对梵文 hūṃ；□对梵文 ā；□对梵文 ī；□对梵文 ū；□对梵文 au；□对梵文 ai；□对梵文 aḥ，等等。这些字《文海》大部分收在"杂类"中，并表明"经典真言中用" 或"是梵语"，例如：[③]

□　[岂]圈[迦]左　此者梵语字母中用。

□　（音）左（诏）全　此者经典真言中用，梵语是也。

□　（心）左[勿]右　此者经典真言中用，梵语是也。

□　[阿]左（长）左　此者[阿哑]谓，梵语是。

---

① 宁夏文物考古研究所编著：《拜寺沟西夏方塔》，文物出版社 2005 年版，第 43 页。

② 同上书，第 44、45 页。

③ 汉译文据史金波、白滨、黄振华《文海研究》，中国社会科学出版社 1983 年版，第 437、542、554、555 页。

[illegible]　[依]左（长）左　此者[依依（引）]谓，梵语是。

[illegible]　[乌]左（长）左　此者[乌邬（引）]谓，梵语是。

[illegible]　[阿]左（长）左　此者[阿嗃]谓，梵语是。

[illegible]（犊）之（呼）右　此者呼唤犊用声是，又梵语，[暎嗦(引)]谓。

[illegible][依]左[哈]右　此者安哑谓，梵语是。

二　从标音规则看西夏语的语音特点

根据梵夏对音用字规则，我们可以首先明确西夏语中下面几个语音特点：

（一）没有长短元音的对立

首先我们知道，梵文是可以明确区分长短元音的，如果西夏语中有长短元音的对立，那么梵文长短元音的区别就会和西夏大小循环韵形成严格的对应，然而我们看到，经咒中的梵文长元音是用一种特别的方式表示的，即在基本西夏字后加注一个略小的“[illegible]”，相当于汉字“引”，如：

[illegible]	ā	āhara [illegible]
[illegible]	bhā	avabhāsa [illegible]
[illegible]	bhū	bhūta [illegible]
[illegible]	pū	paripūraṇi [illegible]
[illegible]	pā	pāramitā [illegible]
[illegible]	dā/dhā	sadā [illegible]；buddhāya [illegible]
[illegible]	dhe	pariśuddhe [illegible]
[illegible]	tā	tathagatā [illegible]
[illegible]	thā	tadyathā [illegible]
[illegible]	hā	mahā [illegible]
[illegible]	kā	kāyasaṃhatana [illegible]
[illegible]	mā	samā [illegible]

其次，在《文海杂类》的第一九叶末和第二〇叶开头收录了几个古怪的西夏字，下面是这几个字在《文海》中的相关说解之汉译以及释智译《圣妙吉祥真实名经》与梵文的对应情况：

《文海》	对应梵文	《圣妙吉祥真实名经》的梵汉对音
𗂧（杂 19.262）：[阿]左（长）左　此者[阿哑]谓，梵语是。	ā	ā 阿（长呼）
𗂨（杂 19.271）：[依]左（长）左　此者[依依（引）]谓，梵语是。	ī	ī 倚（引）
𗂩（杂 19.272）：[乌]左（长）左　此者[乌邬（引）]谓，梵语是。	ū	ū 邬（引）
𗂪（杂 20.111）：[阿]左（长）左　此者[阿嗃]谓，梵语是。	au	au 嗃

很明显，这几个西夏字是专门为了音译梵文长元音而硬造出来的，西夏人用“长”字的一部分加在读若 a、i、u、o 的西夏字上来比况梵文的 ā、ī、ū、au，这种造字方式本身暗示着西夏语没有长元音。

此外我们知道，在西夏时期，无论是夏汉对音还是梵汉对音，其标音汉字的使用都严格地遵循了当时佛学界约定的规范，同时，用西夏字音写梵文陀罗尼时所依从的对音规则也是这种规范的翻版，《掌中珠》的汉字注音体例同样秉承了唐代以来密咒译音的传统，而《掌中珠》中没有出现在对音汉字后加注“引”来标定西夏字音的情况，似可为西夏语中没有长、短元音对立的结论提供旁证。

（二）没有-n、-m、-ŋ、-t、-r 等韵尾

梵夏对音中，梵文中的-n、-ṃ、-ṇ、-ṭ、-r 收尾的音节分别用小字𗐱、𗐲、𗐳、𗐴、𗐵来表示，举例如下：

[illegible]	an	nāndramala [illegible]
[illegible]	ban	bandhaya [illegible]
[illegible]	can	candra [illegible]
[illegible]	ṭān	duṣṭān [illegible]
[illegible]	min	asmin [illegible]
[illegible]	nan	anantakṣobha [illegible]
[illegible]	san	prasanture [illegible]
[illegible]	vān	bhagavānni [illegible]
[illegible]	ām	āmbhumogha [illegible]
[illegible]	gam	argamhoma [illegible]
[illegible]	sum	sumbhani [illegible]
[illegible]	bāṃ	bāṃ [illegible]
[illegible]	daṃ	idaṃ [illegible]
[illegible]	taṃ	staṃbhani [illegible]
[illegible]	naṃ	duṣṭanaṃ [illegible]
[illegible]	pheṃ	pheṃ [illegible]
[illegible]	jaṃ	jaṃbhani [illegible]
[illegible]	laṃ	vilaṃ [illegible]
[illegible]	saṃ	saṃburṇedhibhyaḥ [illegible]
[illegible]	tāṃ	ragatāṃ [illegible]
[illegible]	laṃ	alaṃkara [illegible]
[illegible]	maṃ	kṣamaṃ [illegible]
[illegible]	ñaṃ	jñaṃ [illegible]
[illegible]	rīṃ	hrīṃ [illegible]
[illegible]	roṃ	hroṃ [illegible]
[illegible]	saṃ	kṛpāsaṃ [illegible]
[illegible]	śaṃ	vaśaṃ [illegible]
[illegible]	taṇ	taṇ [illegible]
[illegible]	jaṅ	gatabhujaṅga [illegible]
[illegible]	phaṭ	phaṭ [illegible]

续表

[illegible]	yet	susadhayet [illegible]
[illegible]	ar	arkamasi [illegible]
[illegible]	bur	saṃburṇedhibhyaḥ [illegible]
[illegible]	dhar	andhardhanamasi [illegible]
[illegible]	dhir	bhasarudhir [illegible]
[illegible]	kar	karma [illegible]
[illegible]	nir	suranirghośe [illegible]
[illegible]	sar	sarva [illegible]
[illegible]	cūr	cūrṇaya [illegible]
[illegible]	var	vartaya [illegible]

上述情况说明，西夏语中没有以-n、-m、-ŋ、-t、-r 收尾的音节。

也有几个例外的情况，即梵文中-m、-n 收尾的音节对音不特别用加小字[illegible]、[illegible]来表示，如：

[illegible]	can	abhiṣiñcantu [illegible]
[illegible]	chin	chindha [illegible]
[illegible]	man	mantra [illegible]
[illegible]	man	mantra [illegible]
[illegible]	hāṃ	hāṃ [illegible]
[illegible]	saṃ	kāyasaṃhatana [illegible]

值得注意的是，上述这些西夏字往往同时用于译音和汉语姓氏、地名、借词当中，如：“[illegible]”、“[illegible]”、“[illegible]”，同属《文海》第二十四韵，“[illegible]”似为汉语“满”的借字，“[illegible]”应是汉字“憨”的借字，“[illegible]”上一个字是“[illegible]”，释为：“此者族姓地名汉之谓也。”“[illegible]”《文海》解释为：“此者族姓地名[三]之谓也。”① 此前学界一般都认为《文海》第二十四

① 史金波、白滨、黄振华：《文海研究》，中国社会科学出版社 1983 年版，第 440 页。

韵有辅音韵尾，西田龙雄拟为 an，① 黄振华拟为 an、uan，② 从所收字多用于表示汉语姓氏、地名来看，《文海》第二十四韵大部分为汉语借词。而上述与梵文-m、-n 尾音节对音多采用在开音节后加注“[illegible]”、“[illegible]”的手段，只是个别音节用经常表示汉语姓氏、地名的借字，说明辅音韵尾-m、-n 并非西夏语所固有，只是在与汉语河西方音的长期接触中，逐渐借用了汉语中的个别词语，而且从《文海》二十四韵所收字中既有汉语臻、山韵，又有深、咸韵的情况来看，当时河西方音的大部分-m 尾字已经并入-n。这与我们研究西夏遗存梵汉对音资料所得出的结论基本吻合。

（三）没有 pr-、sr-、st-等复辅音声母

对照西夏宝源等新译汉文密咒中的对音用字，我们很容易了解到《掌中珠》中的汉夏对音实际上严格遵循了当时佛学界约定的用字规范，而这种规范同样是秉承了传统密咒的译音体例，如为来母字加“口”旁用以比况颤舌辅音 r-，等等。宝源等所译陀罗尼中一般用加注“二合”表示用两个汉字对译梵文带复辅音声母的一个音节，如“厮啰（二合）”对应梵文 sra，这与唐代以后形成的传统的梵汉对音体例一致。而《掌中珠》中为西夏字注音的汉字没有采用这种加注“二合”表示复辅音的对音体例，似可说明西夏语中没有此类复辅音声母。

当遇到梵文密咒中的复辅音时，西夏习惯用“大字加小字”的方法来对译，这有些像汉译佛经传统上的“二合”，例如：《吉祥遍至口合本续》卷四第十叶左面：梵文 prasanaṃ，对音为“[illegible]”，以“[illegible]”对 pra；③ 第十三叶左面：梵文 staṃbhani，对音为“[illegible]”，以“[illegible]”对 sta，等等。④

三 从梵夏对音看西夏语的语音特点

通过整理西夏文经典中的梵夏对音，我们可以得到用于对音的西夏字及其所对应的梵文音，从而归纳出西夏语的辅音音类：

① 西田龙雄：《西夏语韵图“五声切韵”の研究》（上），《京都大学文学部研究纪要》第 20 号，第 91—147 页，1981 年，史金波译文见《民族语文研究情报资料集》第 5 集，第 102—117 页，1985 年。

② 黄振华拟音见史金波、白滨、黄振华《文海研究》，中国社会科学出版社 1983 年版，第 125 页。

③ 《拜寺沟方塔》，图版 F018—13 左面，文物出版社 2005 年版，第 44 页。

④ 《拜寺沟方塔》，图版 F018—16 右面，文物出版社 2005 年版，第 46 页。

（一）梵夏对音规律 [1]

k:k/kh[2]	kh:kh	g:g/k	gh:g/k	
c:ts	ch:tsh	j:dz		ñ:n
ṭ:t	ṭh:th	ḍ: d	ḍh:t	ṇ:n
t:t	th:th	d:d/t	dh:d/t	n:n
p:p	ph: ph/b	b:b/p	bh:b/p	m:m
y:y	r:r	l:l	v:b/w/·w	ś: ś
ṣ: ś/s	s:s	h:x	kṣ:kh	

（二）梵夏对音举例（括号内为西夏字拟音）

k-　ka [illegible]（kjạ）/kya [illegible]（khja̱）　　kh-　kha [illegible]（khja̱）

g-　ga [illegible]（gja）　　gh-　gho [illegible]（go）/ gha [illegible]（kja̱）

c-　ca [illegible]（tsja）　　ch-　chin [illegible]（tshji）

j-　ja [illegible]（dzja）　　ñ-　ña [illegible]（niow）

ṭ-　ṭa [illegible]（tja）　　ṭh-　ṭhā [illegible]（tha）

ḍ-　ḍu [illegible]（dju）　　ḍh-　ḍha [illegible]（tja）

ṇ-　ṇa [illegible]（nja）　　t-　ta [illegible]（tja）

th-　tha [illegible]（tha）　　d-　de [illegible]（djij）/da [illegible]（tja）

dh-　dha [illegible]（dja̱）/dha [illegible]（tjɨ）　　n-　na [illegible]（nja）

p-　pa [illegible]（pja）　　ph-　pha [illegible]（phja）/phu [illegible]（bo̱）

b-　ba [illegible]（bja）/bu [illegible]（pu）　　bh-　bha [illegible]（bja）/bu [illegible]（pu）

m-　ma [illegible]（mja）　　y-　ya [illegible]（·ja）

r-　ra [illegible]（rjar）　　l-　la [illegible]（lja）

v-　va [illegible]（bja）/va [illegible]（war）/va [illegible]（wa）

ś-　śa [illegible]（śja）　　ṣ-　ṣa [illegible]（śja）/ṣ-[illegible]（sjɨ）

s-　sa [illegible]（sja）

h-　ha [illegible]（xa）　　kṣ-　kṣa [illegible]（khja）

---

① 此表中冒号左面一行是梵文字母，右边是西夏字所属声类，本书西夏字拟音据李范文《夏汉字典》，中国社会科学出版社 1997 年版。

② 西夏文 kh-与梵文 k-相对的只有一例，即西夏文[illegible]（khja̱）与梵文 kya 对音。

（三）对音讨论

迄今为止，已有索弗洛诺夫、西田龙雄、王静如、李新魁、龚煌城、李范文、黄振华、聂鸿音、荒川慎太郎等多个学者对西夏语的声类系统提出过自己的构拟方案或看法，随着西夏语音资料的大量刊布和研究，可以说学界对西夏语声类的构成形式和拟定已经基本清晰，存在争议的只是个别声母。这方面的研究情况聂鸿音在《西夏语比较研究》第二章“语音比较”中已经详细地回顾过，[①] 此章的最后，聂鸿音在梳理前人研究结果的基础上还为我们提供了一个西夏语声母表，尽管此表与藏文字母表惊人地相似，但确实是反复印证西夏遗存资料的结果，基本已为西夏学界所认可。为了便于比较，我们把此表抄录如下：

k	kh	g	ŋ
tɕ	tɕ h	dʑ	ȵ
t	th	d	n
p	ph	b	m
ts	tsh	dz	w
ʑ	z	ɣ	j
r	l	ɕ	s
x	ʔ		

对照上述梵夏对音规律，我们可对下面几项与西夏语声类相关的情况加以梳理：

1. 梵夏对音中没有出现西夏语拟音为[dʑ]、[ʑ]、[z]、[ɣ]等声类的字大概是因为梵文里恰好没有这些音

2. 西夏语读若 tsa、tsha 的齿头音与梵文 ca、cha 相对应

[illegible]（tsja） 对梵文 ca，如：calama [illegible]

[illegible]（tsji）对梵文 ci，如：cili [illegible]

① 李范文主编：《西夏语比较研究》，宁夏人民出版社 2004 年版，第 19—49 页。

[illegible]（tsow）对梵文 co，如：sañcodite [illegible]

[illegible]（tsju）对梵文 cū，如：cūrṇaya [illegible]

[illegible]（tshji）对梵文 chin，如：cchindha [illegible]

此外，此前西夏语拟音为 s-的齿头音与梵文 s-对音，如：

[illegible]（sja）对梵文 sa/sar/sat/sañ，如：trasaya [illegible]、sarva [illegible]、sattva [illegible]、sañcodite [illegible]

[illegible]（sã）对梵文 saṃ，如：saṃhatana [illegible]

[illegible]（sjɨ）对梵文 s-，如：asmin [illegible]

[illegible]（sji）对梵文 si，如：sili [illegible]

[illegible]（sju）对梵文 su，如：mahāsukya [illegible]

[illegible]（swa）对梵文 sva，如：svāhā [illegible]

例外有：

[illegible]（sjɨ）对梵文 ṣ-，如：duṣṭān [illegible]

按照唐代梵汉对音传统，梵文 c 类用汉语精组字对音，如慧琳《一切经音义》中梵文 ca 用精母“左”、cha 用清母“瑳”、sa 用心母“娑”对音。[①] 西夏新译佛经中的梵汉对音与之基本相同，用精、从、心母字分别与梵文 c、ch、s 对音，如：梵文 ca 对精母“拶”、che 对从母“齐”、sa 对心母“萨”，等等。

此前各家拟音中对西夏语中齿头音 c、ch、s 的拟定基本没有疑义，梵夏对音中用第六品齿头音与梵文 c、ch、s 对音为此提供了有力的支持。

3. 西夏语正齿音读如tɕ、tɕh

（1）梵夏对音中用《同音》中属于第三品舌头音的西夏字与梵文中分属 t-、 th-和 ṭ-、ṭh-类的音节对音，如：

[illegible]（tja） 与梵文 ta/ṭa/ṭha/da/ḍha 对音，kabatala [illegible]、spāṭaya [illegible]、vajratiṣṭha [illegible]、udayamasi [illegible]、agaḍḍhaya [illegible]

[illegible]（tha）与梵文 tha/ṭha 对音，matha [illegible]、kuḍṭhara [illegible]

① 聂鸿音：《慧琳译音研究》，《中央民族学院学报》1985 年第 1 期。

[illegible]（tja）与梵文 ta/ṭa/dha 对音，tathāgata　[illegible]、visphuṭa　[illegible]、buddha　[illegible]

[illegible]（dju）与梵文 du/ḍu 对音，duṣṭān　[illegible]、ghuḍu　[illegible]

[illegible]（thji）与梵文 thi/ṭhi 对音，prithiviloka　[illegible]、pratiṣṭhite　[illegible]

[illegible]（tji）与梵文 ṭi 对音，koṭi　[illegible]

（2）用《同音》中第七品正齿音中的西夏字与梵文 ś、ṣ 对音，如：

[illegible]（śjṳ）对梵文 śud，viśuddhe　[illegible]

[illegible]（śjwar）对梵文 śvā，śvāsayantu　[illegible]

[illegible]（śjɨ）对梵文 ś-，raśmi　[illegible]

[illegible]（śji）对梵文 ś/śid/śi，mahāśrīya　[illegible]、pariśiddhe　[illegible]、viśiṣṭāya　[illegible]

[illegible]（śja）对梵文 śa，vaśaṃ　[illegible]

[illegible]（śjij）对梵文 śe，ghośe　[illegible]

[illegible]（śjwo）对梵文 śo，śodhaya　[illegible]

[illegible]（śja）对梵文 ṣa/ṣaṭ，akarṣaya　[illegible]、ṣaṭ　[illegible]

[illegible]（śjɨ）对梵文 ṣ-，adhiṣṭhāna　[illegible]

[illegible]（śji）对梵文 ṣi /ṣe，budhaṣite　[illegible]、abhiṣekair　[illegible]

按照唐代梵汉对音传统，梵文 t 类用端组字对音，梵文 ṭ 类用知组字对音，而 ś 用审母字、ṣ 用山母字对音，如慧琳《一切经音义》中梵文 ta 对端母字“多”、tha 对透母字“他”、梵文 ṭa 对知母字“吒”、ṭha 对彻母字“姹”、śa 对书母字“舍”、ṣa 对山母字“洒”。[①]

西夏时期新译密咒的梵汉对音所呈现的规律与之不同，与梵文 t-、ṭ-类对音混用端组字，分别用端、定母字与梵文 t/ṭ 和 th/ṭh 对音，如：端母字“丁”对梵文 te 、“怛”对 ṭa、定母字“达”对 tha、“提”对 ṭhi，等等。此外，西夏新译密咒中往往混用书、禅母字与梵文 ś、ṣ 对音，如：书母字“商”对 śo、“舍”对 śa、书母字“伸”对 ṣiñ、“石”对 ṣe，等等。与此相应，梵夏对音中也用《同音》中属于第三品舌头音的西夏字与梵文中分

① 聂鸿音：《慧琳译音研究》，《中央民族学院学报》1985 年第 1 期。

属 t-、th-和 ṭ-、ṭh-类的音节对音，说明西夏语舌上音、正齿音的读音与梵文 ṭ-、ṭh-的读音均不相近。

在《五音切韵》的舌上音韵图中，甲种本只有知（□）母下列了 4 个字，乙种本知（□）、彻（□）母共列有 12 个西夏字，其中有 10 个属《同音》中的正齿音，而《掌中珠》中这类西夏字也往往混用河西方音知、章两母字注音，说明西夏语舌上音与正齿音混而不分。

由上述《同音》中第七品正齿音中的西夏字与梵文 ś、ṣ 对音，以及对应梵文 ṭ-、ṭh-类音节同样用《同音》中第三品舌头音 t-、th-的西夏字对音的情况，我们似乎可推定西夏语的正齿音与梵文 ś 的发音部位相近，读如藏语的tɕ 、tɕh。这一结论与此前索弗洛诺夫、黄振华、李范文等对正齿音的拟音基本一致。

4. 西夏语中浊塞音的读音确实为 b、d、g

上述梵夏对音显示，西夏语中牙音、舌头音、唇音类声母的全清、次清、全浊分别划然，其中梵文浊塞音 g、d、b 分别与西夏语浊塞音字相对，且没有混用西夏语鼻音 m、n、ŋ 类字，说明西夏语中浊塞音的读音确实为 b、d、g。

此前的西夏语构拟系统中有把浊塞音分别拟成 mb、nd、ŋg 的，龚煌城最先指出鼻音声母转变为鼻冠浊塞音是汉语河西方音的特点，而西夏语中是普通的浊塞音，[①] 李范文在《同音研究》一书中也遵从龚煌城的观点，把这些音改拟为 b、d、g，[②] 梵夏对音的情况支持这种结论。至于梵夏对音中个别时候有用西夏语清音与梵文浊音相对的情况，如：□（tja）对应梵文 da、□（pu） 对应梵文 bu 等等，只能说明西夏人有时会把梵文的浊辅音误读为清辅音，这在汉译佛经咒语中也比较常见。

5. 西夏语舌上音声母读如ɳ。

梵文 ṇ[ɳ]和ñ[ɲ]（ñ乃腭鼻辅音，读音近似英语 pinch 中的 n[③]）的读

① 龚煌城：《西夏语的浊塞音与浊塞擦音》，《西夏语言文字研究论集》，民族出版社 2005 年版，第 1—12 页。

② 李范文：《同音研究》，宁夏人民出版社 1986 年版，第 120—123 页。

③ Walter Harding Maurer, *The Sanskrit Language*, Philadelphia: University of Pennsylvania, 1994, p.18.

音本不同于 n[n]，唐代密咒往往同用娘、泥母字译 ṇ[ɳ]，如梵文 ṇa 最常用的对音字是娘母二等字“拏”，有时也用泥母一等字“那”；[①] 用日母、娘母字译ñ[ɲ]，如梵文ña，智广《悉昙字记》用日母三等字“若”，慧琳《一切经音义》用“娘”。[②]

西夏新译汉文佛经中往往对 na 和 ṇa 不加区分，用河西方音泥母字“捺”与之对音，如：西夏宝源译《胜相顶尊总持功能依经录》中梵文 gagana 对音汉字是“遏遏捺”，spharaṇa 对音字是“厮拔啰捺”。而与梵文ña 的对音则往往不同，用“嘿”字，如：德慧译《佛说圣佛母般若波罗蜜多心经》的梵文经题，与梵文 prajñā 对音，汉字是“不啰嘿”，以“嘿”对 ñā；[③] 同样，《圣妙吉祥真实名经》中 jñāna 对音为“嘿捺”。这说明在西夏僧人的理解中梵文 ṇa 与ña 的读法是有所不同的。

法藏敦煌 P.3861 号文献《金刚总持大摧碎陀罗尼真言》、《大悲心陀罗尼真言》中的梵汉对音反映的是唐代吐蕃占领敦煌时期的河西方音，其中与梵文 ṇa 对音有用“宁耳反”切合音的，[④] 结合其中“非耳反”或“平耳反”对应梵文 vya 的例子，我们可以推想译经人是把梵文 ṇa[ɳa]读如 nya 了，ṇa 的这种读法代表了历代僧人对梵文此音的理解，由此，我们也知道为什么唐代密咒往往用中古娘母字译 ṇa 了。

藏译密咒中往往用藏文 nya[ȵ a]与梵文ñ[ɲ]对音，参照唐代密咒一般用日母字“若”译ña 的情况，我们猜想汉藏僧人对梵文ñ的理解均与[ȵ]接近。

上述梵夏对音显示，与梵文 n、ṇ 对音所用西夏字往往相同，如“[illegible]”(nja)与梵文 na/ṇa、“[illegible]”（nji）与梵文 ni/ṇi、“[illegible]”（njij）与梵文 ni/ṇi 对音，而这些西夏字在《同音》中位于第三品舌头音，当与中古汉语泥母字相当。与梵文 ña 对音则有所不同，用西夏字“[illegible]”（niow），见《吉祥遍至口合本续》卷四第九叶右面，梵文 jñaṃ对“[illegible]”，此字在《同音》中位于第

① 转引自罗常培《知彻澄娘音值考》，《罗常培语言学论文集》，商务印书馆 2004 年版，第 34—36 页。

② 转引自罗常培《梵文腭音五母的藏汉对音研究》，《罗常培语言学论文集》，商务印书馆 2004 年版，第 71—72 页。

③ 聂鸿音：《黑水城所出〈般若心经〉德慧译本述略》，甘肃省藏学研究所编《安多研究》第一辑，中国藏学出版社 2005 年版。

④ 参考本书附录三。

四品舌上音，当与中古汉语娘母字相当，而与此字同列于第四品舌上音的西夏字“[illegible]”的藏文注音也是颚音[ȵ o]。[1] 这种情况说明西夏语的娘母字正好与梵文 ñ的读音较为切合，是与藏语 nya[ȵ a]近似的舌上音。

6. 西夏语中的浊音 dz

在此前的西夏语构拟中，大部分学者都认为西夏语有浊音 dz，其中比较重要的依据来自西夏字在《掌中珠》中的汉字注音和相关西夏字的藏文注音，如“[illegible]”，《掌中珠》第一九叶第 6 栏中的汉字注音为“尼习”，藏文注音为’dzi；“[illegible]”，《掌中珠》第三四叶第 2 栏中的汉字注音为“嘐”，藏文注音为’dza’，其中不论是在邪母字“习”前加“尼”还是在精母字“摎”前加“口”旁，都用于比况同部位的全浊音 dz。

梵夏对音中与梵文 j-对音都用西夏语第六品齿头音，与中古汉语从母字相当，如：与梵文 ja 对音有“[illegible]”（dzja）、“[illegible]”（dzji）、“[illegible]”（dzja̱）；与梵文 j-对音有“[illegible]”（dzjɨ）、“[illegible]”（dzjɨ）；与梵文 jva 对音有“[illegible]”（dzwa），等等。

西夏时期的梵汉对音中也用汉字“嘐”与梵文 j-对音，如：西夏宝源译《胜相顶尊总持功能依经录》中梵文 vijaya 对音是“觅嘐也”，再对照藏文往往用 dza 来转写梵文 j-的情况，我们可以说梵夏对音材料支持学界把《同音》中处于齿头音从母地位的西夏字拟定为 dz。

此外，《吉祥遍至口合本续》卷四第二四叶右面有一例“[illegible][illegible][illegible]”与梵文 disata 对音， 显然，这里译音人是把梵文的浊音 di 读为 dzi 了，这个例子从另一侧面也可说明第六品齿头音西夏字“[illegible]”的声母是浊音 dz。

7. 西夏语中有轻唇音微母 v

与梵文 v 对音混用《同音》中归类到重唇和轻唇声类中的西夏字，重唇音有：“[illegible]”（bja）对梵文 va；“[illegible]”（ba）对梵文 va；“[illegible]”（bji）对梵文 vi；轻唇音有：“[illegible]”（wa）对梵文 va；“[illegible]”（war）对梵文 va；“[illegible]”（wã）对梵文 va；“[illegible]”（wji）对梵文 ve；“[illegible]”（wjij）对梵文 ve。

我们知道，唐代密咒对音多用微母字与梵文 v 对音，如慧琳译音中梵

---

[1] 本书西夏字的藏文注音例证均来自 Nicolas Nevsky, “A Brief Manual of the Si-hia Characters with Tibetan Transcriptions”, *Research Review of the Osaka Asiatic Society*, No. 4 (1926), pp. XVIII—XXIX。载孙伯君编《国外早期西夏学论集》（二），民族出版社 2005 年版，第 1—98 页。

文 vi 用汉字“尾”对音，但也有用并母字译 v 的情况，如：慧琳译音中梵文 licchava，对音为“栗呫婆”，va 对“婆”。西夏时期翻译的汉文陀罗尼往往用影母合口字对梵文 v，如“斡”对 va，bhagavate 对音是“末遏斡帝”；“委”对 vi，viśuddhe 对音字是“委商宁”，当然也有用明母字与梵文 v 对音的，如：“末”对 va，vajra 对音字是“末日啰（二合）”。

梵文 v 用重唇音字对音比较常见，我们可以对照藏译经咒中梵文 v 一律译 b，而早期汉译佛经 b、v 也往往不分的情况，在梵文的读法上找原因，西夏汉译佛经中明母字“末”与 va 对音也可以归结为梵文的上述读法，因为很多时候“末”还用来与梵文 bha 对音，如：bhagavate“末遏斡帝”。至于为什么用汉语明母字译 ba 或 bha，我们可以在当时汉语河西方音的明母字已经读为 mb 上求得解释。

对于西夏语轻唇音的拟测，学界历来有很多分歧，索弗洛诺夫认为只有一个 v，西田龙雄认为有 f、v、ɱv 三个，黄振华认为有 f、pf、ɱ 三个，龚煌城认为轻唇无 f 音，李范文则根据《同音》中轻唇音的六个代表字《掌中珠》中多为喉音云母汉字注音的事实，认为西夏语中根本没有轻唇音。① 李先生的这个观点得到了聂鸿音的支持，聂先生在《西夏语比较研究》中佐以《掌中珠》的夏汉对音字中没有出现汉语非敷奉三母字，以及《五音切韵》中非、微两栏大多是借用 w 声母字来填充的，而与这些字对音的不少汉字来源于中古的喻母三等（w）的情况，进一步阐述了西夏语中没有 f、v 的观点。②

综观诸家对西夏语轻唇音的分析，有关西夏语没有 f 声母的论述比较确凿，而关于轻唇音中有无 v 的论述稍显单薄。我们知道，《同音》的声母分类仿照汉语三十六字母而设了轻唇音，但在《五音切韵》的韵图上轻唇音敷（𗗙）、奉（𗗚）两列往往空缺，非（𗗛）、微（𗗜）两列尽管有字，但正如龚煌城在归纳《掌中珠》中的夏汉对音情况所总结的那样，这些西夏字往往为河西方音中微母、喻三合口、喻四合口、影合口一等以及疑母合口一等汉字注音。③

---

① 李范文：《同音研究》，宁夏人民出版社 1986 年版，第 76—79 页。

② 李范文主编：《西夏语比较研究》，宁夏人民出版社 2004 年版，第 46 页。

③ 龚煌城：《十二世纪末汉语的西北方音（声母部分）》，《西夏语言文字研究论集》，民族出版社 2005 年版，第 512—513 页。

梵夏对音中与梵文 va 和 ve 对音的西夏语轻唇音字，在《掌中珠》中也往往同为微、喻、影母汉字注音，如：

□（wji）：

未（101）：微未合三去止

苇（161）：云尾合三上止

胃（056）：云未合三去止

谓（314）：云未合三去止

惟（314、315）：余脂合三平止

□（wã）：

豌（156）：影桓合一平山

碗（232）：影缓合一上山

腕（253）：影换合一去山

这种情况无疑可以说明当时河西方音中这些被注音汉字已经合成了一类 w，这也正是龚先生立论的基点，西夏时期的梵汉对音中，对译梵文 v 用影母合口字而不用微母字，也可以进一步说明微母字读如 w。不过如果反过来用这些例证说明西夏语中没有 v 似乎论据不足。上述梵夏对音均选用西夏语轻唇音字与梵文 va 和 ve 对音，与喉音字不相杂厕的情况，正说明这些轻唇音字声母的读音与梵文 v 接近。

《掌中珠》中为轻唇音西夏字“□”（062、331）、“□”（332）注音往往用汉字“嚩”，这一事实也可以为西夏语轻唇音有 v 提供佐证。“嚩”本来就是为陀罗尼标音而创制的新字，梵文四十九根本字中，善无畏、不空、慧琳等都用“嚩”对译梵文 va，慧琳注谓：“音近无可反。”[①]“无可反”这个反切不通（微母不能切一等字），后人视其为三等字时就译 va，视为一等字时就译 bha。唐宋时期的实际对音中往往用“嚩”译 va, 如法天译《佛说一切如来乌瑟腻沙最胜总持经》中梵文 vajre 的对音是“嚩日哩（二合）”。《掌中珠》用“嚩”与西夏语轻唇音字对音说明这些字声母读为 v。

8. 西夏语中疑母字的读音

在《吉祥遍至口合本续》的梵夏对音中，为梵文 g 对音用下列西夏字：

① 慧琳：《一切经音义》，《大正新修大藏经》卷五四，No.2128。

□（gja）对梵文 ga，如：gagana □□□

□（giɨ̣）对梵文 g-，如：grihan □□□□

□（gja）对梵文 ga，如：jaṅga □□□

□（go）对梵文 gho，如：ghośe □□

根据《文海》反切系联与《同音》、《五音切韵》的归类，这些西夏字在西夏语中分属群、疑两母，其中“□”（gja）在《五音切韵》中被列为疑（□）母代表字。

西夏新译密咒中梵文 ga 往往用汉字“遏”对音，如：bhagavate，对音为“末遏斡帝”，我们曾由此推测西夏时期河西方音中影母字“遏”读为 ga。西夏字“□”（go），《掌中珠》第二十二叶的注音汉字为“峨”，[①]“峨”属中古疑母字。

据以上对音，我们不难判定《五音切韵》归为疑母的以及按照《文海》反切可以与《同音》中牙音西夏字系联的字，其读音同为浊音 g。

9. 西夏语中牙音和舌头音的腭化倾向

上文我们已经论述了西夏语的正齿音和舌上音不分，读如tɕ、tɕh，而《五音切韵》乙种本的舌上音韵图中，知（□）和彻（□）组所列最后两字“□”（kụ）、“□”（khjɨ）在《同音》中属牙音，《文海》中分属 58 和 32 韵，这两个字在《五音切韵》中本属“□”（kiew）韵，“□”（kiew）在《文海》中归为平声 44 韵，这些韵在黄振华的拟音中均有 i 介音。[②] 把牙音放在与《同音》的正齿音相混的舌上音韵图中，唯一的解释是西夏语这些带有 i 介音的牙音字发生了腭化，与正齿音tɕ、tɕh 读音相近。

不仅如此，我们在《吉祥遍至口合本续》卷四第二十四叶右面中看到一例“□□□”与梵文 disata 对音，西夏字“□”一般与梵文 ja 对音，如：jaṃbhani“□□□□”，“□”在《同音》中属第六品齿头音，显然，此字与梵文 di 对音，是把梵文的舌头音 di 腭化为 ji 了，这一例子从一个侧面说明了西夏语中的舌头音也有腭化倾向。

10. 梵文 kṣa 和 kṣo 的读音

《吉祥遍至口合本续》卷四中有两例梵文 kṣa 和 kṣo 的对音，显示了西夏

① 黄振华、史金波、聂鸿音整理：《番汉合时掌中珠》，宁夏人民出版社 1989 年版，第 45 页。

② 史金波、白滨、黄振华：《文海研究》，中国社会科学出版社 1983 年版，第 125 页。

人对梵文 kṣ 的另外一种理解，如第三十二叶右面“[illegible][illegible]”对梵文 kṣaye，以“[illegible]”(khja）译 kṣa；第三十七叶右面“[illegible][illegible]”对梵文 kṣobha，以“[illegible]”（khjo）译 kṣo。

西夏文《金光明最胜王经》中对梵文 kṣa 还有另外一种译法，如：《金光明最胜王经》卷四中梵文 rakṣa，西夏字对音是“[illegible][illegible][illegible]”。①“[illegible]”（khjɨ）在《同音》中属第五品牙音，“[illegible]”（śja）则属第七品正齿音，“[illegible][illegible]”相当于两个字的二合音，此种译法与唐代中原传统的译法相合。唐代梵文 kṣa 一般译为“乞洒（二合）”，如：慧琳《一切经音义》卷五，梵文 kṣa 译为“乞洒（二合）”。② 西夏的“[illegible][illegible]”正与汉语“乞洒（二合）”相当。西夏宝源译《圣观自在大悲心总持功能依经录》中把梵文 rakṣa 对音为“啰屹折”，其中 kṣa 的读法也与中原汉译传统相合。

梵文 kṣa 和 kṣo 分别用西夏字“[illegible]”(khja）和“[illegible]”（khjo）对音则显示了西夏人对梵文辅音 kṣ 的另外一种读法。“[illegible]”(khja）和“[illegible]”(khjo）在《同音》中均属第五品牙音，与汉语溪母字相当，用西夏语溪母字 kh-与梵文 kṣ 对音，说明西夏人把梵文 kṣ 理解为单辅音。

综上所述，通过对西夏密咒中的梵夏对音的分析，我们似可把西夏语的声母表修正如下：

k	kh	g	<g>
tɕ	tɕ h	dʑ	ɲ
t	th	d	n
p	ph	b	m
ts	tsh	dz	<v>
ʑ	z	ɣ	j
r	l	ɕ	s
x	ʔ		

上述声母中牙音 k-、kh-、g-和舌头音 t-、th-、d-有腭化倾向。

① 王静如：《西夏研究》第二辑第 174 页，中央研究院历史语言研究所单刊甲种之十一，1933 年。

② 慧琳：《一切经音义》卷五，《大正藏》卷五四，第 335 页中栏。

参 考 文 献

（唐）慧琳：《一切经音义》，《大正藏》卷五四，No.2128。

（辽）行均：《龙龛手镜》，中华书局 1985 年影印本。

（宋）李焘：《续资治通鉴长编》，上海师范学院古籍整理研究室、上海师范大学古籍整理研究室点校本，中华书局 1979 年版。

智广编集：《密咒圆因往生集》，《大正藏》卷四六，第 1007-1013 页。

释智译：《圣妙吉祥真实名经》，《大正藏》卷二〇，No. 1190。

唧嗦铭得哩连得啰磨宁及真智等译：《佛说大白伞盖总持陀罗尼经》，《大正藏》卷一九，No. 977。

（清）顾炎武：《音学五书》，中华书局 1982 年重印观稼楼仿刻本。

（清）吴广成：《西夏书事》，1935 年北平文奎堂影印道光五年（1825）小岘山房刻本。

鲍明炜：《唐代诗文韵部研究》，江苏古籍出版社 1990 年版。

陈炳应：《天梯山石窟西夏文佛经译释》，《考古与文物》1983 年第 3 期。

Clauson, G., “The Future of Tangut （Hsi-hsia） Studies”, *Asia Major*, new ser.Vol.Ⅵ, pt.1, 1964.

储泰松：《唐五代关中方音研究》，安徽大学出版社 2005 年版。

储泰松：《唐五代关中文人的用韵特征》，《安徽师范大学学报》2002 年第 3 期。

村田治郎编著：《居庸关》第一卷，京都大学工学部，1957 年。

大谷大学图书馆编：《西藏大藏经甘殊儿勘同目录》，日本大谷大学图书馆，1930—1932 年。

R. Dunnell（邓如萍）著，聂鸿音、彭玉兰译：《党项王朝的佛教及其遗存——帝师制度起源于西夏说》，《宁夏社会科学》1992 年第 5 期。
俄罗斯科学院东方研究所圣彼得堡分所、中国社会科学院民族研究所、上海古籍出版社：《俄藏黑水城文献》，上海古籍出版社，第 1—10 册，1996—1999 年。
范德康著，陈小强、乔天碧译：《拶也阿难捺:12 世纪唐古忒的克什米尔国师》，载《国外藏学译文集》第 14 集,西藏人民出版社 1998 年版，第 341—351 页。
奉宽：《居庸关元刻咒颂音补附考》，《史学年报》第二卷第一期，1934 年。
Флуг, К., “По поводу китайских текстов, изданных в Си Ся”, *Библиография востока*, вып. 2–4, 1932, стр. 158–163。聂鸿音译文载孙伯君编：《国外早期西夏学论集》（二），民族出版社 2005 年版，第 187—193 页。
钢和泰著，胡适译：《音译梵书与中国古音》，《国学季刊》第一卷第一期，1923 年。
高田时雄：《敦煌资料による中国语史の研究——九、十世纪の河西方言》，东京，创文社，1988 年。
高楠顺次郎等编：《大正新修大藏经》，东京：大正一切经刊行会，1924—1934 年。
耿志坚：《晚唐及唐末五代僧侣诗用韵考》，《声韵论丛》1994 年第 4 辑。
龚煌城：《汉藏语研究论文集》，北京大学出版社 2004 年版。
龚煌城：《西夏语言文字研究论集》，民族出版社 2005 年版。
Горбачева, З. И. и Кычанов, Е. И. , *Тангутские рукописи и ксилографы*, Москва: Издательство восточной литературы, 1963.
黄淬伯：《唐代关中方言音系》，江苏古籍出版社 1998 年版。
黄振华、史金波、聂鸿音整理：《番汉合时掌中珠》，宁夏人民出版社 1989 年版。
吉田惠弘著，林光明、林胜仪合译：《金刚界咒语解记》和《胎藏界咒语解记》，台北：嘉丰出版社 2003 年版。
Кепинг, К. Б., Колоколов, В. С., Кычанов Е. И. иТерентьев –Катанский, А. П., *Море письмен*, Москва:《Наука》, 1969.
Кычанов, Е. И., *Каталог тангутских буддийских памятников*, Киото:

Университет Киото, 1999.
罗常培：《知彻澄娘音值考》，《中央研究院历史语言研究所集刊》第三本第一分，1931年。
罗常培：《唐五代西北方音》，中央研究院历史语言研究所单刊甲种之十二，1933年。
罗常培：《罗常培语言学论文集》，商务印书馆2004年版。
罗秉芬、周季文：《藏文翻译史上的重要文献——〈语合〉》，《中央民族学院学报》1987年第5期。
罗炤：《藏汉合璧〈圣胜慧到彼岸功德宝集偈〉考略》，《世界宗教研究》1983年第4期。
李范文：《〈番汉合时掌中珠〉复字注音考释之一》，《宁夏社会科学》1989年第5期。
李范文：《〈番汉合时掌中珠〉复字注音考释之二》，《宁夏社会科学》1989年第6期。
李范文：《宋代西北方音》，中国社会科学出版社1994年版。
李范文：《同音研究》，宁夏人民出版社1986年版。
李范文：《夏汉字典》，中国社会科学出版社1997年版。
李范文主编：《西夏语比较研究》，宁夏人民出版社2004年版。
李范文主编：《西夏研究》第一辑，中国社会科学出版社2005年版。
李范文：《〈五音切韵〉研究》，载李范文主编：《西夏研究》第二辑，中国社会科学出版社2006年版。
林英津：《西夏语译〈真实名经〉释文研究》，台北：中央研究院语言学研究所，2006年。
林光明编修：《新编大藏全咒》，台北：嘉丰出版社2001年版。
刘广和：《音韵比较研究》，中国广播电视出版社2002年版。
Maspéro Henri, Le dialecte de Tch'ang-ngan sous les T'ang, *Bulletin de l'Ecole française d'Extrême-Orient*, XX, 2, 1920。聂鸿音译：《唐代长安方言考》，中华书局2005年版。
Меньшиков, Л. Н., *Описание китайской части коллекции из Хара-хото,* Москва：Наука, 1984。王克孝译：《黑城出土汉文遗书叙录》，宁夏人民出版社1994年版。

Maurer, W. H., *The Sanskrit Language*, Philadelphia: University of Pennsylvania, 1994.

Morisse, M. G., Contribution préliminaire à l'étude de l'écriture et de la langue Si-hia, *Mémoires présentés par divers savants à l'Académie des Inscriptions et Belles-Lettres*, 1re Série, tome XI, IIe partie（1904）.

聂鸿音：《慧琳译音研究》，《中央民族学院学报》1985 年第 1 期。

聂鸿音：《西夏语音商榷》，《民族语文》1985 年第 3 期。

聂鸿音：《〈番汉合时掌中珠〉注音符号研究》，《语言研究》1987 年第 2 期。

聂鸿音：《回鹘文〈玄奘传〉中的汉字古音》，《民族语文》1998 年第 6 期。

聂鸿音：《西夏佛教术语的来源》，《固原师专学报》2002 年第 2 期。

聂鸿音：《西夏文〈贤智集序〉考释》，《固原师专学报》2003 年第 5 期。

聂鸿音：《〈番汉合时掌中珠〉里的"重"与"轻"》，祁庆富主编：《民族文化遗产》第一辑，民族出版社 2004 年版。

聂鸿音：《西夏译本〈持诵圣佛母般若多心经要门〉述略》，《宁夏社会科学》2005 年第 2 期。

聂鸿音：《黑水城所出〈般若心经〉德慧译本述略》，甘肃省藏学研究所编：《安多研究》第一辑，中国藏学出版社 2005 年版。

聂鸿音：《西夏文藏传〈般若心经〉研究》，《民族语文》2005 年第 2 期。

聂鸿音：《西夏的佛教术语》，《宁夏社会科学》2005 年第 6 期。

聂鸿音：《西夏语松紧元音假说评议》，《民族语文》2006 年第 5 期。

聂鸿音、孙伯君：《黑水城出土音韵学文献研究》，文物出版社 2006 年版。

Nevsky, Nicolas, A Brief Manual of the Si-hia Characters with Tibetan Transcriptions, *Research Review of the Osaka Asiatic Society*, No. 4（1926）.

聂历山：《西藏文字对照西夏文字抄览》，译文载孙伯君编：《国外早期西夏学论集》（二），民族出版社 2005 年版，第 1—98 页。

Невский, Н. А., Тангутская письменность и ее фонды, *Тангутская филология*, Москва: Издательство восточной литературы,1960, т.1, стр. 74—94。马忠建译文载孙伯君编：《国外早期西夏学论集》（二），民族出版社 2005 年版，第 222—246 页。

桥本万太郎：《掌中珠のタングート・汉对音研究の方法》，《中国语学》

109，1961 年。
桥本万太郎：《文海の韵の音韵组织について》，《东方学》30，1965 年。
邵荣芬：《敦煌俗文学中的别字异文和唐五代西北方音》，《中国语文》1963 年第 3 期。
沈卫荣：《汉、藏文版〈圣观自在大悲心总持功能依经录〉之比较研究——以俄藏黑水城汉文 TK164、165 号、藏文 X67 号文书为中心》，第五届中华国际佛学会议论文，台北，2006 年。
沈卫荣：《重构十一至十四世纪的西域佛教史——基于俄藏黑水城汉文佛教文书的探讨》，《历史研究》2006 年第 5 期。
榊亮三郎等：《梵藏汉和四译对校翻译名义大集》，京都：京都文科大学，1926 年。
施向东：《玄奘译著中的梵汉对音和唐初中原方音》，《语言研究》1983 年第 1 期。
史金波：《西夏佛教史略》，宁夏人民出版社 1988 年版。
史金波、白滨、黄振华：《文海研究》，中国社会科学出版社 1983 年版。
史金波、黄振华：《西夏文字典音同的版本与校勘》，《民族古籍》1986 年第 1 期。
史金波、中岛干起等：《电脑处理西夏文〈文海宝韵〉研究》，东京：不二出版株式会社，2000 年。
史金波、聂鸿音、白滨：《天盛改旧新定律令》，法律出版社 2000 年版。
Софронов, М. В., *Грамматика тангутского языка*，книга.2，Москва:《Наука》，1968.
孙昌盛：《西夏文〈吉祥遍至口合本续〉研究》，南京大学博士论文，2006 年。
孙伯君编：《国外早期西夏学论集》（一）、（二），民族出版社 2005 年版。
孙伯君：《西夏宝源译〈圣观自在大悲心总持功能依经录〉考》，《敦煌学辑刊》2006 年第 2 期。
孙伯君：《西夏宝源译〈胜相顶尊总持功能依经录〉考略》，杜建录主编：《西夏学》第一辑，宁夏人民出版社 2006 年版，第 69—75 页。
孙伯君：《西夏译经的梵汉对音与汉语西北方音》，《语言研究》2007 年第 1 期。
孙伯君：《西夏新译佛经中的特殊标音汉字》，《宁夏社会科学》2007 年第

1 期。
汪荣宝：《歌戈鱼虞模古读考》，《国学季刊》第一卷第二期，1923 年。
王洪君：《山西闻喜方言的白读层与宋西北方音》，《中国语文》1987 年第 1 期。
王静如：《西夏研究》第二、三辑，中央研究院历史语言研究所单刊甲种之十三，1933 年。
王静如：《西夏语音系导言》，《民族语文》1982 年第 2 期。
王静如：《西夏文汉藏译音释略》，《中央研究院历史语言所集刊》第二本第二分，1930 年。
王森：《释明代梵、藏、汉文<法被图>》，载《藏学研究论丛》第一辑，拉萨，西藏人民出版社 1989 年版。
Wylie, A., On an Ancient Buddhist Inscription at Keu-yung-kwan, in North China, *Journal of the Royal Asiatic Society*, vol. V（1871）, pp. 14—44.
西田龙雄：《西夏语韵图〈五声切韵〉の研究》（上、中、下），京都大学文学部研究纪要 20、21、22，1981—1983，史金波译文见《民族语文研究情报资料集》第 5 集第 102—117 页，1985 年，第 6 集第 21—40 页，1985 年。
西田龙雄：《西夏语〈月月乐诗〉之研究》，京都大学文学部研究纪要 25，1986。
西田龙雄：《西夏语の研究》，京都：座右宝刊行会，1966 年。
西北民族大学、上海古籍出版社、法国国家图书馆编《法国国家图书馆藏敦煌藏文文献》②，上海古籍出版社 2006 年版。
谢继胜：《吐蕃西夏历史文化渊源与西夏藏传绘画》，《西藏研究》2001 年第 3 期。
杨富学：《回鹘文献与回鹘文化》，民族出版社 2003 年版。
杨剑桥：《汉语现代音韵学》，复旦大学出版社 1996 年版。
野泽佳美：《明代大藏经史の研究——南藏の历史学的基础研究》，汲古书院，1998 年。
俞敏：《后汉三国梵汉对音谱》，收入《中国语文学论文选》，日本光生馆，1984 年。
尉迟治平：《论隋唐长安音和洛阳音的声母系统》，《语言研究》1985 年第

2 期。
张鸿魁：《隋唐五代汉语研究》，山东教育出版社 1992 年版。
郑贤章：《龙龛手镜研究》，湖南师范大学出版社 2004 年版。
郑绍宗、王静如：《保定出土明代西夏文石幢》，《考古学报》1977 年第 1 期。
周叔迦：《周叔迦佛学论著集》（上、下），中华书局 1991 年版。
周祖谟：《宋代汴洛音与〈广韵〉》，载《文字音韵训诂论集》，北京大学出版社 2000 年版。

附录一

“尊胜陀罗尼”梵、汉、夏对音字表

梵音	汉字	注释	西夏字	西夏宝源对音
ś （ca）	实（拶）	二合	[illegible]	tathāgataś ca 怛达（引）遏怛实拶（二合）
ś（mi）	实（弥）	二合	[illegible]	raśmi 啰实弥（二合）
śa	舍		[illegible]	daśa 嗪舍
śi	石		[illegible]	viśiṣṭāya 觅石实怛（二合引）也
śo	商		[illegible]	śodhaya 商嗪也
śud	熟		[illegible]	viśuddhe 觅熟宁
śvā	说	引	[illegible]	samāśvāsayantu 萨麻（引）说（引）萨衍[illegible]
ṣ[ṭhi]	实（提）	二合	[illegible]	pratiṣṭhite 不啰帝实提（二合）矴
ṣ[ṭhā]	实（达）		[illegible]	adhiṣṭhāna 啊礵实达捺
ṣ[ṭhā]	实（达）	二合引	[illegible]	adhiṣṭhāna 啊礵实达（二合引）捺（引）
ṣ（ṭā）	实（怛）	二合引	[illegible]	viśiṣṭāya 觅石实怛（二合引）也
ṣ（ṇī）	实（你）	二合	[illegible]	uṣṇīṣa 呜实你（二合）舍
ṣa	舍		[illegible]	uṣṇīṣa 呜实你（二合）舍
ṣa（ṭ）	折（怛）		[illegible]	ṣaṭ 折怛
ṣe	石		[illegible]	abhiṣekair 啊哈（重）石该（引）
ṣiñ	伸		[illegible] [illegible]	abhiṣiñcantu 啊哈（重）伸镦[illegible]
ṛ	哩		[illegible]	hṛdaya 屹哩（二合）嗪也
a	啊		[illegible]	asama 啊萨麻
bh（rūṃ）	没（嚨）	二合	[illegible]	bhrūṃ 没嚨（二合）

续表

梵音	汉字	注释	西夏字	西夏宝源对音
bha	末		絍	bhagavate 末遏斡帝
bha	末		稄	svabhava 莎末斡
bha	末		拨	vajrôdbhave 末唎哴啼（三合）末永
bhe	唥	重	蕱	garbhe 遏哩（二合）唥（重）
bhi	唥	重	尾	abhiṣiñcantu 啊唥（重）伸篯苄
bhā	末	引	拨 𘟙	avabhāsa 啊斡末（引）萨
bhā	末		稄	svabhāva 莎末斡
bhu	目		㒨	bhumi 目弥
bhū	目	引	兹 𘟙	bhūta 目（引）怛
bo	磨		絍	bodhaya 磨嗏也
bud	目		兹	buddhi 目殩
ca	拶		粼	vacana 斡拶捺
can	篯		粼	abhiṣiñcantu 啊唥（重）伸篯苄
co	左		翗	sañcodite 珊左殩矴
d	啼		𘟙	vajrôdbhave 末唎哴啼（三合） 末永
d（ra）	啼（啰）		𘟙	mudra 么啼啰
d（ra）	啼（啰）	二合	𘟙	mudra 么啼啰（二合）
d（re）	啼（呤）	二合	𘟙	mudre 么啼呤（二合）
d（re）	啼（呤）	二合	𘟙	mudre 么啼呤（二合）
da	嗏		蘐	hṛdaya 屹哩（二合）嗏也
daiḥ	宁		㺯	padaiḥ 钵宁
de	宁		㺯	pade 钵宁
dha	怛		䌫	buddha 目怛
dha	嗏		蘐	bodhaya 磨嗏也
dhe	殩	引	𘟙 𘟙	pariśuddhe 钵哩熟殩（引）
dhe	宁		㺯	pariśuddhe 钵哩熟宁
dhi	殩		𘟙	adhiṣṭhāna 啊殩实达捺

续表

梵音	汉字	注释	西夏字	西夏宝源对音
dhir	宁		[illegible]	pariśuddhirbhavatu 钵哩熟宁末斡丁六
dhā	嗪	引	[illegible]	buddhāya 目嗪（引）也
dhya	涅		[illegible]	siddhya 西涅
di	殢		[illegible]	sañcodite 珊左殢矴
dā	嗪	引	[illegible]	sadā 萨嗪（引）
dre	喃（呤）	二合引	[illegible]	mudre 么喃呤（二合）
dya	涅		[illegible]	tadyathā 怛涅达（引）
ga	遏		[illegible]	bhagavate 末遏斡帝
ga（ r）	遏（哩）	二合	[illegible]	garbhe 遏哩（二合）喻（重）
h［ṛ］	吃 （哩）	二合	[illegible]	hṛdaya 吃哩（二合）嗪也
ha	诃		[illegible]	āhara 啊（引）诃啰
he	形		[illegible]	he 形
hā	诃	引	[illegible]	svāhā 莎诃（引）
j（ra）	日（啰）	二合	[illegible]	vajra 末日啰（二合）
j（raṃ）	唎（啰）		[illegible]	vajraṃ 末唎啰（合口）
j[re]	唎 （呤）	二合	[illegible]	vajre 末唎呤（二合）
j（ri）	唎（哩）	二合	[illegible]	vajriṇi 末唎哩（二合）你
ja	啰		[illegible]	vijaya 觅啰也
jrôd	唎（哝喃）	三合	[illegible]	vajrôdbhave 末唎哝喃（三合）末永
jva	撮		[illegible]	jvala 撮辣
kair	该	引	[illegible]	abhiṣekair 啊喻（重）石该（引）
kar	葛（哩）	二合	[illegible]	karma 葛哩（二合）麻
ki	鸡		[illegible]	avalokini 啊斡逻鸡你
ko	光		[illegible]	koṭi 光帝（引）
kā	葛	引	[illegible]	kāyasaṃhatana 葛（引）也三诃怛捺

续表

梵音	汉字	注释	西夏字	西夏宝源对音
kya	迦		[illegible]	trailokya 嘚吟（二合）逻迦
la	粹		[illegible]	jvala 撮粹
lo	逻		[illegible]	trailokya 嘚吟（二合）逻迦
m（ṛ）	没（哩）	二合	[illegible]	amṛta 啊没哩（二合）怛
ma	麻		[illegible]	asama 啊萨麻
man	满		[illegible]	mantra 满嘚啰（二合）
me	铭		[illegible]	me 铭
mi	弥		[illegible]	raśmi 啰实弥
mo	么		[illegible]	namo 捺么
mā	麻		[illegible]	tathāgatamāte 怛达（引）遏怛麻矴
māṃ	嚩		[illegible]	māṃ 嚩
mu	么		[illegible]	mudra 么啱啰
mu	母		[illegible]	muni 母你
mu	么		[illegible]	mudre 么啱吟（二合）
na	捺		[illegible]	namo 捺么
na	捺	引	[illegible]	namaḥ 捺（引）麻
ni	你		[illegible]	avalokini 啊斡逻鸡你
nāṃ	喃		[illegible]	sattvanāṃ 萨咄喃
oṃ	唵		[illegible]	oṃ 唵
p（ra）	不（啰）	二合	[illegible]	prati 不啰（二合）帝
pū	逋	引	[illegible]	paripūraṇi 钵哩逋（引）啰祢
pa	钵		[illegible]	pade 钵宁
pha	拔		[illegible]	spharaṇa 厮拔啰捺
phu	婆		[illegible]	visphuṭa 觅厮婆（二合）怛
pā	钵	引	[illegible]	pāramitā 钵（引）啰弥怛（引）
ā	啊	引	[illegible]	āhara 啊（引）诃啰
r	哩		[illegible]	karma 葛哩（二合）麻

续表

梵音	汉字	注释	西夏字	西夏宝源对音
r	哩		[illegible]	ayur 啊瑜哩（二合）
rūṃ	嚨		[illegible]	bhrūṃ 没嚨（二合）
ra	啰		[illegible]	prati 不啰（二合）帝
ra	啰		[illegible]	spharaṇa 厮拔啰捺
ra	啰	引	[illegible]	ayuḥsandhāraṇi 啊瑜珊嗦（引）啰（引）你
raṃ	啰	合口	[illegible]	vajraṃ 末唰啰（合口）
rai	呤		[illegible]	trailokya 嘚呤（二合）逻迦
re	呤		[illegible]	mudre 么嚨呤（二合）
ri	哩		[illegible]	pariśuddhe 钵哩熟殢（引）
ro	哴		[illegible]	vajrôdbhave 末唰哴嚨（三合）末永
s（ma）	厮（麻）	二合	[illegible]	smara 厮麻（二合）啰
s（pha）	厮（拔）		[illegible]	spharaṇa 厮拔啰捺
s（phu）	厮（婆）	二合	[illegible]	visphuṭa 觅厮婆（二合）怛
s（ra）	厮（啰）	二合	[illegible]	sahasra 萨诃厮啰（二合）
sa	萨		[illegible]	asama 啊萨麻
saṃ	三		[illegible]	kāyasaṃhatana 葛（引）也三诃怛捺
sañ	珊		[illegible]	sañcodite 珊左殢矴
sam	三		[illegible]	sambhave 三末永
san	珊		[illegible]	ayuḥsandhāraṇi 啊瑜珊嗦（引）啰（引）你
sar	萨		[illegible]	sarva 萨嚩
sat	萨		[illegible]	sattvanāṃ 萨咄喃
sid	西		[illegible]	siddhya 西涅
su	须		[illegible]	sumati 须麻帝
sva	莎		[illegible]	svabhava 莎末斡

续表

梵音	汉字	注释	西夏字	西夏宝源对音
t（ra）	啰（啰）	二合	[illegible]	mantra 满啰啰（二合）
ta	怛		[illegible]	tadyathā 怛涅达（引）
te	丁		[illegible]	te 丁
te	矴		[illegible]	sañcodite 珊左嚩矴
tha	达		[illegible]	tathagatā 怛达怛（引）
thā	达	引	[illegible]	tadyathā 怛涅达（引）
ti	帝		[illegible]	prati 不啰（二合）帝
ti	矴		[illegible]	gati 遏矴
tā	怛	引	[illegible]	tathagatā 怛达怛（引）
tā（n）	怛（引）	二合引	[illegible]	samantān 萨满怛（引）捺（二合引）
tu	斺		[illegible]	bhavatu 末斡斺
tva	咄		[illegible]	sattvanāṃ 萨咄喃
u	呜		[illegible]	uṣṇīṣa 呜实你（二合）舍
va	斡		[illegible]	bhagavate 末遏斡帝
va	嚩		[illegible]	sarva 萨嚩
va	末		[illegible]	vajra 末日啰（二合）
va	末		[illegible]	vajre 末唎呤（二合）
ve	永		[illegible]	sambhave 三末永
vi	觅		[illegible]	viśiṣṭāya 觅石实怛（二合引）也
ṭ	怛		[illegible]	ṣaṭ 折怛
ṭa	怛		[illegible]	visphuṭa 觅斯婆（二合）怛
ṭha	达		[illegible]	adhiṣṭhāna 啊嚩实达（二合引）捺（引）
ṭhi	提		[illegible]	pratiṣṭhite 不啰帝实提（二合）矴
ṭhā	达		[illegible]	adhiṣṭhāna 啊嚩实达捺
ṭi	帝	引	[illegible]	koṭi 光帝（引）
ṭā	怛		[illegible]	viśiṣṭāya 觅石实怛（二合引）也
ya	也		[illegible]	jaya 嗲也

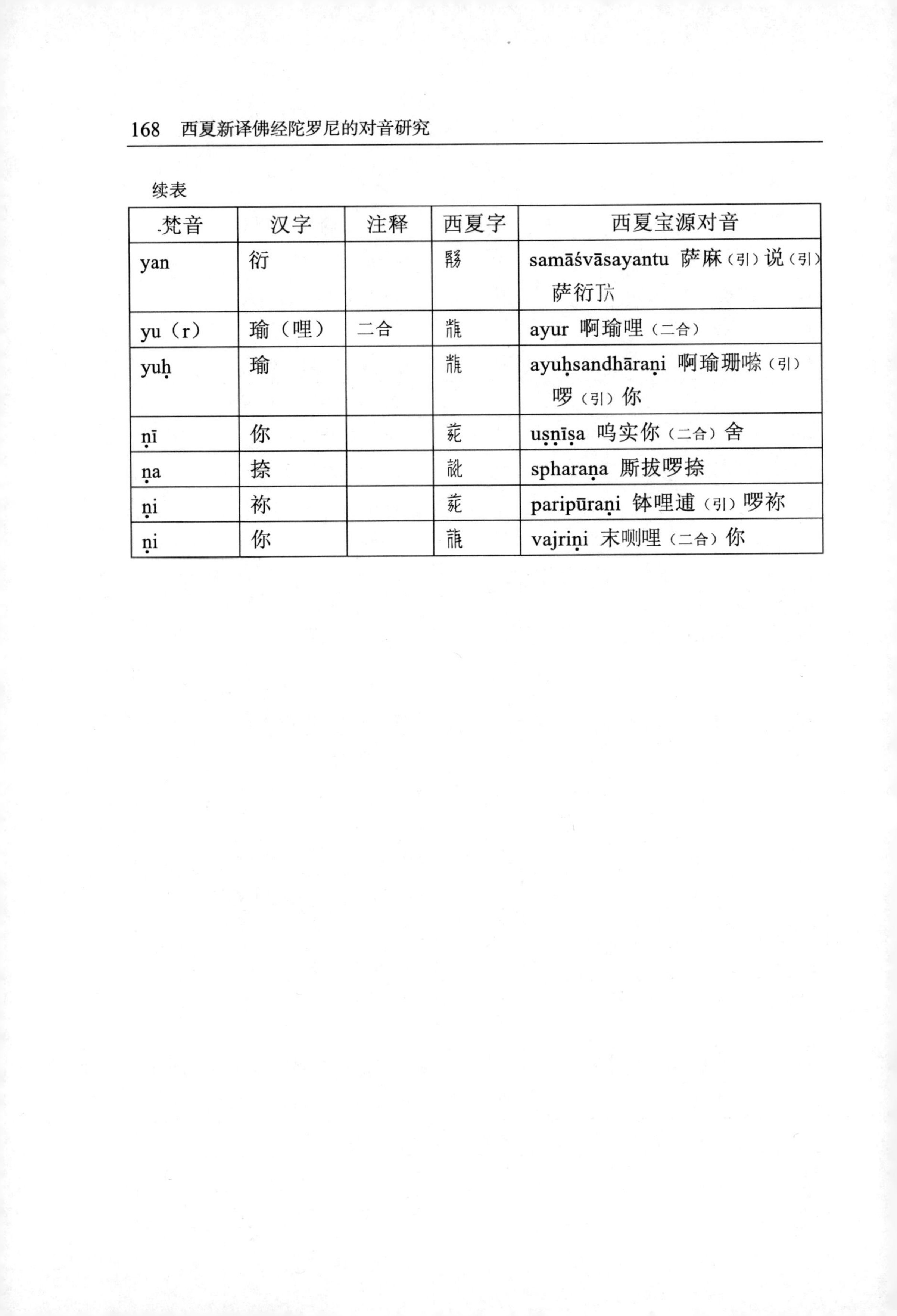

续表

梵音	汉字	注释	西夏字	西夏宝源对音
yan	衍		[illegible]	samāśvāsayantu 萨麻(引)说(引)萨衍[illegible]
yu(r)	瑜(哩)	二合	[illegible]	ayur 啊瑜哩(二合)
yuḥ	瑜		[illegible]	ayuḥsandhāraṇi 啊瑜珊嗏(引)啰(引)你
ṇī	你		[illegible]	uṣṇīṣa 呜实你(二合)舍
ṇa	捺		[illegible]	spharaṇa 斯拔啰捺
ṇi	祢		[illegible]	paripūraṇi 钵哩逋(引)啰祢
ṇi	你		[illegible]	vajriṇi 末唎哩(二合)你

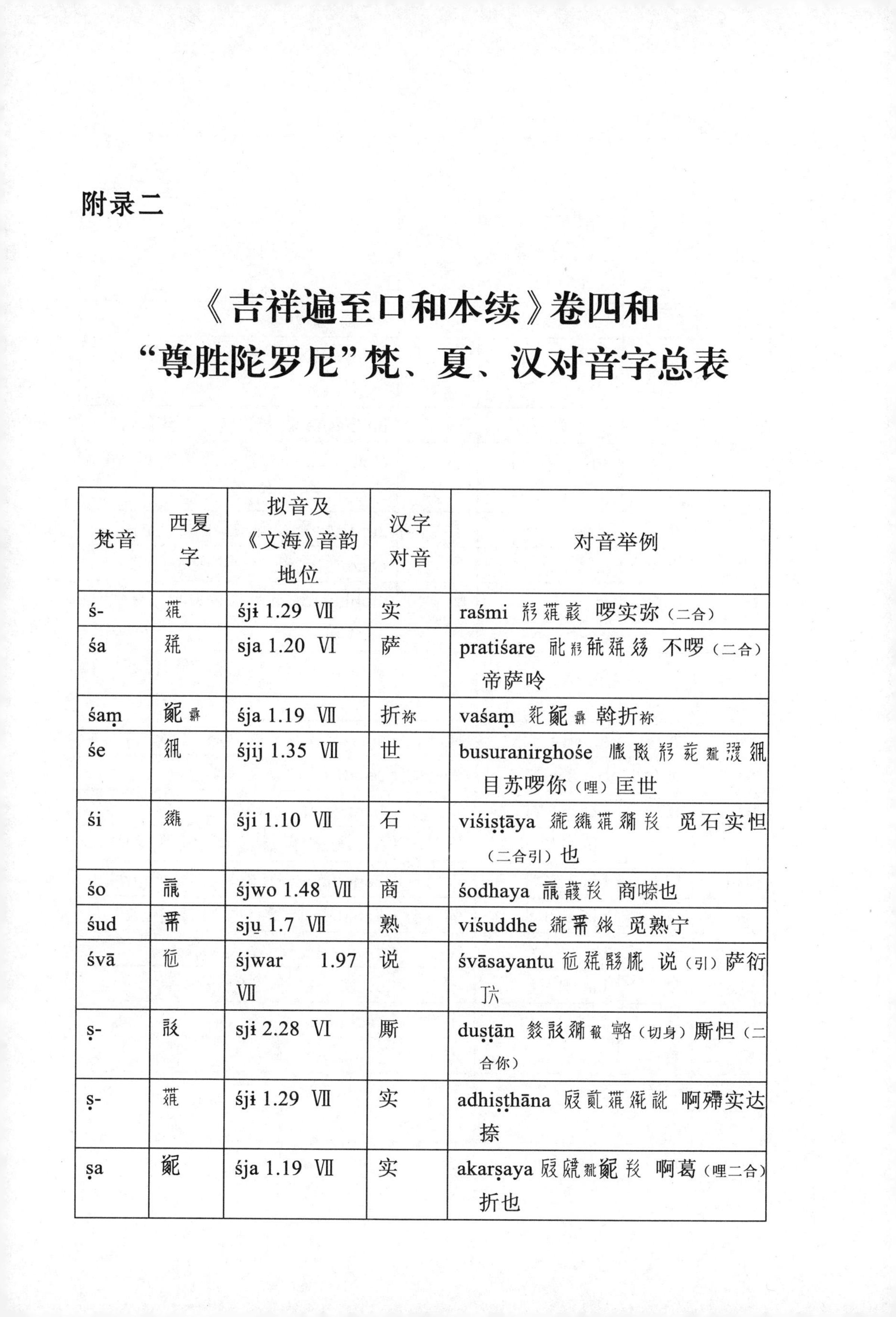

附录二

《吉祥遍至口和本续》卷四和“尊胜陀罗尼”梵、夏、汉对音字总表

梵音	西夏字	拟音及《文海》音韵地位	汉字对音	对音举例
ś-	[illegible]	śjɨ 1.29 Ⅶ	实	raśmi [illegible] 啰实弥（二合）
śa	[illegible]	sja 1.20 Ⅵ	萨	pratiśare [illegible] 不啰（二合）帝萨呤
śaṃ	[illegible]	śja 1.19 Ⅶ	折[illegible]	vaśaṃ [illegible] 斡折[illegible]
śe	[illegible]	śjij 1.35 Ⅶ	世	busuranirghośe [illegible] 目苏啰你（哩）匿世
śi	[illegible]	śji 1.10 Ⅶ	石	viśiṣṭāya [illegible] 觅石实怛（二合引）也
śo	[illegible]	śjwo 1.48 Ⅶ	商	śodhaya [illegible] 商嚓也
śud	[illegible]	sju̱ 1.7 Ⅶ	熟	viśuddhe [illegible] 觅熟宁
śvā	[illegible]	śjwar 1.97 Ⅶ	说	śvāsayantu [illegible] 说（引）萨衍[illegible]
ṣ-	[illegible]	sjɨ 2.28 Ⅵ	厮	duṣṭān [illegible] 䭾（切身）厮怛（二合你）
ṣ-	[illegible]	śjɨ 1.29 Ⅶ	实	adhiṣṭhāna [illegible] 啊嚩实达捺
ṣa	[illegible]	śja 1.19 Ⅶ	实	akarṣaya [illegible] 啊葛（哩二合）折也

续表

梵音	西夏字	拟音及《文海》音韵地位	汉字对音	对音举例
ṣaṭ	[illegible]	śja 1.19 Ⅶ	折怛	ṣaṭ [illegible] 折怛
ṣe	[illegible]	śji 1.10 Ⅶ	石	abhiṣekair [illegible] 啊哈（重）石该（引）
ṣi	[illegible]	śji 1.10 Ⅶ	石	budhaṣite [illegible] 目怛石帝
ṣiñ	[illegible]	sjij 1.36 Ⅵ	伸	abhiṣiñcantu [illegible] 啊哈（重）伸饯㐤
a	[illegible]	·a Ⅷ	啊	amṛta [illegible] 啊没哩(二合)怛
ā	[illegible]	·a Ⅷ	啊（引）	āhara [illegible] 啊（引）诃啰
ām	[illegible]	·a Ⅷ	啊（没）	āmbhumogha [illegible] 啊(没)目么葛
an	[illegible]	·a Ⅷ	暗	andhardhana [illegible] 暗嗪捺呐
ar	[illegible]	·a Ⅷ	哑(哩)	arkamasi [illegible] 哑(哩)嘚马斯
ba	[illegible]	bja 2.17 Ⅰ	末(舌齿)	bandha [illegible] 末（舌齿）嗪
bāṃ	[illegible]	bja 2.17 Ⅰ	末（没）	bāṃ [illegible] 末（没）
ba	[illegible]	bja 1.23 Ⅰ	巴	baramasi [illegible] 巴啰马斯
ban	[illegible]	bja 1.23 Ⅰ	末(你)	bandhaya [illegible] 末（你）嗪也
ba	[illegible]	pja 1.20 Ⅰ	钵	kabatala [illegible] 葛钵怛辣
bh-	[illegible]	bə Ⅰ	没	bhrūṃ [illegible] 没噜（二合）
bha	[illegible]	ba 2.14 Ⅰ	末	svabhava [illegible] 莎末斡
bhā	[illegible]	ba 2.14 Ⅰ	末（引）	svabhāva [illegible] 莎末（引）斡
bha	[illegible]	bja 2.17 Ⅰ	末	sambhave [illegible] 三末永
bhā	[illegible]	bja 2.17 Ⅰ	末(引)	avabhāsa [illegible] 啊斡末（引）萨
bha	[illegible]	bja 1.23 Ⅰ	末	bhakṣa [illegible] 末屹折

续表

梵音	西夏字	拟音及《文海》音韵地位	汉字对音	对音举例
bha	[illegible]	pja 1.20 Ⅰ	钵	anantakṣobha [illegible] 啊捺（你）怛閦钵
bhe	[illegible]	be 2.33 Ⅰ	唥	garbhe [illegible] 遏哩（二合）唥（重）
bhi	[illegible]	bjij 2.33 Ⅰ	唥	abhiṣiñcantu [illegible] 啊唥（重）伸钱丁六
bhu	[illegible]	bu 1.1 Ⅰ	目	bhumi [illegible] 目弥
bhu	[illegible]	pu 1.1 Ⅰ	末	gatabhujaṅga [illegible] 遏怛末唥祢遏
bhū	[illegible]	bo̱ 2.45 Ⅰ	目	bhūta [illegible] 目（引）怛
bhya	[illegible]	pja 1.20 Ⅰ	钵 也（二合）	kṣobhya [illegible] 閦钵也（二合）
bhyaḥ	[illegible]	pjɨ 1.30 Ⅰ	辟	dhibhyaḥ [illegible] 殢辟
bhyaḥ	[illegible]	bja 2.17 Ⅰ	辟	habhyaḥ [illegible] 诃辟
bhyo	[illegible]	bo 1.49 Ⅰ	灭（舌上重）	bhyo [illegible] 灭（舌上重）
bo	[illegible]	bo 2.42 Ⅰ	磨	bodhaya [illegible] 磨嗏也
bu	[illegible]	pu 1.1 Ⅰ	布	paburu [illegible] 钵布噜
bur	[illegible]	pu 1.1 Ⅰ	布（哩）	saṃburṇe [illegible] 萨（没）布（哩）你
bu	[illegible]	bu 1.1 Ⅰ	目	buddha [illegible] 目嗏
bu	[illegible]	bo̱ 2.45 Ⅰ	目	buddhya [illegible] 目涅
ca	[illegible]	tsja 1.20 Ⅵ	拶	calama [illegible] 拶辣麻
can	[illegible]	tsja 1.20 Ⅵ	钱	abhiṣiñcantu [illegible] 啊唥（重）伸钱丁六
can	[illegible]	tsja 1.20 Ⅵ	拶	candra [illegible] 拶祢怛啰（二合）
chin	[illegible]	tshji 1.16 Ⅵ	秦	chindha [illegible] 秦嗏

续表

梵音	西夏字	拟音及《文海》音韵地位	汉字对音	对音举例
ci	[illegible]	tsji 2.10 Ⅵ	至	cili [illegible] 至哩
co	[illegible]	tsow 2.47 Ⅵ	左	sañcodite [illegible] 珊左𠰳矴
cūr	[illegible]	tsju 1.3 Ⅵ	足(哩)	cūrṇaya [illegible] 足(哩)捺也
d-	[illegible]	djɨ 2.23 Ⅲ	啮	mudre [illegible] 么啮哷(二合)
d=	[illegible]	tjɨ 1.30 Ⅲ	怛	candra [illegible] 拶祢怛啰(二合)
da	[illegible]	dja 2.17 Ⅲ	嗏	daha [illegible] 嗏诃
dā	[illegible]	dja 2.17 Ⅲ	嗏	sadā [illegible] 萨嗏(引)
daṃ	[illegible]	dja 2.17 Ⅲ	嗏	idaṃ [illegible] 嗢嗏没
da	[illegible]	tja 1.20 Ⅲ	打	udayamasi [illegible] 呜打耶马斯
daiḥ	[illegible]	djij 1.36 Ⅲ	宁	padaiḥ [illegible] 钵宁
de	[illegible]	djij 1.36 Ⅲ	宁	deparīśiddhe [illegible] 宁钵哩石𠰳
di	[illegible]	dji 1.11 Ⅲ	𠰳	sañcodite [illegible] 珊左𠰳矴
di	[illegible]	dzja̱ 1.23 Ⅵ	𠰳	disata [illegible] 𠰳萨怛
du	[illegible]	dju Ⅲ	㗚(切身)	duṣṭān [illegible] 㗚(切身)斯怛(二合你)
dya	[illegible]	djij 1.36 Ⅲ	涅	tadyathā [illegible] 怛涅达(引)
dya	[illegible]	dja 2.17 Ⅲ	涅	vidyarāja [illegible] 觅涅啰啰
dha	[illegible]	dja̱ 1.23 Ⅲ	嗏	buddha [illegible] 目嗏也
dha	[illegible]	dja 2.17 Ⅲ	嗏	khadha [illegible] 伽嗏
dhā	[illegible]	dja 2.17 Ⅲ	嗏	buddhāya [illegible] 目嗏(引)也
dhar	[illegible]	dja 2.17 Ⅲ	嗏呤	dharma [illegible] 嗏呤麻(二合)
dha	[illegible]	tjɨ 1.30 Ⅲ	怛	budhaṣite [illegible] 目怛石帝
dhar	[illegible]	tja 1.20 Ⅲ	嗏	andhardhana [illegible] 暗嗏捺呐

续表

梵音	西夏字	拟音及《文海》音韵地位	汉字对音	对音举例
dhe	[西夏字]	thjij 2.33 Ⅲ	宁	viśuddhe [西夏字] 委商宁
dhe	[西夏字]	dji 1.11 Ⅲ	殢	pariśuddhe [西夏字] 钵哩熟殢（引）
dhe	[西夏字]	djij 1.36 Ⅲ	殢	viśuddhe [西夏字] 觅熟宁
dhi	[西夏字]	dji 1.11 Ⅲ	殢	dhili [西夏字] 殢哩
dhir	[西夏字]	dji 1.11 Ⅲ	殢（哩二合）	bhasarudhir [西夏字] 末萨噜殢（哩二合）
dhir	[西夏字]	djij 1.36 Ⅲ	殢	pariśuddhir [西夏字] 钵哩熟宁
dhu	[西夏字]	djṵ 2.6 Ⅲ	辂(切身)	dhuna [西夏字] 辂（切身）捺
dhya	[西夏字]	dja 2.17 Ⅲ	涅	buddhya [西夏字] 目嚓也
ḍā	[西夏字]	dja 2.17 Ⅲ	嚓	ḍākinī [西夏字] 嚓鸡你
ḍu	[西夏字]	dju Ⅲ	⿰丁各(切身)	ghuḍu [西夏字] 唔⿰丁各（切身）
ḍha	[西夏字]	tjɨ 1.30 Ⅲ	怛	agaḍḍhaya [西夏字] 啊遏嘚（怛二合）也
e	[西夏字]	·jij 1.35 Ⅷ	噎	ehyehi [西夏字] 噎形兮
g-	[西夏字]	kj 1.30 Ⅴ	遏	agneni [西夏字] 啊遏你（二合）祢
g-	[西夏字]	gjɨ 1.32 Ⅴ	吃哩（二合）	grihan [西夏字] 吃哩（二合）诃捺
ga	[西夏字]	gja 2.17 Ⅴ	遏	gatabhujaṅga [西夏字] 遏怛末嘐祢遏
gar	[西夏字]	gja 2.17 Ⅴ	遏	garbhe [西夏字] 遏哩（二合）唵（重）
ga	[西夏字]	gja 1.20 Ⅴ	遏	gagana [西夏字] 遏遏捺
gam	[西夏字]	gja 1.20 Ⅴ	遏（没）	argamhoma [西夏字] 啊（哩）遏（没）和麻
gu	[西夏字]	kṵ 2.5 Ⅴ	古	gulamamasi [西夏字] 古噜麻马厮

续表

梵音	西夏字	拟音及《文海》音韵地位	汉字对音	对音举例
gha	[illegible]	kja̱ 1.21 V	葛	mogha [illegible] 么葛
gho	[illegible]	go 1.49 V	�	busuranirghośe [illegible] 目苏啰你（哩）匡世
ghu	[illegible]	ku̱ 2.5 V	唔	ghuru [illegible] 唔噜
h-	[illegible]	·jɨr 2.77 Ⅷ	吃	hrīṃ [illegible] 诃哩（二合祢）
hṛ	[illegible]	·jɨr 2.77 Ⅷ	吃哩（二合）	hrīḥ [illegible] 吃哩（二合）
ha	[illegible]	xa Ⅷ	诃	daha [illegible] 嗏诃
hā	[illegible]	xa Ⅷ	诃（引）	mahā [illegible] 麻诃（引）
han	[illegible]	xa Ⅷ	诃捺	grihan [illegible] 吃哩（二合）诃捺
hāṃ	[illegible]	xā 1.24 Ⅷ	含	hāṃ [illegible] 含
he	[illegible]	xa Ⅷ	形	he [illegible] 形
hi	[illegible]	xji 1.11 Ⅷ	兮	ehyehi [illegible] 嗌形兮
hī	[illegible]	xji 1.11 Ⅷ	兮	hī [illegible] 兮
ho	[illegible]	·jij 1.36 Ⅷ	和	ānayaho [illegible] 啊捺也和
ho	[illegible]	xwo 2.42 Ⅷ	和	argamhoma [illegible] 啊（哩）遏（没）和麻
hu	[illegible]	xu 1.1 Ⅷ	呼	ahuti [illegible] 啊呼帝
hūṃ	[illegible]	xo Ⅷ	吽	hūṃ [illegible] 吽
hye	[illegible]	xa Ⅷ	形	ehyehi [illegible] 嗌形兮
j-	[illegible]	dzjɨ 1.30 Ⅵ	日	vajra [illegible] 末日啰（二合）
j-	[illegible]	dzjɨ̱ 2.29 Ⅵ	谒	jñaṃ [illegible] 谒娘（二合祢）
ja	[illegible]	dzja 1.20 Ⅵ	啰	jaya [illegible] 啰也
ja	[illegible]	dzji̱ 2.12 Ⅵ	啰	prabujate [illegible] 不啰（二合）目啰帝
jaṃ	[illegible]	dzja̱ 1.23 Ⅵ	啰（没）	jaṃbhani [illegible] 啰（没）末你

续表

梵音	西夏字	拟音及《文海》音韵地位	汉字对音	对音举例
jaṅ	[illegible]	dzja̱ 1.23Ⅵ	嘮祢	gatabhujaṅga [illegible] 遏怛末嘮祢遏
jva	[illegible]	dzwa 1.17Ⅵ	嘬	jvala [illegible] 嘬辢
kṣa	[illegible]	khja 2.17Ⅴ	屹折	bhakṣa [illegible] 末屹折
kṣo	[illegible]	khjo 2.44Ⅴ	閦	kṣobhya [illegible] 閦钵也（二合）
k=	[illegible]	kjɨ 1.30 Ⅴ	吃（剌）	badākramasi [illegible] 把打吃（剌）马斯
ka	[illegible]	gja 2.17Ⅴ	葛	arkama [illegible] 啊哩葛麻
kṛ	[illegible]	gja 2.17Ⅴ	遏（哩）	kṛpāsaṃ [illegible] 遏哩钵萨（没）
kā	[illegible]	kja̱ 1.21Ⅴ	葛（引）	kāya [illegible] 葛（引）也
ki	[illegible]	kji 1.11 Ⅴ	鸡	avalokini [illegible] 啊斡逻鸡你
ki	[illegible]	kjiw 1.45Ⅴ	鸡	kili [illegible] 鸡哩
ko	[illegible]	ko 1.49 Ⅴ	光	koṭi [illegible] 光帝（引）
ku	[illegible]	ku 1.1 Ⅴ	孤	kuru [illegible] 孤噜
kya	[illegible]	kja 1.20 Ⅴ	迦	trailokya [illegible] 啰呤（二合）逻迦
kya	[illegible]	khja 1.21Ⅴ	伽	mahāsukya [illegible] 麻诃苏伽
kha	[illegible]	khja 1.21Ⅴ	伽	khadha [illegible] 伽嗏
la	[illegible]	lja 2.16 Ⅸ	辢	jvala [illegible] 嘬辢
laṃ	[illegible]	lja 2.16 Ⅸ	辢（没）	vilaṃ [illegible] 觅辢（没）
laṃ	[illegible]	lja 2.16 Ⅸ	辣（没）	alaṃkara [illegible] 啊辣（没）葛啰
la	[illegible]	Lj 1.29 Ⅸ	噜	gulamamasi [illegible] 古噜麻马斯
le	[illegible]	ljij 2.33 Ⅸ	令	musalena □[illegible] 么萨令捺

续表

梵音	西夏字	拟音及《文海》音韵地位	汉字对音	对音举例
li	[illegible]	lji 2.9 Ⅸ	哩	dhili [illegible] 殢哩
lo	[illegible]	lo 1.49 Ⅸ	逻	avalokini [illegible] 啊斡逻鸡你
lo	[illegible]	lo 2.42 Ⅸ	罗	trailokya [illegible] 啰呤（二合）逻迦
m-/-ṃ/-m	[illegible]	mj 1.30 Ⅰ	没	amṛta [illegible] 啊没哩（二合）怛；vilaṃ [illegible] 觅辢（没）；argamhoma [illegible] 啊（哩）遏（没）和麻
ma	[illegible]	mja 1.20 Ⅰ	麻	matha [illegible] 麻达
mā	[illegible]	mja 1.20 Ⅰ	麻（引）	samā [illegible] 萨麻（引）
maṃ	[illegible]	mja 1.20 Ⅰ	麻（祢）	kṣamaṃ [illegible] 屹折（二合）麻（祢）
māṃ	[illegible]	mja 1.20 Ⅰ	嚩	māṃ [illegible]嚩
man	[illegible]	mja 1.20 Ⅰ	满	samanta [illegible] 萨满怛
man	[illegible]	mã 1.24 Ⅰ	满	mantra [illegible] 满啰啰（二合）
man	[illegible]	ma 2.14 Ⅰ	满	mantra [illegible] 满啰啰（二合）
me	[illegible]	mjij 1.36 Ⅰ	铭	me [illegible] 铭
mi	[illegible]	mji 1.11 Ⅰ	弥	raśmi [illegible] 啰实弥
mṛ	[illegible]	mji 1.11 Ⅰ	弥 哩（二合）	amṛta [illegible] 啊弥哩（二合）怛
min	[illegible]	mji 1.11 Ⅰ	弥（二合你）	asmin [illegible] 啊斯弥（二合你）
mo	[illegible]	mu 2.41 Ⅰ	么	mocaya [illegible] 么拶也
mu	[illegible]	mu 2.41 Ⅰ	么	mudra [illegible] 么啮啰（二合）
mo	[illegible]	mo 2.42 Ⅰ	么	moha [illegible] 么诃
mu	[illegible]	mo 2.42 Ⅰ	么	amukatya [illegible] 啊么葛怛（上腭）

续表

梵音	西夏字	拟音及《文海》音韵地位	汉字对音	对音举例
mu	[illegible]	mju 2.3 Ⅰ	嘸	muni [illegible] 嘸你
na	[illegible]	nja 2.17 Ⅲ	捺	dhuna [illegible] 辂(切身)捺
nā	[illegible]	nja 2.17 Ⅲ	捺(引)	banāmasi [illegible] 末捺马斯
naṃ	[illegible]	nja 2.17 Ⅲ	喃	duṣṭanaṃ [illegible] 辂(切身)断怛(二合)喃
nāṃ	[illegible]	nja 2.17 Ⅲ	喃	sattvanāṃ [illegible] 萨咄喃
nan	[illegible]	nja 2.17 Ⅲ	捺(你)	anantakṣobha [illegible] 啊捺(你)怛閦钵
ne	[illegible]	njij 2.33 Ⅲ	你	agneni [illegible] 啊遏你(二合)祢
ni	[illegible]	njij 2.33 Ⅲ	你	locani [illegible] 逻拶你
ni	[illegible]	nji 2.10 Ⅲ	祢	vairocaniye [illegible] 唹嚷拶祢英
nī	[illegible]	nji 2.10 Ⅲ	祢(引)	ḍākinī [illegible] 嗏鸡你
ṇa	[illegible]	nja 2.17 Ⅲ	捺	spharaṇa [illegible] 断拔啰捺
ṇe	[illegible]	njij 2.33 Ⅲ	你	saṃburṇe [illegible] 萨(没)布(哩)你
ṇi	[illegible]	njij 2.33 Ⅲ	你	vajriṇi [illegible] 末唎哩(二合)你
ṇi	[illegible]	nji 2.10 Ⅲ	祢	rakṣaṇi [illegible] 啰屹折祢
nir	[illegible]	nji 2.10 Ⅲ	你(哩)	busuranirghośe [illegible] 目苏啰你(哩)匿世
ṇīr	[illegible]	nji 2.10 Ⅲ	你(哩)	ṇaṇīrbabaya [illegible] 捺你(哩)钵钵也
no	[illegible]	no 2.42 Ⅲ	诺	parajano [illegible] 钵啰嘇诺
oṃ	[illegible]	·a Ⅷ	唵	oṃ [illegible] 唵
p-	[illegible]	pjɨ 1.30 Ⅰ	不啰(二合)	prati [illegible] 不啰(二合)帝

续表

梵音	西夏字	拟音及《文海》音韵地位	汉字对音	对音举例
pa	[illegible]	pja 1.20 Ⅰ	钵	paca [illegible] 钵拶
pā	[illegible]	pja 1.20 Ⅰ	钵（引）	pāramitā [illegible] 钵（引）啰弥怛（引）
pā	[illegible]	po 1.49 Ⅰ	菩	spāṭaya [illegible] 斯菩（二合）怛也
pū	[illegible]	pu 1.1 Ⅰ	逋	paripūraṇi [illegible] 钵哩逋（引）啰祢
pha	[illegible]	phja 1.20 Ⅰ	拔	sphara [illegible] 斯拔啰
phaṭ	[illegible]	phjar 1.82 Ⅰ	发（怛）	phaṭ [illegible] 发（怛）
pheṃ	[illegible]	phji 1.11 Ⅰ	毗（没）	pheṃ [illegible] 毗（没）
phu	[illegible]	bo　2.45 Ⅰ	婆	visphuṭa [illegible] 觅斯婆（二合）怛
phūḥ	[illegible]	phu 1.1 Ⅰ	扑	phūḥ [illegible] 扑
pheṃ	[illegible]	phji 1.11 Ⅰ	毗（没）	pheṃ [illegible] 毗（没）
ra	[illegible]	rjir 1.79 Ⅸ	啰	vajrasattva [illegible] 末日啰（二合）萨咄
ri	[illegible]	rjir 1.79 Ⅸ	哩	pariśuddhe [illegible] 钵哩熟殢（引）
rīṃ	[illegible]	rjir 1.79 Ⅸ	哩（二合祢）	hrīṃ [illegible] 诃哩（二合祢）
rīḥ	[illegible]	rjir 1.79 Ⅸ	哩	hrīḥ [illegible] 吃哩（二合）
ṛ	[illegible]	rjir 1.79 Ⅸ	哩	amṛta [illegible] 啊弥哩（二合）怛
ra	[illegible]	rjar 1.82 Ⅸ	啰	vajra [illegible] 末日啰（二合）
rā	[illegible]	rjar 1.82 Ⅸ	啰	rākṣa [illegible] 啰屹折（二合）
raṃ	[illegible]	rjar 1.82 Ⅸ	啰	vajraṃ [illegible] 末唎啰（合口）
rai	[illegible]	rjijr 2.68 Ⅸ	呤	trailokya [illegible] 嘚呤（二合）逻迦

续表

梵音	西夏字	拟音及《文海》音韵地位	汉字对音	对音举例
re	[illegible]	rjijr 2.68 Ⅸ	呤	mudre [illegible] 么嚨呤（二合）
ri	[illegible]	rjɨr 2.77 Ⅸ	哩	trijaya [illegible] 嘚哩（二合）嘢也
-r	[illegible]	rjɨr 2.77 Ⅸ	哩	karma [illegible] 葛哩（二合）麻
ro	[illegible]	ror 2.80 Ⅸ	哴	vairocaniye [illegible] 喻哴拶祢英
roṃ	[illegible]	ror 2.80 Ⅸ	哴（二合祢）	hroṃ [illegible] 屹哴（二合祢）
ru	[illegible]	rjur 2.70 Ⅸ	噜	kuru [illegible] 孤噜
rūṃ	[illegible]	rur 1.75 Ⅸ	嚨	bhrūṃ [illegible] 没嚨（二合）
s-	[illegible]	sjɨ 2.28 Ⅵ	斯	asmin [illegible] 啊斯弥（二合你）
sa	[illegible]	sja 1.20 Ⅵ	萨	trasaya [illegible] 嘚啰（二合）萨也
saṃ	[illegible]	sja 1.20 Ⅵ	萨	kṛpāsaṃ [illegible] 遏（哩）钵萨（没）
saṃ	[illegible]	sja 1.20 Ⅵ	萨（没）	saṃburṇe [illegible] 萨（没）布（哩）你
san	[illegible]	sja 1.20 Ⅵ	萨（你）	prasanture [illegible] 不啰（二合）萨（你）丁六呤
sar	[illegible]	sja 1.20 Ⅵ	萨哩（二合）	sarva [illegible] 萨哩嚩
sañ	[illegible]	sja 1.20 Ⅵ	珊	sañcodite [illegible] 珊左殢矴
saṃ	[illegible]	sã 1.24 Ⅵ	三	kāyasaṃ [illegible] 葛（引）也三
sam	[illegible]	sã 1.24 Ⅵ	三	sambhave [illegible] 三末永
si	[illegible]	sji 1.11 Ⅵ	呬	sili [illegible] 呬唎
sid	[illegible]	sji 1.11 Ⅵ	西	siddhya [illegible] 西涅
su	[illegible]	sju 2.3 Ⅵ	苏	mahāsukya [illegible] 麻诃苏伽
sum	[illegible]	sju 2.3 Ⅵ	三	sumbhani [illegible] 三末你
svā	[illegible]	swa 1.17 Ⅵ	莎	svāhā [illegible] 莎诃

续表

梵音	西夏字	拟音及《文海》音韵地位	汉字对音	对音举例
svā	[illegible]	swa 1.17 Ⅵ	莎（引）	svāhā [illegible] 莎（引）诃（引）
t-	[illegible]	tjɨ 1.30 Ⅲ	嘚	mantra [illegible] 满嘚啰（二合）
ta	[illegible]	tja 1.20 Ⅲ	怛	kabatala [illegible] 葛钵怛辣
taṃ	[illegible]	tja 1.20 Ⅲ	怛（没）	staṃbhani [illegible] 斯怛（二合没）钵你
tāṃ	[illegible]	tja 1.20 Ⅲ	怛（称）	ragatāṃ [illegible] 啰遏怛（称）
taṇ	[illegible]	tja 1.20 Ⅲ	怛（称）	taṇ [illegible] 怛（称）
tā	[illegible]	tja 1.20 Ⅲ	怛（引）	tathagatā [illegible] 怛达遏怛（引）
te	[illegible]	tjij 2.33 Ⅲ	帝	budhaṣite [illegible] 目怛石帝
te	[illegible]	tjij 1.36 Ⅲ	帝	bhagavate [illegible] 末遏斡帝
te	[illegible]	tji 2.10 Ⅲ	帝	bhagavate [illegible] 末遏斡帝
ti	[illegible]	tji 2.10 Ⅲ	帝	pratiṣṭhite [illegible] 不啰帝实提（二合）矴
ti	[illegible]	tjij 1.36 Ⅲ	矴	gati [illegible] 遏矴
to	[illegible]	to 2.48 Ⅲ	多	sanihitobhava [illegible] 萨你兮多末斡
tva	[illegible]	twa 1.17 Ⅲ	咄	sattva [illegible] 萨咄
tu	[illegible]	tju 2.3 Ⅲ	丁六	tuttre [illegible] 丁六怛呤（二合）
tya	[illegible]	thja 2.17 Ⅲ	怛（上腭）	amukatya [illegible] 啊么葛怛（上腭）
tha	[illegible]	tha Ⅲ	达	matha [illegible] 麻达
thā	[illegible]	tha Ⅲ	达（引）	tadyathā [illegible] 怛宁达（引）
thi	[illegible]	thji 1.11Ⅲ	提	prithiviloka [illegible] 布哩（二合）提觅逻葛
u	[illegible]	·wu Ⅷ	呜	udayamasi [illegible] 呜打耶马斯

续表

梵音	西夏字	拟音及《文海》音韵地位	汉字对音	对音举例
va	[illegible]	war 1.80 Ⅱ	嚩	sarva [illegible] 萨嚩
va	[illegible]	·wa 1.17 Ⅱ	斡	sarva [illegible] 萨嚩
va	[illegible]	ba 2.14 Ⅰ	末	vajra [illegible] 末日啰（二合）
va	[illegible]	bja 2.17 Ⅰ	末	vajra [illegible] 末日啰（二合）
va	[illegible]	·wa 1.17 Ⅱ	斡	vaśaṃ [illegible] 斡折（祢）
vai	[illegible]	be 2.33 Ⅰ	唅	vairocaniye [illegible] 唅啝捘祢英
ve	[illegible]	·wjij 2.32 Ⅱ	永	sambhave [illegible] 三末永
ve	[illegible]	·wji 2.9 Ⅱ	觅	mahādeve [illegible] 麻诃宁觅
vi	[illegible]	bji 2.10 Ⅰ	觅	vilaṃ [illegible] 觅粹（没）
vi	[illegible]	xwor 1.91 Ⅷ	委	viśuddhe [illegible] 委商宁
vān	[illegible]	wã 2.22 Ⅱ	剜	bhagavānni [illegible] 末遏剜祢
ṭa	[illegible]	tja 1.20 Ⅲ	怛	spāṭaya [illegible] 斯菩（二合）怛也
ṭā	[illegible]	tja 1.20 Ⅲ	怛（引）	viśiṣṭāya [illegible] 觅石实怛（二合引）也
ṭān	[illegible]	tja 1.20 Ⅲ	怛（你）	duṣṭān [illegible] 辂（切身）斯怛（二合你）
ṭa	[illegible]	tja 1.20 Ⅲ	怛	visphuṭa [illegible] 觅斯婆（二合）怛
ṭi	[illegible]	tji 2.10 Ⅲ	帝	koṭi [illegible] 光帝（引）
ṭha	[illegible]	tja 1.20 Ⅲ	怛	vajratiṣṭha [illegible] 末日啰（二合）帝实怛（二合）
ṭha	[illegible]	tha Ⅲ	达	kuḍṭhara [illegible] 孤达啰
ṭhā	[illegible]	tha Ⅲ	达	adhiṣṭhāna [illegible] 啊殢实达（二合引）捺
ṭhi	[illegible]	thji 1.11 Ⅲ	提	pratiṣṭhite [illegible] 不啰帝实提（二合）矴

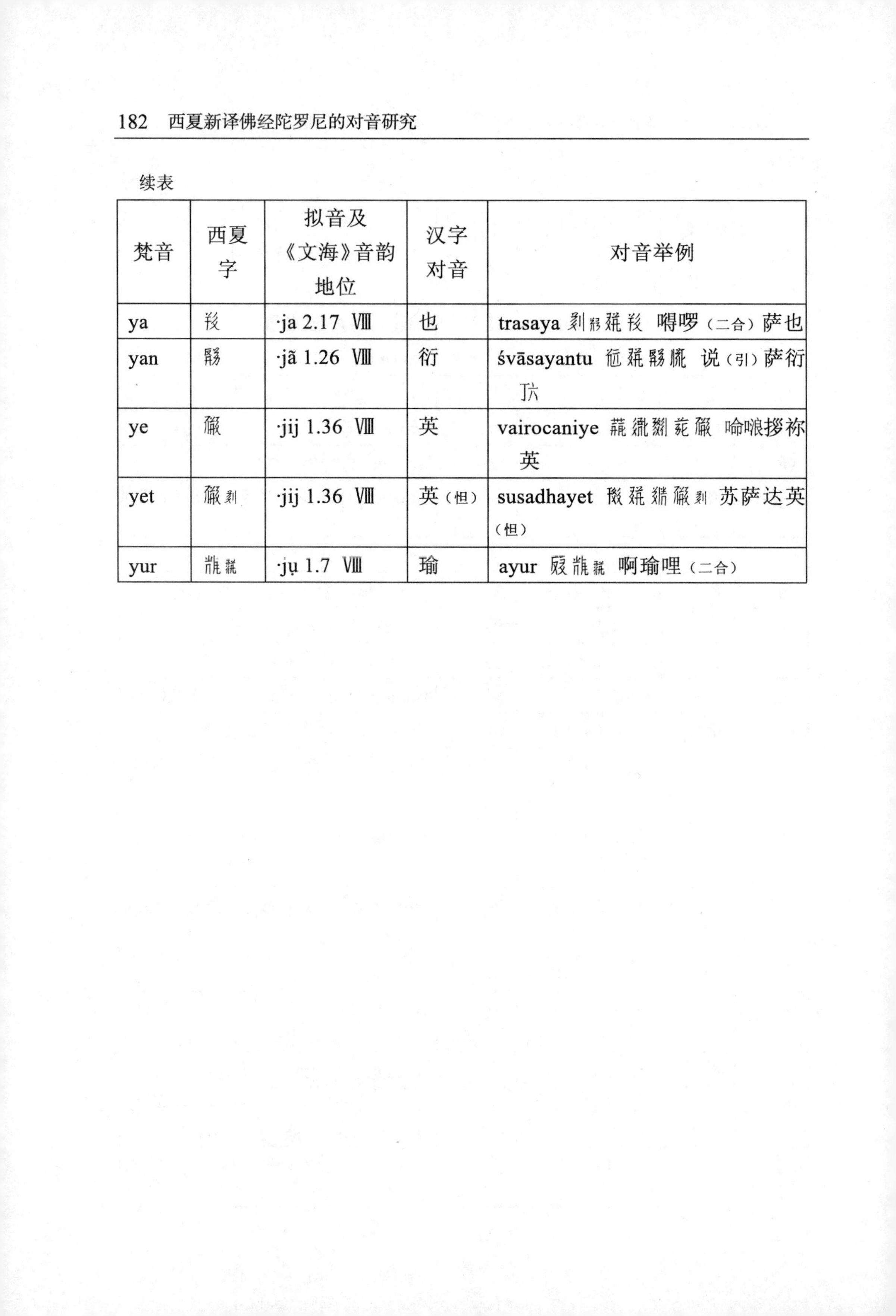

续表

梵音	西夏字	拟音及《文海》音韵地位	汉字对音	对音举例
ya	[illegible]	·ja 2.17 Ⅷ	也	trasaya [illegible] 啰啰（二合）萨也
yan	[illegible]	·jã 1.26 Ⅷ	衍	śvāsayantu [illegible] 说（引）萨衍丁六
ye	[illegible]	·jij 1.36 Ⅷ	英	vairocaniye [illegible] 唥啷拶祢英
yet	[illegible]	·jij 1.36 Ⅷ	英（怛）	susadhayet [illegible] 苏萨达英（怛）
yur	[illegible]	·jụ 1.7 Ⅷ	瑜	ayur [illegible] 啊瑜哩（二合）

附录三

法藏敦煌 P.3861 号文献的梵汉对音研究①

法藏敦煌 P.3861 号文献是伯希和于 1908 年在敦煌莫高窟藏经洞携去的写本之一，现藏法国国家图书馆东方写本部。王重民编“伯希和劫经录”介绍此文献为：“1. 金刚廿八戒，2. 三窠法义，3. 诸真言。小册子，前后有于阗文及藏文数行。”[1](p.296)黄永武主编《敦煌宝藏》第 131 册刊发有照片。[2](pp.318-333) 由于此文献为于阗文、藏文、汉文交互书写，故有关法藏敦煌藏文文献的目录亦多见著录，编号 P.T.0085。麦克唐纳和今枝由郎编《国立图书馆藏敦煌藏文文献选》第一辑、[3] 王尧主编《法藏敦煌藏文文献解题目录》中均有介绍，[4](p.17) 清晰照片 2006 年刊布于《法国国家图书馆藏敦煌藏文文献》第二册。[5](pp.251-264)

此抄本规格为 15.5×22cm，有灰色线格，每叶 18 行，每行 17—18 字不等。开头为两行于阗文，意为“发菩提心”；接着半叶为藏文陀罗尼；中间是几种汉文佛经及陀罗尼，包括《金刚廿八戒》、《散食法》、《三窠法义》、《金刚总持大摧碎陀罗尼真言》、《大悲心陀罗尼真言》等，结尾是藏文陀罗尼和藏、汉对照的佛教术语。其中汉文《金刚总持大摧碎陀罗尼真言》、《大悲心陀罗尼真言》所用对音汉字与敦煌发现的藏汉对音资料同样珍贵，可以为我们研究中古汉语河西方音提供参考。

文献的具体编定时间无法确定，但可以看出对音汉字中出现的俗字与敦煌发现的其他汉文文献一致，如“延”的写法与 P.2160《摩诃摩耶经卷上》中“那罗延力士王”中的“延”一致；“栴”的写法与 S.617《俗务要名林》中“牛头栴檀香”中的“栴”一致，等等。[6](p.474、540) 文中还出

① 原载《语言研究》2008 年第 4 期。

现了武周新字“埊”，用于对译梵文 dhi，与 P.2151《妙法莲华经·序品第一》“以是因缘，埊皆严净”中的“埊”一致。[6](p.82) 武则天所造的十七个字一般认为行用到其统治结束的神龙元年（705），当然，由于书写习惯使然，此后的写本中也可以出现这些字。此外，该文献的梵汉对音多使用“某某反”切合音，如梵文 vya 对音汉字为“非耳反”、ṇa 为“宁耳反”、nir 为“泥栗反”等等，而没有使用玄奘以后较为常用的“二合”等注音手段。根据以上对音用字的使用，再结合文献最后有藏、汉对勘佛教术语的情况，我们推测这份材料是八、九世纪吐蕃占领敦煌时期（786—848）的作品，反映的是中古汉语的河西方音。

70 多年前，罗常培发表了《唐五代西北方音》，[7] 遵从钢和泰、汪荣宝等开创的梵汉对音研究法，利用敦煌发现的五种藏汉对音资料研究了唐五代西北方音。此项研究与敦煌发现的“守温字母”残卷和多种《切韵》残卷相表里，不仅补充和证明了《切韵》的音类，而且还使人们对唐五代西北方音的声韵音值有了基本的理解，成为研究汉语西北方音的里程碑式作品。继之，日本高田时雄发表了《敦煌资料与汉语史的研究——九、十世纪的河西方言》，[8] 甄别和补充了几种敦煌藏汉对音资料，进一步系统研究了唐五代河西方音。此外还有张鸿魁的《王梵志诗用韵研究》、[9] 耿志坚的《晚唐及唐末五代僧侣诗用韵考》，[10] 利用时代相同、地域相近的诗文用韵材料丰富了唐五代西北方音韵母方面的研究。到目前为止，借助敦煌发现的音韵学资料，尤其是藏汉对音资料的分析，可以说学界对唐五代时期的汉语河西方音已经有了比较清晰的了解。但毋庸讳言，藏文注音或藏汉对音资料有一个明显问题至今仍然困惑着学界，即藏文词语的书面写法和实际的口语读音并不总是统一的，有时写法同而语音未必全同，尤其是其中各种各样的前加字母，我们还不能确定它们在当时某个方言里是否发音，也不能确定它们是否引起了词语读音的改变。藏汉对音材料的这个缺陷使得罗常培当时就慨叹：“我们虽然不承认从这几种材料只能得到‘大部分想象的结论’，然而对于哪些是当时的实际语音，哪些是藏文的替代音，可得要很仔细地辨别清楚，这一点在全部的工作效率上关系很重要的。”[7](p.3) 当然，罗先生是大家，对材料分析得非常仔细和审慎，这在一定程度上减弱了藏汉对音资料的这个缺陷，但没能利用敦煌文献中珍贵的梵汉对音资料与藏汉对音相互参证，则不能不说是此前研究的一个遗憾。

此前的语言学家早就留意到，敦煌出土的藏汉对音材料所反映的语音现象颇为复杂，除了有时代的先后之外，还有方言内部的差异。用藏文在汉字旁边注音的所谓“对音本”，或藏文是某篇汉文的全部或部分音译的“音译本”，与像《开蒙要训》等汉字直音互注资料所反映的语音有所不同，前者与唐五代时期的长安话一致，而后者则反映了五代敦煌所属河西方音的语音特色。由此，高田时雄把敦煌所在的河西方音划分为两个阶段：吐蕃统治时期和归义军统治的早期用藏文转抄的汉文写本反映了长安标准的或类似的发音，归义军统治晚期的写本则展示了河西方言的特色。[11](p.12) 我们这份材料所呈现的语音特点与唐代长安话多有不同，所反映的当是唐代吐蕃占领敦煌时期的河西方音，《开蒙要训》和 12 世纪西夏遗存的梵汉对音资料所呈现的语音特点与之一脉相承。

下面是对《金刚总持大摧碎陀罗尼真言》、《大悲心陀罗尼真言》两种梵汉对音资料所反映的语音规律的分析，其中梵文陀罗尼转写参考了清代章嘉呼图克图于乾隆三十八年（1773）编著的《御制满汉蒙古西番合璧大藏全咒》。[12]

一　声母的梵汉对音

（一）梵汉对音规律

k 见/匣/群	kh 见	g 见/疑	gh 见/疑	
c 精/从/庄	ch 清/昌/ 庄	j 精/从/章		ñ泥
ṭ 端/定	ṭh 端/透	ḍ 端/定		ṇ 泥
t 端/定	th 端/透	d 端/定/泥	dh 端/定/透	n 泥/来
p 帮/並	ph 帮/並	b 並/帮	bh 帮/並/明	m 明
y 余/云	r 来	l 来	v 並/帮/疑	ś 书/禅
ṣ 书/山/心	s 心	h 晓/匣		

（二）梵汉对音举例

k- ka 歌/ka 纥 ku 俱	kh- kha 诃	g- ga 诃/ga 俄
gh- gha 柯/诶	c- ca 佐/cam 蚕/caṇ 臻	ch- che 清/chin 嗔/chin 臻
j- ja 佐/ji 慈/ji 只	ñ- ña 娘	ṭ- ṭa 多/陁
ṭh- ṭha 多/他	ḍ- ḍa 多/陁	ṇ- ṇa 那/宁耳反
t- te 帝/地	th- tha 多/他	d- de 帝/提/da 捺
dh- dha 多/dhi 地/dhu 吐	n- na 那/nāṃ拦	p- pa 波/婆
ph- pho 谤/phu 蒲	b- ba 婆/ 波	bh- bha 併/bho 傍/bha 蛮/bha 勿合反
m- mi 命	y- ya 耶/于	r- ra 啰
l- la 啰	v- ve 弼/vid 必/vit 嶽	ś- śa 奢/śud 常/śaṃ灑
ṣ- ṣa 奢/ṣ-瑟/ṣu 须	s- sat 萨/sid 室	h- hi 醯/hu 胡

（三） 对音讨论

从上举例子中我们首先可以归纳出以下对音规律：

1. 敦煌本《金刚总持大摧碎陀罗尼真言》、《大悲心陀罗尼真言》中没有出现汉语知、彻、澄、邪等声母的字，估计是因为这四个声母在当时分别读作[ʈʂ]、[ʈʂ]、[dʐ]、[z]之类，而梵文里恰好没有这些音。

2. 按照唐代密咒梵汉对音传统，与梵文 p-、ph-、b-、bh-对音分别用汉语帮、滂、明、並四母字，如唐代慧琳分别用“跛”、“颇”、“么”、“婆”与梵文 pa、pha、ba、bha 对音；与梵文 t-、th-、d-、dh-对音分别用汉语端、透、泥、定四母字，如唐代慧琳分别用“多”、“他”、“那”、“驮”与梵文 ta、tha、da、dha 对音；与梵文 c-、ch-、j-、jh-对音分别用汉语精、清、从三母字，如唐代慧琳分别用“左”、“瑳”、“嵯”、“醝”与梵文 ca、cha、ja、jha 对音；与梵文 k-、kh-、g-、gh-对音分别用汉语见、溪、疑、群四母字，如慧琳《一切经音义》分别用“迦”、“佉”、“哦”、“伽”与梵文 ka、kha、ga、gha 对音。[13] 敦煌这份资料的梵汉对音并未严格区分梵文的清、浊与送气，举例如下：

《切韵》声类	梵汉对音字例
帮母	ba/pa/p-波　pa/pad/va 钵　bha 併　phaṭ 叭 p-不　phu/vid 必　pho 谤
並母	ba/pa/bha/va 婆　va 跋　ban/bhañ盘　bh-/vi 勃 bo/bho 傍　bo/bu 菩　phu 蒲　pu/vi 哺 vir/vi 毗　bhin 频　ve/vid 弼　ve 平　vya 平耳反
端	da/ta/t-怛　da/dha/dhya/ḍa/ta/tha/ṭa/ṭha 多　ta/tvaṃ丹 dha/dya 哆　dam 擔　de/te/thi/ti/ṭi 帝　te 滴 ti 底　ti 丁　d-/t-咄　tva 埵　dhyan 典
透	dhu 吐　tha/ṭha 他
定	da/dha/ḍa/tva/ṭa 陁　ta 达　de/dhi 提　dhi/te 地 dhi 埿　dhu/tu 徒　dyaṃ殿
精	ca 作　ja 嗟　ca/ja/jo 佐　jva 左　ci 井　cu 卒
清	che 清
从	cam 蚕　ji 慈
见	ga/ka 歌　ga/kha诃　ga/ka 箇　gha/kha 柯 k-戛　ka/kar 割　ka 甘　kaṃ干 ki 经　ke/ki 鸡　ki/ke 惊　k-/ki 吉 ge 记　ku 姑　ku 骨
溪	k-窟　ghur 矻　h-吃
群	kan/kaṇ 乾　ku 俱

由上表可知，帮母字“波”分别与梵文 pa、ba 对音；並母字“婆”分别与梵文 pa、ba、bha 对音；端母字“多”分别与梵文 ta、tha、da、dha 对音；端母字“帝”分别与梵文 te、thi、de 对音；定母字“地”分别与梵文 dhi、te 对音，定母字“徒”分别与梵文 dhu、tu 对音；梵文 ca 和 ja 分别用精母字“作”和“嗟”对音；精母字“佐”分别对应梵文 ca、ja 和 jo；

梵文 cam 和 ji 分别用从母字“蚕”和“慈”对音，等等。敦煌《开蒙要训》也有类似的情况，既有全浊与全清互注例，又有全浊与次清互注例，由于这种现象与《千字文》、《大乘中宗见解》等藏文注音不甚一致，从声调条件上又无规律可循，罗常培不得已归之为“这种方音的特异色彩”。[7](p.94) 与之不同，12 世纪西夏的梵汉对音规律与唐代传统对音规则一致，即较为严格地区分了梵文的清浊。[14]

3. 尽管这份资料的梵汉对音并未严格区分梵文的清、浊与送气，如並母字“婆”分别与梵文 pa、ba 对音；定母字“地”分别与梵文 te、dhi 对音；“提”与梵文 de，而梵文 de 一般用端母字“帝”对音；从母字“蚕”与梵文 cam、而“慈”与梵文 ji 对音。但从汉语透母字“他”和“吐”分别只用于与梵文送气清音 tha 或送气浊音 dhu 对音来看，我们还是可以体会译音人人概能区别汉语的送气音，那么汉语並、定、从等浊音声母字既与梵文清音 p、ph、t、th、c 对音，又与梵文浊音 b、bh、d、dh、j 等对音的情况说明，当时的河西方音浊音还没有清化，这与《大乘中宗见解》等藏汉对音和西夏时期梵汉对音资料所反映的河西方音浊音变为送气清音的演化有所不同。

4. 唐代密咒多用微母字与梵文 v 对音，如慧琳以汉字“尾”对译梵文 vi，但也有用並母字译 v 的情况，如梵文 licchava，慧琳对音为“栗呫婆”，va 对“婆”。[13] 早期汉译佛经 b、v 往往不分，藏译经咒中梵文 v 也一律译 b。敦煌密咒中与梵文 v 的对音字例如下：

帮母	va 钵	vid 必	
並母	va 婆	va 跋	vi 勃 vi 哺
	vir/vi 毗		
	ve/vi 弼	ve 平	vya 平耳反
非母	vya 非耳反		
微母	bha 勿合反	va/bha 嚩	

上表中与梵文 v 对音往往用汉语帮、並、非母字，而很少用微母字，这种情况说明敦煌梵汉对音中对梵文 v 的处理沿用后汉的旧例，一般读作 b，“嚩”译 va 是慧琳发明的译法，注谓：“音近无可反”。“无可反”这个

反切不通（微母不能切一等字），后人视为三等字时就译 va，视为一等字时就译 bha。“勿合反”与“无可反”一致。

5. 敦煌《阿弥陀经》“补”、“非”、“达”的藏文注音分别是’phu、’phyi、’dar；《金刚经》中“分”为’bun；《大乘中宗见解》中“不”为’bu，罗常培曾推测藏文’号未必含有鼻声的音彩，[7](p.30) 敦煌这份资料中“不”对 p- 、“达”对 ta 等形式可以为这种推测提供确证。

6. 敦煌这份资料中出现了中古鼻声母字与浊塞声母字对音的情况，这说明当时的河西方音已有 m>mb、n>nd、ŋ>ŋg 演化的痕迹。举例如下：

明母	bha 蛮 m- 蜜 man/maṇ/maṃ 慢	ma 末 mi 迷 muñ 门	mai 萌 mi 命 mo 谟	ma/mu/maṃ 摩 man 满 mo/mu 忙
泥	da 捺 na 囊 ni/ṇi 泥	na/ṇa 那 na 奴 nir 泥栗反	ṇa 宁耳反 na 娜	na 南 naṃ 难
疑	ga 俄	gha 诫		

这种对音情况与罗常培对藏汉对音资料的分析相合。[7]（p.29-30） 河西方音 m>mb、n>nd、ŋ>ŋg 的演化到 12 世纪已经完成，我们在西夏汉译密咒中见到与梵文 b、d、g 对音普遍用中古鼻音声母字，说明河西方音的这种演化在 12 世纪的西夏时代进了一大步。[14] 不过西夏梵汉对音资料显示，只有失落韵尾-ŋ 的阳声韵鼻音声母读 mb-、nd-、ŋg-，而保存了鼻音-n 尾的臻、山两摄阳声韵，其声母仍读 m-、n-、ŋ-，敦煌这份资料中用“慢”与梵文 man、maṇ、maṃ对音；用“难”与梵文 naṃ对音，总体上与西夏时期一致，不过用“蛮”与梵文 bha 对音的情况又预示着河西方音鼻音声母早期的变化与后来有所不同。

7. 按照唐代梵汉对音传统，梵文 c 类用汉语精组字对音，而梵文 ṭ 类用知组字对音，梵文 t 类用端组字对音，如慧琳《一切经音义》中梵文 ca 译“左”、ṭa 译“吒”、ta 译“多”。[13] 敦煌这份资料中梵文 t、ṭ 类的对音字例如下：

梵文	端	透	定
t 类	ta/tha/da/dha/dhya 多；da/ta/t-怛；ta/tvaṃ丹；dha/dya 哆；dam 擔；dhyan 典；ti/thi/te/de 帝；te 滴；ti 底；ti 丁；d-/t-咄	tha 他；dhu 吐	da/dha/tva 陁；ta 达；dyaṃ殿；dhi/te 地；de/dhi 提；dhi 埊；dhu/tu 徒；
ṭ 类	ṭa/ṭha/ḍa 多；ṭi 帝	ṭha 他	ṭa/ḍa 陁

梵文 c 类的对音字例如下：

梵文	章	昌	庄	精	清	从
c			caṇ 臻	ca 作；ca 佐；ci 井；cu 卒		cam 蚕
ch		chin 嗔	chin 臻		che 清	
j	j-折；ji 只			ja 嵯；ja/jo 佐；jva 左		ji 慈

上例显示，与梵文 t-、ṭ-类对音混用端组字，如梵文 da、ḍa、ta、ṭa、ṭha 对音都用“多”，梵文 ti、ṭi 对音都用“帝”，等等。同时，唐代密咒传统译音中与梵文 j-对音往往用汉语从母和日母字，如慧琳《一切经音义》认为 ajitavati 的正梵音云“阿尔多嚩底”。[13] 敦煌这份资料混用章、精、从母字与梵文 j-对音，如：从母字“慈”对 ji；章母字“折”、“只”分别对 j-和 ji；精母字“嵯”和“佐”对 ja；又庄母字“臻”对梵文 caṇ、chin；昌母字“嗔”对梵文 chin，等等，说明敦煌河西方音的齿头音和正齿音、舌上音混而不分。《开蒙要训》中也出现过以从注澄、以照注从、以彻注清、以清注穿、以审注心、以邪注禅的例子，通过仔细分析，罗常培认为：“‘齿头音’的四等除止摄字外因为受 i 介音的腭化在五代的敦煌方音里已然跟‘正齿音’混而不分；但是在一等韵母前面却还保持它本来的读法。”[7](p.85) 敦煌的这份资料似乎没有类似的规律。西夏时期的梵汉对音所呈现的规律与敦煌这份资料基本一致，如与梵文 t-、ṭ-类对音也混用端组字；尽管比较严格地区分了梵文 ca 和 ja，如一般用精母汉字“拶”对译梵文 ca、用“拶”加“口”旁对译 ja、用“日”字译 j-，等等，但根本没有出现知、

章、庄类汉字的情况似乎预示着西夏时期河西方音的正齿音和舌上音都读作[tʂ]类。

8. 唐代密咒往往用娘母字“拏”与梵文 ṇa 对音，有时也用泥母“那”与之对应，敦煌这份资料与以往对音不同的是与梵文 ṇa 对音多用“宁耳反”切合，结合前面帮组中有用“非耳反”或“平耳反”对应梵文 vya 的例子来看，此处译经人把梵文 ṇa[ɳa]读如 nya 了，ṇa 的这种读法可为研究中古娘母字的读音提供参考。

9. 梵文 naṃ用来母字“拦”或“梨难”对音，如：梵文 nāṃ，对音汉字为“拦”、梵文 mūrtinaṃ，对音汉字为“忙栗丁梨难”，说明当时敦煌的河西方音有 n 读为 l 的现象。这与现代某些晋方言有一致性，如天水话“拿”读如 la。敦煌汉字注音材料《开蒙要训》也出现过泥母读为来母的现象，如“溺”的注音字是“历”等。[7](p.79) 西夏时期的梵汉对音材料没有出现类似的情况。[14]

10. 梵文 vya 用“平耳反”或“非耳反”对音，并非说明日母止摄字“耳”在敦煌方音中读 ya，此前的藏汉对音资料为“耳”注音往往用藏文 ʑi 可以证明这一点。根据梵文 ya 往往用汉字“耶”对音的情况，我们推测此处的“耳”是“耶”的讹略。

二　韵母的梵汉对音

（一）元音

1. 与梵文元音 a 对音大多选用果、假、咸、山、宕摄字。①

果摄字：da/dha/dhya/ḍa/ta/tha/ṭa/ṭha 多；dha/dya 哆；tha/ṭha 他；da/dha/ḍa/tva/ṭa 陁；ra/la 啰；na/ṇa 那；na 娜；ca/ja/jo 佐；jva 左；ga/ka 歌；ga/kha 诃；ga/ka 箇；gha/kha 柯；ga 俄；gha 诚；ha 诃；a 阿；ba/pa 波；ba/pa/bha/va 婆；ma/mu/maṃ 摩；tva 埵；sa 娑

① 梵文 śva 多用流摄字“謏”对音，与唐、宋时期用山摄字“说”不甚一致，此外较为特别的还有：“臻”与梵文 caṇ 对音；遇摄字“奴”对 na；臻摄入声字“纥”对 ka；梗摄字“併”对 bha；梗摄字“朠”对 yāṃ，等等。

假摄字：śa 沙；śa/ṣya/syu 奢；ja 嗟；ya 耶；yam 耶摩；ya 也；ya 夜

咸摄阳声字：na 南；na 喃；ka 甘

咸摄入声字：ha 合

山摄阳声字：ta 丹；bha 蛮

山摄入声字：da/ta 怛；ta 达；da 捺；śa 设；pad/va 钵；va 跋；ma 末

宕摄阳声字：na 曩；ra 狼

宕摄入声字：ca 作

2. 与梵文元音 i/e 对音大多选用蟹、止、山、臻、梗摄字。

遇摄字：yi 餘

蟹摄：mi 迷；ti 底；de/te/thi/ti/ṭi 帝；de/dhi 提；ni/ṇi 泥；ke/ki 鸡；hi/hye 醯

止摄：ji 只；vir/vi 毗；dhi/te 地；dhi 坐；i 伊；ji 慈；ge 记

山摄阳声字：e 延

山摄入声字：ye 曳

臻摄入声字：vid 必；ve/vi 弼；sid 室；ki 吉；vi 勃

梗摄阳声字：ve 平；mai 萌；mi 命；ki/ke 惊；e 英；ri/le/li 令；ci 井；ti 丁；ki 经；che 清；se 声；he 馨

梗摄入声字：te 滴

3. 与梵文 o/u 对音一般选用遇、臻、宕、通摄字。

遇摄：phu 蒲；pu/vi 哺；bo/bu 菩；mo 谟；dhu 吐；dhu/tu 徒；ru 哷；ru/lu 卢；ro/ru 噜；lo 路；su 苏；ku 姑；hu 呼；hu 胡；lu 侣；ṣu 须；śu 输；śu 成；ku 俱；yu 于

臻摄入声字：phu 必；bh-勃；cu 卒；ku 骨；ru 律

宕摄阳声字：pho 谤；bo/bho 傍；mo/mu 忙；lo 郎；ra/lo 狼；lo 浪；śu 常；yo 样

通摄阳声字：ruṃ 咙难

（二）辅音韵尾

1. 与梵文 aṃ、an 对音选用咸、山摄阳声字。[①]

咸摄阳声字：naṃ 喃；cam 蚕；dam 擔；saṃ 三；laṃ（物）衔

---

① 宕摄字"浪"与梵文 raṃ 对音是特例。

山摄阳声字：tvaṃ 丹；naṃ 难；laṃ 兰；naṃ 拦/梨难；kaṃ 干；kan/kaṇ 乾；yan 延；dhyan 典；dyaṃ 殿；ban/bhañ 盘；man 满；man/maṇ/maṃ 慢

2. 与梵文 in、iṃ对音选用臻、曾摄阳声字。

臻摄阳声字：bhin 频；chin 臻；chin 嗔

曾摄阳声字：siṃ 僧

3. 与梵文 id、ad、ab、ak 等对音选用咸、山、臻、宕摄入声字。①

咸摄入声字：śab 摄

山摄入声字：kar 割；sar/sat 萨；phaṭ 叭；pad 钵

臻摄入声字： vid 必；vi[d] 弼；sid 悉；sid 室；ki[t] 吉；vi[d] 勃

宕摄入声字：yak 药

对音讨论：

（1）河西敦煌方音中宕、梗、通摄鼻音韵尾-ŋ 失落

与梵文元音 a 对音选用果、假摄字和宕摄字“曩”、“狼”等，说明河西敦煌方音的宕摄字已经失落了韵尾-ŋ；而与梵文 o/u 对音选用遇、宕、通摄字，说明宕、通摄字失落了鼻音韵尾-ŋ，宕摄字除失落-ŋ 外，同时发生了元音高化，与遇摄合流。

与梵文元音 i/e 对音选用止、蟹、梗摄字。梗摄字与梵文 i/e 有如下对应：ve“平”、mi“命”、ki/ke“惊”、e“英”、ri/le/li“令”、ci“井”、ti“丁”、ki“经”、che“清”、se“声”、he“馨”，等等，说明河西敦煌方音中的梗摄字已经失落韵尾-ŋ，韵母为 i，与蟹、止两摄字合流。

敦煌《千字文》的汉藏对音显示，唐、阳两韵大部分字-ŋ 尾消失，主要元音变成 o；庚、清、青韵的大部分字-ŋ 尾失落；《开蒙要训》中汉字互注有“敬”字为“髻”、“禁”注音的例子，显示-ŋ 、-m 韵尾都有消变的迹象，[7](pp.37-38、110) 几项材料可以互相说明。

① 梵汉对音中往往有连声之法，所谓以下字头响作上字终响，即把梵文后一音节的开头辅音与前一音节结合用中古入声字与之对音，如慧琳用“阿地目得迦”对译梵文 atimuktaka，“得”对 tak、“迦”对 ka。敦煌的这份资料的对音也是如此，不过我们在切分梵文音节时没有考虑这个因素，梵文词中如是单辅音，属下一音节，如：vidyaṃ“弼殿”，切分为 vi“弼”和 dyaṃ“殿”；词中如是两个塞音连用，则分属上、下两个音节，如：siddha“室陁”，切分为 sid“室”和 dha“陁”。

如所周知，西夏时期河西方音有一个突出的现象是鼻音韵尾-ŋ失落，同时元音高化，不过从西夏的梵汉对音材料看，宕摄失落韵尾后元音高化是与果摄合流，而不是与遇摄。[14] 敦煌这份资料显示宕摄失落-ŋ之后其元音的舌位更高一些。

（2）河西敦煌方音中臻、山、咸摄鼻音韵尾-n、-m 大部分保留

与梵文 aṃ、an 对音大部分混用咸、山两摄字，与梵文 in 对音选用臻摄字，说明河西敦煌方音的前鼻音韵尾-m、-n 仍然保留，不过有几例咸、山两摄字与梵文元音 a、e 对应的情况，如与梵文 bha 对音用山摄字“蛮”；与梵文 ta 对音用咸摄字“丹”；与梵文 ka、na 对音分别用咸摄字“甘”和“喃（南）”等，与梵文 e 对音用山摄字“延”，说明-m、-n 韵尾也有失落的情况。敦煌本《大乘中宗见解》中也出现“言”藏文注音为’ge、“免”注音为 mye、“天”注音为’de 的情况，罗常培认为是“-n 收声也露了消变的朕兆”。[7](p.53) 且敦煌这份材料中还有一则用假摄字“灑”与梵文 saṃ、śaṃ对音的例子，这让我们觉得译经人对鼻音韵尾的总体感知比较差。

（3）河西敦煌方音中入声韵有 b、d、g 的对立

敦煌这份资料中与梵文 id、ad、ab、ak 等对音一般选用咸、山、臻、宕摄入声字，说明敦煌方音中入声仍保有 b、d、g 的对立。如：“摄陁泥”对应 śabdani，“摄”对 śab；“割摩”对 karmaṃ，“割”对 kar；“钵摩”对 padma，“钵”对 pad；“弼殿”对应 vidyaṃ，“弼”对 vi[d]；“悉陁”对应 siddha，“悉”对 sid；“室陁”对应 siddha，“室”对 sid；“婆路吉帝”对应 valokite，“吉”对 ki[t]；“勃哆陁啰耶”对应 vidyādharāya，“勃”对 vi[d]，等等。最有意味的是其中有一例梵文 vidyāṃ，对音汉字是“必腋”，“必”对 vid、“腋”对 yāṃ，尽管与梵文的读法不甚一致，却能充分说明入声字“必”的实际读法。

（4）果、假两摄同注梵文元音 a

与梵文元音 a 对音同时选用果、假摄字，如：果摄字“多”对 da、dha、ta、tha；“啰”对 ra、la；“波”对梵文 ba、pa；“婆”对 ba、pa、bha、va；“娜”对 na；“俄”对 ga；假摄字“沙”对 śa；“奢”对 śa、ṣya；“嗟”对 ja；“耶”对 ya；“也”对 ya，等等，其中以果摄字译 a 是正例，假摄字是借用，因为果摄没有正齿音和喻母。这种对音形式与敦煌藏文注音相合，却与《四声等子》等宋、元韵书不同。

（5）鱼、模韵分立

梵汉对音显示，遇摄中模、语、麌、遇等韵的读音基本相同，一般与梵文 o/u 对音，如：模韵“蒲”对 phu、“菩”对 bo/bu、“卢”对 ru/lu、“苏”su、“姑”对 ku；语韵“侣”对 lu；麌韵“输”对 śu、“须”对 ṣu、“于”对 yu；遇韵 “戍”对 śu、“俱”对 ku，等等，但鱼韵“馀”与梵文 yi 对音则显示鱼韵与其他遇摄字读音不同。此外，暮韵字大多与梵文 o/u 对音，如“路”对 lo、“哺”对 pu，不过我们发现一例“哺”与梵文 vi 对音的情况，梵文 viṣanā 对音汉字是“哺奢那”，其原因还不清楚，viṣanā 按传统对音当是“毗舍那”。

（6）臻摄没、術、质韵的读音

汉语臻摄没韵“勃”分别与梵文 bh-、vid 对音、“骨”对 ku[ṭ]；质韵“必”分别对应梵文 phu、vid；術韵“卒”对 cu[l]、“律”对 ru[ṇ]，等等，说明術韵的主元音为 u，而没、质韵的主元音则靠前一些，与 i 接近。敦煌藏汉对音材料显示质韵读 ir，没、物、術韵则读 ur，与这份材料有些分别。

三　结语

综上所述，敦煌 P.3861 号文献的梵汉对音所呈现的语音特点与《千字文》、《开蒙要训》等敦煌遗存资料大体一致，反映了唐代吐蕃占领敦煌时期的河西方音。这种方音最大的特点是清、浊界限不甚分明，鼻音声母 m、n、ŋ 有向 mb、nd、ŋg 演化的迹象，正齿、舌上、齿头三组字混用，浊音还没有清化，有 n 读为 l 的现象，宕、梗、通摄-ŋ 尾消变，宕摄元音高化，-m、-n 尾也有消变的痕迹，入声韵有 b、d、g 的对立，果摄译梵文 a 以及鱼、模两韵分立，等等。与 12 世纪西夏遗存的梵汉对音资料相比照，我们可以知道西夏时期的河西方音与敦煌有明显的继承关系。或许，通过对敦煌和西夏遗存资料的全面的语音分析，我们有望勾勒 8—12 世纪河西方音发展的历史脉络。

参考文献：

[1] 商务印书馆编：《敦煌遗书总目索引》，商务印书馆 1962 年版。

[2] 黄永武主编：《敦煌宝藏》第 131 册，新文丰出版公司 1986 年版。

[3] A. Macdonald/A. Spanien et Y. Imaeda, *Choix de documents tibétaines conservés a la Bibliothèque Nationale complete par quelques manuscrits de l' India Office et du British Museum*, Ⅰ. Bibliothèque Nationale, Paris. 1978.

[4] 王尧主编：《法藏敦煌藏文文献解题目录》，民族出版社 1999 年版。

[5] 西北民族大学、上海古籍出版社、法国国家图书馆编：《法国国家图书馆藏敦煌藏文文献》②，上海古籍出版社 2006 年版。

[6] 黄征：《敦煌俗字典》，上海教育出版社 2005 年版。

[7] 罗常培：《唐五代西北方音》，中央研究院历史语言研究所单刊甲种之十二，1933 年。

[8] 高田时雄：《敦煌资料による中国语史の研究——九、十世纪の河西方言》，东京：创文社，1988 年。

[9] 张鸿魁：《王梵志诗用韵研究》，载《隋唐五代汉语研究》，山东教育出版社 1992 年版。

[10] 耿志坚：《晚唐及唐末五代僧侣诗用韵考》，《声韵论丛》1994 年第 4 辑。

[11] 高田时雄著，钟翀等译：《敦煌・民族・语言》，中华书局 2005 年版。

[12] 林光明编修：《新编大藏全咒》，台北：嘉丰出版社 2001 年版。

[13] 聂鸿音：《慧琳译音研究》，《中央民族学院学报》1985 年第 1 期。

致　谢

感谢我的导师王洪君教授在语言学理论和汉语方言方面的指引。

感谢我的导师聂鸿音先生在梵汉对音研究和西夏学方面的指引。

感谢北京大学中文系耿振生、陈保亚，中国人民大学刘广和诸先生在百忙中审阅拙稿并提出许多宝贵意见。